高校体育教学改革与信息化管理研究

张　海　陈彦泽　柳金丽 ◆ 著

吉林出版集团股份有限公司
全国百佳图书出版单位

图书在版编目（CIP）数据

高校体育教学改革与信息化管理研究/张海，陈彦泽，柳金丽著. — 长春：吉林出版集团股份有限公司，2023.7

ISBN 978 - 7 - 5731 - 3960 - 3

Ⅰ. ①高… Ⅱ. ①张… ②陈… ③柳… Ⅲ. ①体育教学—教学研究—高等学校 Ⅳ. ①G807.4

中国国家版本馆 CIP 数据核字（2023）第 141175 号

高校体育教学改革与信息化管理研究

GAOXIAO TIYU JIAOXUE GAIGE YU XINXIHUA GUANLI YANJIU

著　　者　张　海　陈彦泽　柳金丽
出 版 人　吴　强
责任编辑　赫金玲
装帧设计　李艳艳
开　　本　787mm×1092mm　1/16
印　　张　13
字　　数　325 千字
版　　次　2023 年 7 月第 1 版
印　　次　2023 年 9 月第 1 次印刷

出　　版　吉林出版集团股份有限公司
发　　行　吉林音像出版社有限责任公司
　　　　　（吉林省长春市南关区福祉大路 5788 号）

电　　话　0431 - 81629679
印　　刷　吉林省信诚印刷有限公司

ISBN 978 - 7 - 5731 - 3960 - 3　　定　价　58.00 元

如发现印装质量问题，影响阅读，请与出版社联系调换。

前　言

　　随着时代的进步及体育事业的快速发展，高校体育教学也在积极进行改革，高校体育教学研究工作必须进行系统化、创新性的改革与发展，以顺应新时代高校体育的发展方向。高校体育教学如何进行改革以适应社会发展的需要，是所有体育教学理论和实践工作者必须认真思考和回答的问题，对高校体育教学改革进行深入的分析和研究，既是完善体育教学发展的需求，又是体育教学实践获得更大进展的期待。

　　当前，网络信息技术已经广泛应用于教育领域，推动了教学的改革与创新。随着教育改革的持续推进，体育教学管理的改革已经成为我国高校的主要改革方向。信息化技术的发展为现代高校体育注入了新的活力和拓展了创新空间，体育教学实现信息化管理是必然的趋势。因此，高校应以信息化为基础，实现管理模式创新，提升管理质量，以推进高校体育教学管理的科学化、规范化、系统化。

　　本书采用理论研究与实践应用相结合的方法，从高校体育教学的基本知识出发，全面分析了当前高校体育教学现状与发展对策，并在此基础上，深入地阐述了高校体育教学理念、教学课程、教学内容、教学方法、教学模式、教学环境以及教学评价方面的改革，进而结合信息化技术，对高校体育教学管理进行研究，重点从高校体育教学网络化管理、智慧化管理及数字化管理方面展开全面的探讨，进一步促进高校体育教学向着信息化建设和管理迈进，从而为高校体育教学的改革发展提供一定的帮助。

　　本书在编写的过程中，吸收、借鉴了国内外许多专家学者的最新研究成果，在此表示诚挚的感谢！由于作者水平有限，不当之处在所难免，敬请各位专家、同行和广大的读者多加批评和指正，以便我们进行修订和完善。

作　者
2022 年 11 月

目　录

第一章 导论

第一节 高校体育教学的概念与特点

一、高校体育教学的概念

高校体育教学是通过合理的体育教育和科学的体育锻炼达到增强体质、增进健康和提高体育素养等目的的过程。它是高校课程体系的重要组成部分，是高校体育工作的中心环节，是思想品德教育、文化科学教育、生活与体育技能教育与身体活动有机结合的教育过程，是实施素质教育和培养全面发展人才的重要途径。

高校体育教学是以教师为主导，以学生为主体的认知过程。探讨高校体育教学过程的本质特征、规律及一般模式，是为了推动高校体育教学质量的提高。高校体育是高校教育的重要组成部分，它对提高民族素质，培养德、智、体等全面发展的人才有十分重要的意义。近年来，随着高校体育教学改革的不断深入和发展，高校体育教学虽然取得了一些成绩，但还是存在一些弊端。其中，突出的表现是在高校体育教学过程中如何实现两个最基本的转变，即以教师、书本为中心，向以学生为主体、学生活动为中心的教学思想的转变，以单纯的知识传授，向以学生的素质教育和能力培养的方向转变，是我们今后教学改革的重点。

高校体育教学是在教师的指导下，加深学生对体育活动认识的过程。在这个过程中，教师、学生、教学内容和教学手段这4个要素形成了相互联系、相互影响的动态结构，其中任何一个要素发挥得不好，都会影响教学效果。探讨教学过程的特征和规律，合理安排教学过程中各要素的关系，建立和完善高校体育教学模式，对提高教学质量和水平有着积极的意义。

二、高校体育教学的特点

体育教学是高校教育的重要组成部分，但是由于体育教学较其他学科的教学而言具有更强的实践性，并且在教学过程中涉及的内容更多、更复杂。因此，体育教学与其他学科有着本质的区别，体育教学主要具有以下特点。

（一）身体参与的直接性

体育教学的根本目的是增强学生体质，其教学的本质就是通过肌肉群的运动，促进学生身体机能的发展，从而提高学生的运动技能。这就决定了体育这门课程需要通过反复教授和实践，让学生掌握锻炼的方法，即通过肌肉的感觉将信息传递到中枢，然后经过反复的条件刺激，建立起条件反射，最终经过分析、总结，从而达到对某种技能的理性认识，使学生掌握某项体育运动技能。因此，体育教学的特点之一就是身体参与的直接性。

身体参与的直接性主要表现在两个方面。

（1）教师身体参与的直接性。有些体育运动需要教师亲身示范，这是体育教学中最常见的一种教学方式。

（2）学生身体参与的直接性。学生通过亲身参与练习，按照教师的示范，反复地尝试和练习技术动作。

（二）认知活动的本体性

体育教学贯穿学校教育的整个阶段，体育教学内容也较为复杂。因此，在教学过程中，要根据学生的认知规律和身心发展的特点组织体育教学的内容，最大限度地促进学生对体育教学知识和技能的掌握。如果安排的教学内容与学生认知的本体性发展有一定差距，就会降低学生对体育课程的学习兴趣和参与热情，因此，在开展体育教学的过程中，要遵循其认知活动的本体性的特点。

（三）体力和智力的结合性

体力和智力的结合性是体育教学的特点之一，这也是当今素质教育和全面发展教育的主要内容。众所周知，体育锻炼能通过各种调节人体机能的运动或活动，达到强健骨骼、增强体质的目的。骨骼生长需要不断吸收蛋白质和无机盐，人体必须有足够的维生素才能更好地吸收钙和磷。在体育课上，进行户外锻炼的时候，日光中的紫外线能够促进机体对钙和磷的吸收。体育锻炼还能使肌肉的纤维变粗，提高肌肉血液的供应量，增加毛细血管的收缩程度，使肌肉强壮。除此之外，体育锻炼还能促进人体大脑和神经系统及其他各部分的生长发育。适当进行体育锻炼能有效地增加脑的重量、皮质的厚度和神经细胞的体积，使脑物质结构发生变化，延缓衰老，消除疲劳，提高大脑的工作效率，从而提高记忆力。进行体育锻炼还可以提高脑细胞的反应速度，有利于发挥脑的智力功能。

（四）教学内容的健身性

体育教学是教师通过讲解和示范，带领学生进行各种锻炼活动，并且在活动过程中引导学生掌握相关知识和技能的过程。例如，体育教师在体育课上组织学生进行各种体育锻炼活动时，根据学生的体质特点，开展各种强度不同的体育练习，使学生学习并掌握运动技能，从而增强学生的体质、促进学生身心健康，达到健身的目的。

（四）人际交往的直接性

体育教学是实践性很强的教学，是开放式的教学。因为体育教学大都是室外教学，能够促进学生之间的互动与交流。通过自由式的交流、沟通，可以提升自身的交际能力。例如，学生在进行跳远练习的时候，需要互相帮助测量跳远的成绩，能促进学生之间的交流和讨论，促进彼此之间对跳远技巧的研究，在发现与解决问题的过程中促进学生交际能力的提升。除此之外，体育教学中有很多比赛项目，会将学生分成小组，让小组之间进行比赛，小组成员之间相互配合、相互支持，形成团队凝聚力，有利于培养学生的集体精神。

（五）学习行为表现的直接性

体育教学与其他学科最本质的区别是体育教学较注重对学生的实践知识和技能的培养，再加上体育教学的目的是增强学生的体质，促进学生身心健康发展。因此，在教学过程中，要让每一名学生都能感受体育锻炼带来的身体变化，从而达到增强体质，提高身体免疫力的目的。在教学过程中强调学生的参与性，这也是体育教学的基本形式，如在教授学生立定跳远技巧的时候，首先由教师进行示范，学生在观察教师的示范后单独练习，在练习的过程中，由教师对其错误动作进行点评和指正，然后不断地规范学生的跳远动作，最终使学生掌握立定跳远的技能和技巧。由此可见，学习行为表现的直接性是体育教学的特点之一。

第二节　高校体育教学的原则与功能

一、高校体育教学的原则

（一）教学原则的定义

教学原则是人们根据一定的教学目的，遵循教学过程的规律制定的对教学的基本要求，是指导教学活动的一般原理。教学原则来源于教学实践，是人们经过长期的教学活动，归纳和总结的教学客观规律，它体现了人们对教与学的发展过程所反映出来的客观规律的认识。

教学规律是客观存在的，是不以人的意志为转移的，是教学过程中固有的、本质的、必然的、内在的联系。人们只能发现它和利用它，在教学中不断地认识它，而不能违背它、改变它。教学原则是根据人们对教学规律的认识而制定的，搞好教学工作必须遵循教学原则。同时，教学原则是主观对客观的反映，有正确与错误之分，它可以随着教学实践的变化而变化。只有教学原则正确地反映了教学规律，同时教师在教学中很好地掌握和利用了教学原则，教学才能取得成功。所以，教学原则与教学规律是一致的，它们在教学活动中都具有很大的指导意义，两者都是必不可少的。

（二）体育教学原则的作用

体育教学原则是体育教学过程中必须遵守的准则或标准。作为体育教学工作的指导原理和基本要求，体育教学原则对体育教学工作具有指导作用。在体育教学过程中，体育教学原则既是出发点，又是调节中枢。它在一定程度上决定着教学内容的安排、教学方法的选择和教学组织形式的运用。学习和掌握体育教学原则，能使我们按照体育教学的客观规律组织教学活动，正确解决教学内容、教学方法和教学组织形式等一系列理论与实践问题；遵循体育教学原则进行体育教学，能提高体育教学质量；反之，违背了体育教学原则，会降低教学质量，甚至劳而无功。

体育教学原则作用的发挥，不是某个原则所能单独完成的，而是需要一个完整的体育教学原则体系。所谓教学原则体系，就是指："反映教学规律的多个原则之间不是孤立分散的原理，而是有机地相互联系的组合。"[1] 只有建立一个科学完整的体育教学原则体系，才能发挥体育教学原则对整个体育教学过程的指导作用。由于人们对体育教学规律认识的角度不同，在构建体育教学原则体系的过程中，有的从社会学的角度出发，有的侧重教育学，有的偏重心理学，等等。因此，对于如何建立一个完整的体育教学原则体系，目前的体育教育理论界认识尚不一致。

---

① 郭道全，魏富民，肖勤，等．现代高校体育教学概论［M］．北京：中国商务出版社，2015：24.

（三）体育教学原则

1. 自觉积极性原则

自觉积极性原则是指在教师主导下，充分调动学生学习的自觉积极性，发挥学生的主体作用，培养学生学习的主动性和创造性，使学生把认真完成学习任务变成自觉的行动。

自觉积极性原则是由教师的教与学生的学的双边活动过程的教学规律决定的。因为教师是教育者，他们掌握了比较丰富的体育知识、技术和经验，能满足教好学生的需要。在实施教学计划过程中，教师的教起着主导作用，它不仅表现在对计划的制订和执行上，还表现在对教学过程的调节和控制上。学生是教学的对象，是知识、技术的接受者，是学习的主体。但是，学生学习的自觉积极性不完全是自发的，还取决于教师的指导、传授、调节和控制。反过来，学生有了学习和练习的自觉积极性，又能主动地自我调节和控制，并与教师的调节和控制协调一致，以保证预定教学目标的实现。所以，在体育教学过程中，我们要把教师的主导作用与学生学习的自觉积极性很好地结合起来，这是提高教学质量的根本条件。

贯彻和运用自觉积极性原则的基本要求如下。

（1）了解和熟悉学生。教师必须了解和熟悉所教学生的特点和概况，了解他们爱好什么、需要什么、擅长什么、有什么困难和不足等。这是教师搞好体育教学工作的前提。但是，真正做到了解学生是很不容易的。教师对学生的了解要做到"知人知面又知心"，关键在于教师，因为教师是师生关系中的主导者，教师不主动去了解和熟悉学生、关心学生，学生就不可能产生对教师的信赖，当然也就谈不上"知心"。只有做到"知人""知面""知心"，才会有调动学生自觉积极性的基础。

（2）发挥教师的主导作用。教师的主导作用不仅表现在教学中，如教师通过讲解、示范、组织教学等手段，把学生引导到所教的内容上来，更重要的应该是给学生提供和创造一种良好的条件，使外因能顺利而迅速地转化为内因，从而调动学生的自觉积极性。

（3）建立民主平等、情感融洽的师生关系。在体育教学过程中，教师既要为人师表，教书育人，还要严格要求学生，满腔热情地关心与信任学生，使师生关系融洽和谐。这种良好的人际关系，有利于学生能动地参加到体育教学中。

（4）注意培养学生学习的内在动力。学生学习的内在动力，是鼓舞和推动学生的内驱力。教师应不断提高教学的艺术性和启发性，正确培养学生的学习动机和兴趣。动机是一切行为的前提，是推动学生学习、锻炼的心理依据。只有使学生形成了正确的学习动机，才能发挥学生的主体作用。

（5）培养学生自学、自练和自评的能力。自学、自练和自评的能力是学生养成经常参加体育锻炼习惯、培养终身体育锻炼意识的重要基础。在教师主导的前提下，要为学生自学、自练和自评能力的培养与发展创设一个良好的外部环境，放手让学生独立自主、主动地学习与锻炼。

2. 直观性原则

直观性原则是在体育教学中，教师要充分利用各种直观方式和学生已有的经验，通过学生的各种感觉器官去感知事物，培养学生的观察能力和积极思维能力，使学生获得直接经验和感性认识，为学生掌握体育知识、技术和技能奠定基础。

确定直观性原则的依据是辩证唯物主义的认识规律。从生动的直观感知到抽象的思维，并从抽象的思维到实践，就是认识规律。它是认识客观实际的辩证途径。任何知识的来源，都在于人的肉体感官对客观外界的感觉。在体育教学中，学生掌握体育的知识、技术和技能，也是从建立感性认识开始的。学生必须感知所学的动作（包括触觉和本体感觉的感知），在感知的基础上建立起完整的、正确的动作形象和概念，从而为掌握体育的知识、技术和技能奠定基础。

贯彻和运用直观性原则的基本要求如下。

（1）综合运用身体的各种感觉器官，感知体育教材，扩大直观效果。在体育教学中除通过视觉、听觉来感知动作的形象、结构和要领外，还要通过触觉和肌肉的本体感觉来感知完成动作时肌肉用力的程度、方法以及空间与时间的关系等，以扩大直观教学的效果。

（2）充分发挥教师对学生的直观作用。教师自身的一切活动都是学生观察的目标，特别是教师的动作示范、语言表达等都是学生获得生动直观的感知的主要来源。学生的模仿能力很强，所以，要求教师加强自身修养，提高自身体育理论和运动技术水平，重视动作技术示范的准确性和规范性。

（3）充分运用多种直观教具和手段。要借助多种教学媒介和各种现代化教学手段，如图片、幻灯片、录像、录音、电影等，以发挥直观教学的作用。

（4）善于引导学生观察和激发学生积极思维的能力。直观性是通过学生直接观察运动动作的形象来实现的。学生在教师的指导下，通过分析、比较来弄清正在学习的与已学过的身体练习有何联系。辨别运动动作的技术结构，找出动作技术的关键，明确正确动作与错误动作的界线，从而形成运动动作的正确表象，防止一般化的观察和单纯形式的模仿。

3. 因材施教原则

因材施教原则是指体育教师在教学中既要面向全体学生，提出统一要求，又要注意不同班级和学生的个体差异，把集体教学和个别指导结合起来，使每个学生的才能和特长都能得到充分发展。

确定因材施教原则的依据是学生身心发展的客观规律及个体发展的不平衡性。同一年级或同一年龄段的学生，其身心发展规律具有共同点，因而教师在进行体育教学时可以对他们提出统一的规定和要求。同时，同一年级或同一年龄段的学生的身心发展存在着个体差异的发展不平衡性，如在身体形态、身体素质、运动能力、兴趣爱好、运动项目专长等方面都存有差异。这些不同点，又要求教师在统一的基础上注意因材施教。

贯彻和运用因材施教原则的基本要求有以下三点。

（1）深入了解学生的一般情况和个体特点。教师要通过调查研究，了解学生的体育认识、兴趣爱好、健康状况、体育基础、身体发展等多方面的情况，找出学生的共同点和差异，才能采取不同的方法，因材施教。

（2）面向全体，兼顾两头。教师要把主要精力放在全体学生的普遍提高上。教师制订的教学计划、确定教学的目标和要求应该是大多数学生经过努力可达到的。对个别身体素质好，有体育才能的学生，要为他们创造条件，让他们参加课余体育训练，为提高专项成绩打基础；对体弱和身体素质差的学生，要热情关心、耐心帮助，使他们在原有的基础上逐步提高水平，完成教学要求。

（3）从客观条件出发。教学中贯彻因材施教原则，必须考虑学校的客观条件。不同地区、季节、场地器材设备条件，都会影响体育教学效果。

4.身体全面发展原则

身体全面发展原则是指在体育教学过程中，教材内容的选择和安排要全面多样，使学生身体的各个部位、器官、系统的机能，各种身体素质和基本活动能力，都得到全面发展。

青少年的身体正处在生长发育期，可塑性很强。在体育教学中选择多种多样的不同性质的教材，采用多种有效的教学手段，有利于学生的身体得到全面锻炼，身体各个器官的机能得到协调发展，养成正确的身体姿势；而长时间进行单一的、局部的锻炼，就得不到理想的锻炼效果，甚至会造成某种畸形的发展，有碍学生健康。人体是一个完整统一的有机体。人体各器官系统的机能、各种身体素质和基本活动能力之间都是相互联系的，某一方面的发展，会影响其他方面的发展与提高。因此，只有以身体全面锻炼为基础，才能促进学生全面协调发展。

贯彻和运用身体全面发展的基本要求有以下两点。

（1）将身体全面发展的原则落实到课堂教学的全过程。课的准备部分，要全面多样；基本部分教材要进行科学、合理的搭配。较理想的方案是：准备部分要以活动全身各部位肌肉、关节和韧带为主，使全身各部位充分伸展，为完成课堂目标做准备；基本部分的教材，既有以上肢为主的练习，又有以下肢为主的练习，使学生身体得到全面、协调的锻炼和发展；课的结束部分，要做好放松活动，并布置课外体育作业，有组织地结束一节课。

（2）不断克服单纯从兴趣出发的倾向。体育教学中应激发学生的学习兴趣，使学生乐于上好体育课。古人说："知之者不如好知者，好知者不如乐知者。"因此，采用一系列手段激发学生的学习兴趣是必要的。但是，要把激发学生的兴趣与单纯从兴趣出发区别开来。所谓单纯从兴趣出发，就是完全以学生的兴趣为中心，甚至背离体育教学大纲和全面锻炼的原则，学生喜欢什么，教师就教什么，练什么。长此以往，这种片面迁就学生兴趣的做法会带来不良的后果。教师要善于引导，使学生对如何上好体育课和教师选择的教学内容，有一个科学、正确的认识。

5.合理安排生理负荷和心理负荷原则

合理安排生理负荷原则就是在体育教学中要使学生承受适当的生理负荷，并使练习与休息合理交替，以促进学生身体协调发展。

确定合理安排负荷的依据是学生在体育教学中生理负荷的规律。人体功能的改善和提高，必须在适宜的生理负荷的刺激下才能实现。因此，在一定的限度内，生理负荷越大，超量恢复的效果也就越好，适应变化的能力也越强；但如果生理刺激的强度过大，超过了一定限度，生理机能就会受到损害；而生理负荷刺激强度过小，对生理机能的发展也不会产生好的影响。

贯彻和运用合理安排生理负荷和心理负荷原则的基本要求如下。

（1）根据教学目标、学生特点、教材性质等合理安排生理负荷。新授课和复习课在安排生理负荷时应有不同的要求。学生的性别、年龄和健康状况不同，安排生理负荷时，要注意区别对待。不同性质的教材，应考虑其对身体机能的不同作用和影响，并做出科学安排。此外，学生的生活制度、营养条件和其他体力活动的负担、所在地区的气候因素及作业场所的环境条件等，在安排生理负荷时也应给予全面考虑。

（2）正确处理生理负荷的量和强度的关系。负荷量和负荷强度应互相配合，逐步增加。在体育教学中通常是先增加负荷量，待学生适应以后，再增加强度。在增加量时，强度宜适当下降；在增加强度时，量则应适当减少。这样量和强度交替增加和下降，密切配合，才能使学生承担负荷的能力逐步得到提高。

（3）正确处理生理负荷的表面数据和内部数据的关系。表面数据是指运动动作练习的量和强度。内部数据是指负荷量和强度所引起的一系列的生理、生化变化。生理负荷的表面数据与内部数据在通常情况下是一致的。但因学生的体质强弱和身体训练水平不同，一定负荷的表面数据作用于不同的学生，可以产生不同的内部数据。因此，在分析生理负荷时，应把表面数据和内部数据结合起来加以判断和评价。

（4）科学地安排休息的方式和时间。根据生理负荷和心理负荷的特点，科学地安排休息方式和时间，以达到理想的效果。

（5）做好生理和心理负荷的测量、统计和分析工作。在评价体育课的质量时，既要安排生理负荷的测量，又要安排心理负荷的测量，以便从生理和心理两个方面进行全面、客观的评价。

6. 循序渐进原则

循序渐进原则是指体育教学内容、教学方法和负荷的安排顺序必须遵循系统性和连贯性的要求，符合学生的年龄、性别特征，使学生按照一定的客观规律，逐步得到提高与发展。

循序渐进原则的依据是人们认识事物的规律、动作技能形成的规律和知识、技术的系统性及连贯性。在体育教学中，教师必须遵循由易到难、由简到繁的原则，逐步深化，这样才能使学生更好地掌握体育的知识、技术和技能。

贯彻和运用循序渐进原则的基本要求如下。

（1）提高教师素养。教师要提高自己的文化素养，深刻了解学生身心发展的一般规律和特点，了解各项教材的系统性以及各项教材之间的关系。

（2）制订好教学计划。制订切实可行的教学工作计划，保证教学工作系统连贯地进行。在制订教学计划时，每个运动项目、每个课时、每个学期的内容和教法，都应前后衔接，逐步提高。

（3）安排好教学内容。在安排教学内容时，既要考虑该运动项目的由易到难、由简到繁的顺序，又要考虑该运动项目与其他运动项目之间的关系。先安排哪个项目，后安排哪个项目，要符合循序渐进的要求，使前一个项目的学习有利于后一个项目的学习。

7. 巩固提高原则

巩固提高原则是指在体育教学中，要使学生牢固地掌握所学的基础知识、基本技术和技能，不断地发展体能、增强体质，并逐步提高。

巩固提高原则的依据是运动条件反射建立与消退的生理规律。因为动作技术、技能的掌握、巩固和提高，是通过不断的反复练习而形成的。反复练习可以使运动条件反射不断地建立和巩固，并在大脑皮层建立动力定型。但是动力定型建立以后，学生还要继续练习，以不断强化，使动力定型更加巩固和完善；否则，已经形成的动力定型还会消退，从而影响教学效果。

贯彻与运用巩固提高原则的基本要求如下。

（1）反复练习。组织学生进行反复、经常的练习，增加练习密度，反复强化，不断巩固运动条件反射，是贯彻巩固提高原则的基本方法。每节课都要使学生有足够的练习时间和重复次数。但是反复练习不是简单机械地重复，而是在原有的基础上逐步提高要求，不断地消除动作的缺点和错误，使学生看到自己的进步，从而更好地激发起学生反复练习的自觉性，有利于学生巩固和提高所学的知识、技术和技能。

（2）采用提问、测验、竞赛等多种方式。采用提问、测验、竞赛等多种方式是贯彻巩固提高原则的有效手段。在运用这些手段时，要根据课堂目标和要求进行。提问要有启发性。在某一阶段的教学告一段落时，可采取竞赛的手段，观察学生在复杂多变的竞赛条件下，对所学的体育知识、技术、技能运用的熟练程度。

（3）改变练习条件。改变练习条件对巩固提高体育基本技术、技能可以起到良好作用。改变练习条件包括改变场地、器材及动作结构、环境条件等，如平地跑改为斜坡跑，改变器械重量和动作组合，等等。

（4）课内外结合。教师在课堂教学的基础上，可以布置一定的课外体育作业或家庭体育作业，使课内外紧密结合，从而达到巩固提高的目的。

（5）培养进取动力。不断提出新的目标，培养学生的兴趣和进取动力。

体育教学原则是一个完整的体系，应相互联系、互相补充，并在体育教学中全面正确地贯彻执行。体育教学原则是一个发展的范畴，但在一定时期内又具有相对的稳定性。随着体育教学实践的发展，人们对体育教学规律认识的不断深化，体育教学原则也将得到充实和发展。

二、高校体育教学的功能

体育教师不仅要向学生传授生物、生理、心理、医学等自然科学和体育的基本知识，还要将科学的身体锻炼方法与手段传授给学生，使学生掌握正确的运动技能，达到学习和健身的目的。从系统论角度出发，体育教学的功能与体育教学的内部结构存在逻辑关系。要了解体育教学的功能，就要先认识体育教学的内部结构。体育教学的内部结构包括学段教学、学年教学、学期教学、单元教学、课时教学，是一个比较完整的体系。体育教学的结构是中性的，因此，体育教学的功能也是中性的，没有优劣之分。此外，体育教学对培养学生的爱国主义情感，集体主义价值观，互帮友爱、顽强拼搏、积极进取的精神也有着极大的促进作用。具体地说，高校体育教学主要具有以下功能。

（一）传授运动技术的功能

传统的运动技能等同于生存技能，如原始人通过走、跑、跳、投、打等行为捕猎和采摘，从而获得生存的能量。

现代体育教学所涉及的体育运动技能对于人体的要求不再像过去那样严格，主要包括球类、武术、田径和游泳等运动技巧和方法。科学研究表明，适当参加体育运动对人身体素质的发展非常有益，而体育教学就是传授这些运动技术的最好方式。

在当前的体育教学中，体育教学活动的组织过程就是体育教师以体育教学内容为依据，向学生传授体育知识和相关技能的双向信息传送的过程。因此，运动技术是体育教学的主要内容，也是重要内容。具体地说，教师在体育课上传授的是各项具体的运动技术，如足球运动传球技术中的脚背内侧传球技术。运动技术的学习不同于其他学科的学习，学生不仅需要对运动理论有深刻的了解，还要身体力行地参与技术练习，在无数次的重复中逐渐使脑和身体建立起对技术的表象反应，最终熟悉动作并能在下意识的情况下做出正确的动作。

作为运动技术的掌握者和传播者，体育教师在向学生传授运动技术的过程中发挥着十分重要的作用。体育教师对运动技术的传授应从简单的、入门的、基础的内容入手，在此之后逐渐积累，由简到繁，循序渐进。

（二）传承体育文化的功能

体育教师对体育知识、运动技能的传授都是为体育文化的传承服务的。从某种意义上讲，体育教学的真正目的在于让学生掌握正确的体育运动方法，并对学生的身心产生持续的、良好的影响。

传承体育文化是一个长期的、系统的过程，要想真正实现体育教学传承体育文化的功能，体育教师就必须通过不同阶段的体育教学使学生学习到较为完整的运动知识和运动文化。具体应从以下两个方面着手：

一方面，保证单次体育课教学内容之间的连贯性。体育教师可以把学生在体育课中要学习的各种简单的运动技术累加起来，使学生学到某个运动项目的完整技术。

另一方面，保证不同阶段体育教学的可持续发展。体育教学是由每周二至三次的体育课组成的、贯穿全年的教学。根据不同的教学周期，体育教学可以分为课程教学、周教学、学期教学、学年教学。比学年教学周期更长的就是多年教学，如小学体育教学、初中体育教学、高中体育教学和高校体育教学。体育教学应将这几个不同阶段有机统一起来，促进学生全面掌握体育文化系统。

（三）传播体育知识的功能

体育教学具有传播体育知识的重要功能。体育教学主要是通过改造学生身体的方式来实施教学的。从教与学的角度来说，可以将体育知识比作"身体的知识"。这种知识最初伴随着人类的发展而发展，在每个时期都有相应的对"身体的知识"的传承。例如，在原始社会，"身体的知识"就是人类通过走、跑、跳、投、打等动作捕获猎物或逃避猛兽的追捕；在现代社会，"身体的知识"变成了对某项体育运动（如篮球、体操）基本知识或某些体育技能的掌握。

现代教育强调以人为本。人们对以人为本的教育教学理念的追求使得人类自我知识出现回归，不仅使体育教学具有特殊性，还赋予体育教学知识传承的特殊意义。具体到体育教学中，现代教育要求教师重视学生的主体地位。

体育教学对体育知识的传承不是简单的"身体的知识"的模仿，更多的是通过体育教学传承体育文化，即体育教师通过体育教学内容向学生展现并传授体育文化。

（四）健体的功能

增强人民体质是发展体育运动的根本目的。经过长期改革与实践，现代体育课程在设计教学大纲、选择教材内容、安排课时、实施教学组织等方面已逐渐合理化、科学化。

促进学生身体的发展，实现体育的健身功能是体育教学的本质意义。体育教师应始终将健康教育放在重要位置。根据体育教学的规律和特点，体育教师将各种行之有效的健身内容、方法和手段应用到体育教学中，有机协调体育教学的教育性、健身性、竞技性和娱乐性等，提高体育教学的质量，促进学生积极地参与体育运动、科学地进行体育锻炼，进而达到强身健体的目的。

为保证学生身体的健康，体育教师应酌情安排运动负荷和强度。学生亲身参与体育运动实践在体育教学活动中是必不可少的。参与体育运动实践必然会使学生的身体承受一定的运动负荷。合理的运动负荷对提高学生的身体素质有极大的帮助。它对学生的机体或多或少会产生一定的刺激与影响，其影响的程度要视运动项目的内容、学生的身体素质、持续运动的时间、运动间隙时间、营养补充状态等而定。不同的运动项目对身体素质的要求不同。例如，足球运动对人体的耐力、爆发力、速度和灵敏性有着较高要求，游泳对人的心肺功能和协调能力有较高要求，等等。体育运动如果运动负荷过大，不仅对学生的健康无益，还会对学生的健康造成损害。因此，体育教师在制订教学计划前要对学生的普遍体质与运动基础有一个清晰的、全面的认识；在体育教学实施过程中，体育教师要遵循体育教学的规律，运用科学的教法，合理组织体育教学，以此有效发挥体育教学的健身功能。

第三节　高校体育教学现状分析及对策

一、高校体育教学现状分析

（一）教学观念落后

根据目前各大高校的体育教学实际情况分析，还是有许多学校未能摆脱传统教学观念的限制。传统的教育观念会在一定程度上影响学生的思想，降低学生对体育教学工作的重视，打击学生的学习积极性，使得学生在学习中无法快速提高自身体育学习成绩。另外，教师在教学工作中未能根据时代发展和高校体育教学的要求及时更新自身的教学理念，这使得课堂教学工作缺乏一定的系统性，课堂教学内容缺乏一定的合理性，学生无法在教师的引导下加强对相关知识的了解，影响学生的发展。

（二）教学目标狭隘

教学目标狭隘，是现阶段许多高校体育教学中出现的典型问题：其一，很多高校体育教师在传统思维的影响下，会单纯地将提高学生的运动能力、竞技水平作为教学目标。诚然，这对于本身身体素质较好、运动能力较强的学生而言，便于其发挥长处，也有利于许多高校教师对人才的挖掘和培养。但是若制订上述教学目标，对于一些身体素质相对较差、运动能力不强的学生而言，无疑会造成很大的学习压力，还很可能打击其学习积极性。其二，许多体育教师在制订长期的教学目标时，往往过多地关注体育本身的健身意义，却忽视了德育，因而影响到高校体育教学价值的发挥。

（三）教学内容枯燥

体育教材、教案是高校开展体育教学工作的主要载体。从实际运用情况来看，许多高校体育教学中使用到的教材都存在着略微老套、枯燥的问题，其对于高校学生而言没有较大的吸引力。通常，大学生接受体育学习的目的有两个：第一，提升身体素质；第二，让身心得到放松，促进身心健康。倘若高校体育教学的内容未能与时俱进，会难以激发学生的学习兴趣，学生也就不想在体育运动上花费更多的精力和时间，这对于其自身综合发展而言必定会产生不良影响，当然也会阻碍高校体育整体教学工作的推进。

（四）教学方法单一

教学方法指将教学内容传授给学生的一种途径。高校体育教学所涉及的内容相对丰富，且学生对于教学的需求较多样化，再加上现代化教学技术不断更新完善，这都给体育教学方法的改良创造了良好条件，从而让教学方法更具针对性、科学性，更吸引学生注意。然而从实际情况来看，还是有很多高校的体育教师依然采取单纯的讲述、示范法进行教学。此类方法都过多地强调教师主导地位，却忽视了学生的主体地位，并不注重对学生实践能力的提高，如此便降低了学生学习的积极性。

（五）课外体育活动种类匮乏

课外体育活动是高校体育教学的扩展和延伸，也是体育文化的关键性构成。目前有很多高校的课外活动都以体育竞赛为主，如小组篮球赛、足球赛等。此类活动多为体育竞技比赛，竞赛性强但缺乏一定的趣味性，且参加活动的都是运动特长的学生，这导致课外体育活动仅仅有部分人参与，无法实现全面育人目标，因而也无法凸显出体育教学延伸的价值和意义。

（六）教学评价体系不完善

作为体育教学中的一个重要环节，教学评价主要是为了对学生的学习情况进行了解，及时发现教学中存在的问题，并以此为依据对教学过程进行优化调整，提高教学的针对性，对学生起到一定的激励作用，以推动教学质量的提升。然而，在当前我国高校体育教学评价中，很多体育教师对教学评价不够重视，教学评价体系不够完善，缺乏科学性与有效性，通常只是以学生的学习成绩考核为主，对学生的学习效果进行评价，也就是注重终结性评价，却很少将学生的学习过程纳入考核范围，忽视过程性评价。体育教师在考核评价过程中，几乎不考虑学生学习的积极性、运动参与态度、运动技能进步情况、思想道德等，这也导致体育教师在具体的教学中对这些情况缺乏足够的重视。

（七）教学资源配置不平衡

虽然部分高校在教学过程中逐渐认识到体育教育改革的重要性，但是多数高校体育教学工作仍旧存在着一定的问题，限制着学生的发展，使得学生在体育学习中无法快速提高自身的身体素质与体育学习成绩。高校在体育教学工作中未深入了解其作用，未能加大对体育教学的资金投入，而是在学生专业性课程中投入大量的资金。这种校内资源配置不平衡的现象导致学生在体育课堂学习中不能利用体育器材进行充分的练习，降低了课堂教学质量，限制着学生的发展。高校相关人员在实际工作中应根据学生的学习需求加大对体育教学改革的资金投入，提高高校体育课程的教学水平，以促进高校的快速发展。

（八）教学改革的理论研究与教学实践缺乏整体性

虽然我国有关部门逐渐认识到了体育教学工作对学生全面发展的重要性，并在相关工作中要求高校在教学过程中实行素质教育，以期能够促进学生的全面发展。在实施改革工作期间，高校及相关工作者也提出一系列相关口号，以加快完成我国高校体育的改革任务，以期能够提高高校体育教学水平。但在实际工作中，相关人员及高校教师并未根据我国高校体育教学改革需求对工作进行改进，这导致体育教学改革工作无法顺利完成。高校体育教师在教学工作中并未根据体育教学改革工作的要求全面了解学生体育学习的需求，并未落实相关理论工作，这导致高校体育教师无法提高自身的教学水平。

二、高校体育教学问题解决对策

（一）树立科学先进的教学观念

根据目前情况，高校体育教师应当在日常工作中建立起以下三种科学的教育观念：首先，"健身第一"。此教学观凸显出学生体育活动的重要性，尤其关注到驼背、斜肩等问题，教师在教学过程中要做好监护，防止学生在锻炼时不慎受伤。其次，"终身体育"。此观念表达的是要让学生具备日常运动的习惯，并能积极参加力所能及的课外活动，从而利于其未来发展。最后，"立德树人"。在所有学科中融入德育已是现阶段的必然趋势，因此，高校体育教师要明确体育运动中所体现出的德育价值，并结合社会对高校学生品德素质的需求来强化基础德育工作，以提高学生对体育教学的认知。由此可见，在教学工作中，教师只有及时更新自身的教学理念，正确认识体育教学在高校教育中的重要性，加强对学生的引导，促使学生快速发展，保证学生在提高自身专业课成绩、提高实践能力的同时，不断地提高自身的身体素质，进而提高综合素质。

（二）制订符合实际的教学目标

教学目标是否符合实际，会直接影响最终的教学质量。从宏观角度分析，提升高校学生的身体素质和保障其身心健康，应该作为高校体育最基础的教学目标，其核心目标应该是培养高校学生的品德素质，更长远的发展目标则是培养学生良好的运动习惯，从而促进其未来发展。从微观角度分析，高校的整体体育教学目标，应当是促进所有学生发展，从中发现体育人才并培养，则是后期的发展目标。在制订上述目标时，高校的体育教师要着眼于学校实际情况，包括体育教学设备、师资力量、学生体育需求等，尽量保障教学目标的简洁、严谨和精细。

（三）增加丰富新颖的教学内容

为了增加更多新颖、充满趣味的教学内容，高校体育教师可从以下几点做起：一是结合调查问卷、随机访问、课堂抽查等方式，对目前学生对于体育教学的态度加以了解，并汇总记录学生内心希望学习到的体育知识。在此过程中，教师要鼓励学生积极表达看法，各抒己见。二是在收集到学生的反馈信息后，学校要组织专业的教师团队，设计或是引用符合本校发展的体育教材、相关教案等。研究发现，冰雪运动、定向运动、电子竞技都受到很多年轻群体的青睐。因此，体育教师在设计时可结合学校的发展情况，有计划地围绕一些新兴的体育运动，设计新颖的教学方案，激发大学生对于体育学习的积极性。例如，2021 年 3 月，在吉林市成立了中国大学生体育协会雪上项目运动分会，此举措借助大学校园对冰雪运动加以宣传和普及，提高了大学生的运动参与度。

（四）创新灵活的教学方法

传统的教学方法虽然能收到一定的教学成效，但并不利于培养大学生的实践、思考和创新能力，而这些能力对于大学生未来的就业和发展而言都非常关键。因此，高校的体育教师要着眼于学生的未来发展，将培育优秀的社会人才作为教学目标。从目前的情况分析，如小组教学、分组讨论、案例教学、比赛教学、情境创设等方法更能有效提升学生的思维和技能。同时，上述方法更多地强调学生的主体地位，主张学生要自主发现问题、解决问题。此外，要注意的是，在信息化时代的背景下，如互联网、云计算、AI 等科学技术开始被广泛运用到高校教育中，因此，体育教师也可跟随时代发展步伐，多利用一些先进的教学技术来创新课堂，如微课教学、慕课教学。

（五）组织多样化的课外体育活动

在课堂体育教学之外，高校体育教师可多组织一些有趣的活动，以提升学生的兴趣。例如，2021 年 8 月，中国青年报社中青校园媒体对全国两千多名大学生进行问卷调查，结果显示，有 90.0% 的学生偏好于冲浪、滑板、街舞、攀岩等新兴活动。因此，高校可结合自己的实际教学条件和目标，针对性开展相关活动。例如，厦门大学就开设了网红桨板课，浙江大学、长沙理工大学等开设了攀岩课。在设置体育教学课程时，教师要从学生的日常生活分析，并明确课外体育活动和单纯的体育运动间的差别，如关于体育活动的摄影展览、体育相关的设计等都是课外文化活动，能够满足大学生独特的运动审美，促进其全面发展。

（六）加强体育教学评价体系的创新与完善

针对当前高校体育教学评价体系不够完善的问题，各高校可以从以下两个方面对体育教学评价体系进行创新与完善。关于评价方法方面，高校应该坚持以教师评价、专家评价为主，同时应该引导、鼓励学生对自身的体育课程学习情况、其他同学的学习情况以及体育教师的教学情况进行评价，鼓励学生勇敢地表达自己的想法与建议；主要采用量化评价与质性评价相结合的方法。关于评价内容方面，体育教师除了需要对学生的体育知识学习情况、体育技能掌握情况进行评价之外，还应该对学生的学习过程进行评价，具体对学生的道德品质、体育审美、赛事欣赏、心理情感、社会适应能力、努力程度、进步幅度、参与态度、实践能力等方面的情况进行综合全面的评价，建立多元体育教学评价体系，以使学生对自身的学习情况形成客观全面的认识，以便于学生在之后的学习中针对自身的不足进行针对性学习与训练。

（七）重视对体育教学资源的投入、利用和开发

高校在体育教学工作中应帮助教师树立体育教学改革意识，并逐渐加强对体育教学资源的投入、利用和开发工作，为我国教育改革工作奠定一定的基础，促使其快速发展。高校应注意提高对体育教学工作的重视，积极为学生体育活动修建一定的场所，引进先进的教学器材，确保在课堂教学中学生可以利用足够数量的器材进行练习，减少学生在课堂教学中练习等待的时间，提高学生体育技能的训练程度，以此提高课堂教学工作的效率，促进学生的快速发展。另外，高校应加强对教师培训的投资，在一定程度上提高教师的专业教学水平及教学能力，使其在教学工作中可以提高教学水平，为体育教学改革做出一定的贡献。

（八）加快理论与教学实践整体性发展

高校及教师在体育教育改革工作中应加强对实践工作的重视，确保体育教育改革工作可以在提高学生的身体素质及综合能力方面发挥重要作用，使学生在进入社会时能快速适应自身的工作岗位。在体育教学改革工作中，教师应全面完善体育教学相关理论，保证学生可以通过相关理论全面了解相关知识，提高学生学习体育理论知识的系统性，并在学生具备一定理论知识的基础上加强学生对相关知识的实践，强化体育技巧，以此帮助学生提高自身的体育成绩。

第二章 高校体育教学理念改革

第一节 现代体育教学理念的发展

一、体育教学理念改革的必要性

（一）社会的发展对学校体育提出的新要求，是体育教学理念必须变革的外部动力

我国现代经济社会的迅速发展，在给现代学校体育带来新的发展契机的同时，对承担着培养人才重任的学校体育提出了更新、更高的要求。社会的发展对学校体育的要求包括：第一，要更加有效地为增进学生健康服务；第二，应为提高学生的心理健康和心理素质水平服务；第三，应为学生奠定终身体育基础服务。面对诸多新的要求，传统的学校体育在实际应对中表现出强烈的不适应，尤其是作为学校体育重要组成部分的体育课程表现尤为明显。但体育课程并未因此而退缩，而是以积极的态度开展了一场史无前例的自身大变革。体育课程改革是在外部要求的推动下进行的，作为行为的"风向标"和"导航员"，观念的转变决定行为的转变，体育教师的教学理念决定着他们的教学行为，体育教师的教学行为决定着体育课程改革的成败。理念是行动的灵魂，教学理念对教学起着指导和统率的作用，一切先进的教学改革都是从新的教学理念中生发出来的，旧的教学理念束缚着教学改革，一切教学改革的尝试都是新旧教学理念斗争的结果。从这一点来看，体育教学改革是以体育教学理念的转变作为首要任务的变革。这种新的体育教学理念对体育教学目标的制订、体育课程内容的选择、体育教学活动的实施、体育教学结果的评价等都起着决定性作用。因此，加强体育教学理念的转变是进行体育课程改革的关键。

（二）素质教育的实施使体育学科功能发生了转变，是体育教学理念变革的现实需要

作为一种社会现象，素质教育是同社会发展与人的发展紧密联系在一起的。中共中央、国务院在加快实施科教兴国战略的重大决策中提出全面实施素质教育，是对未来社会发展走势以及未来教育改革发展方向十分准确的把握。而学校体育作为学校教育的重要组成部分，承担着增强学生体质的任务，是素质教育不可缺少的重要内容。素质教育是以人的身心发展和个人素质的提高为目的的教育，学校体育作为素质教育的重要内容和手段，对学生综合素质的提高具有重要作用。由此可见，素质教育的实施使体育学科的功能发生了转变。

目前，随着我国体育教学改革的开展，教师教学理念的转变已成为课程与教学改革实践的核心问题。因此，面对素质教育的实施使体育学科功能发生的转变，作为学校体育开展和实施主渠道的体育教学随之而变化已成为必然。而作为抓好体育学科的课程与教学改革重要

环节之一的体育教学理念的变革，更成为充分发挥体育学科在实施素质教育中其他学科所无法替代的教育功能的现实需要。

（三）体育教学理念的变革既是推动体育教学发展的内在动力，也是体育教学改革与发展的重要内容之一

体育教学发展包括体育教学物质条件的改善、体育教学技术手段的现代化、体育教学内容的更新等多方面。这些都可以看作体育教学外在的发展。如果体育教学理念仍停留在传统状态和原有水平上，那么体育教学外在的变化与发展将无法转化为参与者的内在追求，这些变化与发展的综合作用也往往不能实现预期的目标；反之，如果体育教师的体育教学理念已得到了转变与更新并付诸行动，那么即使体育教学的外在条件并不尽如人意，也会使体育教学获得较大改观。这就是体育教学理念对体育教学发展的内在推动作用。体育教学理念之所以能够担当起这种内在动力的角色，是由其自身所具有的对体育教学行为的引导功能、对体育教学活动的调节功能、对体育教学效果的影响功能、对体育教学目标的定向功能等的综合表现决定的。体育教学理念作为体育教学发展的动力源，它可以调节一切教学元素，使之朝向主体的意愿。当主体意愿与体育教学发展相背离时，再好的外在条件也可能失效，甚至转化为妨碍体育教学发展的因素。当主体意愿与体育教学发展相一致时，无需外部条件的过多作用，也会使体育教学得到较大收益。因此，体育教学理念变革既是推动体育教学发展的内在动力，也是体育教学改革与发展的重要内容之一。

二、体育教学理念变革与发展的策略

任何体育教学行为都是在一定的体育教学理念的引导下进行的，没有符合时代要求的体育教学理念，就没有符合时代需要的体育教学行为。当前，新一轮课程改革正处于全面推广阶段，在这个过程中，体育教师的体育教学理念陈旧和发展滞后成为新课程改革推进过程中的一个重大阻力。因此，如何有效地转变体育教师落后的体育教学理念，寻求体育教学理念变革的条件与策略，便成为当前学校体育教学理论界及体育教学实践极为关注的话题和亟待解决的问题，解决该问题对于新一轮体育课程改革的顺利实施与推进具有重要意义。

（一）加快体育教学改革，克服实践中的阻碍

马克思主义哲学认为观念是对客观现实的反映，意识是客观存在的主观印象。据此，我们认为，体育教学理念是人们对体育教学现实的综合反映，体育教学实践既是体育教学理念产生的基础，也是推动其更新的动力源。因此，体育教学理念的变革不会凭空出现在人们的头脑中，它必须以体育教学实践为依据并与体育教学改革同步进行。事实证明，随着体育教学实践的发展与进步，不需要任何外界力量的作用，顽固的、落后的观念也会逐渐分化和转变，这是历史的必然结果。同样，如果一种新的教学理念不能在体育教学实践中得到支持，在体育教学实践中没有使实践者得到有价值的体验，就不可能成为人们心中长久的教学信念。所以，我们认为转变体育教学理念首先应从清除教学实践中对转变观念存有阻碍的因素入手。

研究表明，要加快体育教学改革，尽快转变传统守旧的体育教学理念，就必须努力做好以下两项工作：

第一，尽快建立合理的体育教师评价与激励机制，促进体育教学理念变革。事实证明，

体育教师对教学理念变革所持的消极态度是阻碍体育教学理念转变的主要因素之一，而造成这种消极态度的主要原因是缺乏相应的体育教师评价与激励机制。在以往的体育教师评价与激励机制里，对于体育教学理念的转变问题，学校认为，按传统的体育教学理念组织体育教学会使教学平稳有序，不会影响学校绩效的评价。而转变体育教学理念会给学校增加工作难度，不易于教学管理，等等。在教师看来，按传统的体育教学理念组织教学省时省力，体育教学理念转变与否不会影响工资、职称等切身利益，这使得体育教师对转变体育教学理念缺乏必要的积极性。

第二，改革现有的管理体制，为转变教学理念提供相应的条件。现行的教学管理体制过于僵化，缺乏必要的机动性与灵活性，限制了体育教学理念的转变。事实上，体育教学理念变革不是一蹴而就的，而是需要在大量的体育教学实践中进行探索、验证，这样会在工作思路和方式上与过去不一致，给学校工作带来矛盾与冲突，这就需要学校有一定的自主权，要有自我调节、自我完善的管理机制，可以在一定程度上灵活组织工作，为新体育教学理念的探索、验证与运用创造条件。体育教师教学理念转变必然会在教学活动中有不同的表现。如果学校对此不予认同，而是习惯性地与原来比较，认为体育教师违反了体育教学要求，让原本是体育教师验证或推行新观念的教学实践，变成体育教师触犯教学管理的典型案例，就会造成体育教师明知原有观念有问题却想变不能变也不敢变的尴尬局面。因此，转变现行单一的、僵化的管理体制为宏观调控、多样化模式的管理体制，是成功进行体育教学理念变革的条件。

（二）努力提高体育教师的认知水平与改革能力，是推动体育教学理念变革的关键

由于体育教师存在明显的个体差异性，所以体育教师个体在对体育教学现实的认识上也会存在一定的差异，形成了体育教学理念的多样化与优劣差别。从这一点来看，体育教学理念变革离不开体育教师的认知水平与批判能力的提高，否则，虽然变革迟早会出现，但这个变化过程将是迟缓、漫长、被动的。因此，提高体育教师对于教学理念变革的认知水平与变革能力，是体育教学理念变革的关键。提高体育教师的认知水平和变革能力主要是指提高体育教师在教学理念上的主体体验和对体育教学理念的反思与批判能力。因此，需要着重做好以下两点。

1. 要正确对待传统的体育教学理念

一方面，传统体育教学理念包含着许多优秀的思想，对现代学校体育教学仍有着一定的积极意义。虽然有些体育教学理念在内容上已经不适应现实，但在侧重点上却对我们仍有启发。另一方面，传统体育教学理念存在着大量的糟粕，需要我们去甄别和滤除，这一点必须引起重视，否则就会陷在某些陈旧迂腐的观念中不能自拔。这就要求我们在对待历史与传统时要克服不加批判地照单全收和彻底批判地否定一切的不良倾向。

2. 培养体育教师教学的反思意识与能力

从体育教学活动的视角来看，反思是新的体育教学理念得以产生或落实的不可缺少的环节。对于体育教师而言，反思是其对体育教育教学实践的再认识、再思考，是在对体育教学价值进行重新审视的过程中所表现出来的能力。体育教师通过教学反思来总结经验教训，进而提高教育教学水平。只有经过教学反思后，体育教师才会发现原有体育教学理念存在的问

题，才能为转变体育教学理念提供参考。在一定意义上，体育教学理念的变革就是新的教学理念的产生，而离开了教学反思，这种体育教学新观念是无法出现的。

（三）加大对体育教学理念的科学理论研究，探索体育教学理念变革的有效途径

加强对体育教学理念的科学研究，可以提高人们对体育教学理论的认知水平，充分发挥体育教学理论在体育教学理念变革中的作用，具体做法有以下几点：第一，把体育教学理念理论作为一项研究内容，为体育教学理念变革提供方法论；第二，促进总体教育中的教育观念与体育教师的体育教学理念的对接；第三，发掘探索新体育教学理念，为理念的转变提供参考；第四，展示新的体育教学理念，引导传统体育教学理念变革；第五，指导体育教学实践，推动体育教学理念变革。总之，加大对体育教学理念的科学理论研究，可以探索出体育教学理念变革的更多有效途径，也为体育教学理念的变革提供了方法论。

第二节 "终身体育"理念下的高校体育教学改革

一、"终身体育"的教育理念

（一）"终身体育"思想概述

"终身体育"是指在人的一生中都要进行身体锻炼和接受体育教育与指导，它是终身教育的重要组成部分。也就是说，让体育健身贯穿生命的全过程，成为日常生活中必不可少的内容。经过一段时间的发展，"终身体育"的思想逐渐确立了其在体育教育中的地位，成为现代先进的体育教学思想。

"终身体育"思想的树立和终身体育能力的形成与学校体育教学的发展存在密切的关联——"终身体育"思想的形成是人类自身与社会发展的必然要求。通常来讲，"终身体育"由相互联系、相互影响的学校体育、社区体育、家庭体育构成，共同作用于个人，并要求学校、家庭、社区均开展体育活动，为人们提供参加体育活动的机会。"终身体育"贯穿人的一生，对社会而言是全民体育，二者的统一是"终身体育"追求的最高目标。

"终身体育"思想的树立与形成可以有效地促进我国体育教学的发展。"终身体育"思想是高校体育教学目标改革的指导思想，也是高校体育教学发展的落脚点。"终身体育"能否实现，在很大程度上取决于人们的"终身体育"思想是否树立和"终身体育"能力是否形成。当下，"终身体育"的思想要求体育教师能正确引导学生科学认识和理解体育的价值，端正学习体育的态度，积极学习体育锻炼的技能，掌握体育锻炼效果评价的方法，形成"终身体育"能力，为"终身体育"锻炼奠定基础。

（二）"终身体育"教育思想的基本特征

1. 体育运动锻炼时间的终身性

"终身体育"之所以是一种先进的教育思想，主要是由于"终身体育"突破了传统的学校体育教学目标，强调学习与掌握运动技能的理念，使学校体育教学获得了进一步发展和延续。传统的体育教学理念把学生接受体育教育的时间局限于在校学习期间，体育锻炼的内容

局限于对体育知识、运动技能的学习和掌握，而"终身体育"则要求根据个体生长发育、发展和衰退的规律和阶段性特征进行科学的身体锻炼。体育锻炼可以使人受益终身，因此要终身参与。

2. 体育运动锻炼群体的全民性

"终身体育"不仅仅针对在校学生，还涉及社会各个群体，所以说终身体育锻炼具有全民性，这是指接受终身体育的所有人，在对象上包括儿童、青少年、中年人和老年人等；在范围上包括学校体育、家庭体育、社会体育等。以"终身体育"思想为指导，开展全民健身运动，其实质是群众体育普及的进一步发展，以实现群众体育的广泛普及。在现代社会，生存发展是时代的主流，生存发展要求人们会学习、运动锻炼和保健。人们要想更好地生活，就要把体育与生活紧密联系在一起，积极参与体育锻炼，促进身心健康发展，以更好地适应自我发展需求和社会发展需求。

3. 体育运动锻炼目的的实效性

终身体育锻炼应该具有明确的目的性，即体育必须促进运动者自身的全面发展和终身发展。终身体育的最终目的是维护和改善人的生活质量、维持健康、延年益寿。终身体育以适应个人发展和社会发展为根本着眼点。人们为了改善生活质量，要根据自身条件合理地选择适合自己的体育方式，做到有的放矢。

（三）"终身体育"教育思想对体育教学的意义

1. 满足社会对教育、对人才培养的需求

"终身体育"教育思想是体育教学的重要指导思想，对于充分发挥体育的教育作用、促进学生的身心健康发展、提高学生的社会适应能力和满足当代社会对人才发展的需求具有非常重要的作用。

社会劳动力是由不同年龄段的人所构成的。他们都需要保持身体健康，以更好地适应社会。人只有使身体保持最佳的状态才能更好地适应现代社会发展及满足未来生活的需要，因此，应该在不同的人生阶段选择不同的锻炼方式，让体育伴随人生发展。

在体育教学过程中，要实现学生的终身体育发展与社会需求二者的结合，应做好以下五个方面的工作。

（1）明确学生需求与社会需求二者的地位。这是正确处理学校体育发展与社会需求适配性的关键。

（2）明确学生需求与社会需求之间的关系。学生需求是推动学校体育文化发展的内在动力，社会需求是该项发展的外在要求。

（3）体育教学应围绕学生这一重要的参与主体展开，充分满足学生的学习和发展需求。

（4）灵活处理学生发展与社会需求之间的不同发展阶段的矛盾。虽然社会需求与学生需求在最终的目标上保持一致，但这并不代表之前的其他过程都是相同的。学生的终身体育发展为社会对人才的需求奠定了基本的人才素质基础，但学校体育教育的培养目标是多方面的，不能单纯为社会需求发展服务，还应充分考虑"以人为本""健康第一"。

（5）学校体育教学要时刻注重对学生的生理、心理、行为模式、思想意识等方面的调查与研究，同时以社会需求为基础，以"符合社会发展需求"作为衡量学校体育教学是否合理、成功与否的重要评价标准。

2. 推动新时期学校体育教学的改革

由于长时期受到传统教育思想的制约，我国学校体育过于强调技术、技能方面的教学而忽略了其他方面的教学内容，从而导致体育教学出现了一系列问题——学生走入社会后必须掌握的东西，教师不一定教；而教师教的内容，学生走入社会后不一定用得上。一般情况下，很多学生在走入社会之后不再参加体育锻炼，这导致他们的身体不能适应不断变化的环境，在很大程度上阻碍了他们的进一步发展。

终身体育教育思想指导下的体育教学，不仅追求学生对于某种特定的运动技能和运动的熟练程度，还重视学生的身体锻炼与综合的运动实践能力的培养，注重对学生体育兴趣的培养，使学生养成良好的身体锻炼习惯，重视和培养学生掌握系统的体育基础理论知识，科学的身体锻炼方法、检查评定的方法，促使学生形成终身体育的思想、能力、意识、习惯，对学生自觉、自愿参加和组织体育活动的能力提出了更高的要求。终身体育思想是当前我国体育教学中重要的指导思想，它的提出促进了我国体育教学改革的发展。

3. 满足学生未来体育生活化的要求

如今，人们的生活与体育之间的联系越来越密切，人们参与体育锻炼可以有效增强自己的体育意识，提高自己对体育锻炼的认识并养成自觉锻炼的习惯，这是社会发展的必然趋势。

学校教育是学生走向社会的过渡，学生终会走出校门成为社会的一员。而社会成员终身体育意识的形成对推动群众体育的开展、提高群众对体育活动的兴趣、促进文化交流都具有重要的意义与作用。终身体育着眼于人的年龄段、生活环境、职业特点，从而选择相应的锻炼方法和内容，进行不同形式的身体锻炼，以保证个体终身受益。而学校体育教学正是为未来扮演不同社会角色的学生提供了一个良好的参与体育的契机，指导其参与体育锻炼，以便其进入社会后更好地适应社会。

4. 推动我国人文体育的建设与发展

一方面，在体育教学过程中，良好的教学环境是获得良好体育教学效果的重要保证。学校应该不断加强人文环境的建设，创造出良好的教学氛围。人文环境的建设并不仅仅包括学校的体育场馆、运动器械等方面的建设，还包括学校的体育文化建设，使学生能够积极主动地参与学校组织的各项体育运动，并且能够全身心地投入。体育运动文化的建设是一个长期的过程，学生在此过程中会不自觉地受到感染与熏陶，从而认可和接受相应的体育运动文化。

另一方面，加强体育教师队伍建设，提高教师人文体育素养成为终身体育的一个重要体现和要求。在体育教学过程中，体育教师对学生产生了更为直接的影响。换言之，要想做好体育教学中的人文精神建设，体育教师是关键因素。如果体育教师没有较高的人文素质，就无法培养出富有人文精神的学生。在教学实践中，无论是体育教师的形象、口才，还是其所具有的基础知识、专业水平、人格魅力、道德修养等，都会对学生人文精神的养成产生直接或间接的影响。作为体育教育工作者，要想形成一套切实可行、较为科学的课程体系还有很长的路要走，必须转变理念，树立以人为本的现代体育观，以迎接人文体育时代的到来。人文体育的根本是对全民健身的充分认识，而学校体育便是推进全民健身的火种。高水平师资队伍的建成是培养学生体育精神的重要前提条件。

学校是培养社会未来优秀人才的重要教育基地，应该特别重视把国家需求、社会需求与学生个体需求有机结合起来，把追求体育的健身价值与人文价值有机结合起来，把传授体育知识技能与终身体育教育有机结合起来，真正以学生为教学主体，全面提高学生的体育素养，促进学生的身心全面发展。

终身体育的发展所产生的积极影响是多方面的，不仅体现在对体育教学的促进方面，还体现在社会主义经济的建设方面。终身体育与经济建设之间互相影响，二者之间的关系非常密切。在社会经济发展的背景下，终身体育不断地提供体育劳务这种特殊的体育消费品。通过长期坚持体育锻炼，人们能够达到强身健体、丰富业余文化生活、提高体能与心理素质的目的，从而更好地将精力投入到经济建设中，推动社会经济的不断发展。

二、"终身体育"理念下高校体育教学改革遇到的问题

（一）思想认识不足，教学理念落后

长期以来，高校体育教学以竞技运动项目教学为主，体育教学和训练难度都较大，体育教学对学生参加体育锻炼的兴趣、体育习惯的培养缺少足够的关注。在"终身体育"理念提出后，受传统的教学习惯和意识的影响，许多体育教师对"终身体育"理念都缺少足够的认识，部分体育教师还将学生的体育兴趣和习惯培养视为"无用的负担"。在体育教学中，体育教师也没有将终身体育的理念充分融入体育教学，体育教学沿用的仍旧是传统的教学模式，这必将影响高校体育教学质量。因此，体育教学改革势在必行。

（二）体育课时有限，教学模式老化

我国高校体育教学以体育教师讲解、示范为主，学生只能根据体育教师的安排和要求进行机械训练，缺少独立思考、探究学习、自主学习的机会。当代大学生都是在多元文化影响下成长起来的，他们的兴趣和身体素质千差万别，他们普遍有着强烈的体育锻炼需求，传统的"一刀切"体育教学模式已经无法满足他们对体育锻炼的需要。但是，在体育课时有限的情况下，许多高校体育教师在体育教学中仍旧采用传统的大班"一刀切"的教学模式，网络技术、合作学习、分层教学在高校体育教学中没有被广泛应用，培养学生的体育兴趣和锻炼习惯难度较大。

（三）教学内容陈旧，教学形式单一

体育教学内容陈旧、教学形式单一是高校体育教学存在的显著问题。虽然在体育教学改革浪潮的冲击下，许多高校都开设了一些新的体育项目，如轮滑、健美操、体育舞蹈等，但是许多高校在制订体育教学计划时因循守旧，没有就学生的兴趣和需求进行调研，也没有根据时代发展的要求选择新的体育教学内容。受此影响，在体育教学中，许多体育教师都以教材为根本，以让学生完成标准性动作为出发点来教学。学生通过体育学习只能掌握一些概念性的理论知识和基本的体育技能，对体育的认知始终处于一个较低的水平，许多学生因此而缺少学习体育的积极性。

三、"终身体育"理念下高校体育教学改革路径

（一）转变教学理念，开设体育选项课

根据素质教育的发展要求，高校要积极推进新课程教学改革，从应试教育向素质教育转

变，以提高学生的身体素质，促进学生全面发展。在"终身体育"理念下，高校在体育教学改革中不仅要关注体育教学对学生体质的增强，还要关注对学生的人格塑造和对学生智力的发掘，而传统的体育教学理念已经无法实现新的教学目标。所以，高校要及时更新体育教学理念，正视体育在学生人格、身体素质、终身发展中的作用。根据体育教学需求，高校要开设多种类型的体育课程，构建全新的选项课教学体系，并打破原有的系别、班级建制，让学生重新组合上课，让不同层次、不同兴趣的学生根据自己的需求选择合适的课程。在体育教学中，体育教师不仅要为学生提供更多自主学习和实践的机会，还要抓住教育的时机，启发学生去思考和探究，重视对学生情感、态度、习惯和价值观的培养，促使体育教学朝着"终身体育"教学的方向发展。

（二）培养学生积极参与体育运动的意识，提升其体育运动的主动性

高校体育教学的主体是大学生。作为体育教师，既然始终占据着教学的主导地位，就不能怕学生的思想观念转变不过来，应大胆地使用不同的方法，尝试转变大学生的体育运动意识，这是每一位体育教师在给大学生上体育课时都要解决的首要问题。要使大学生转变思想观念，就要使他们从根本上认识体育锻炼与运动的重要性——运动可以强身健体，加强自身体育运动是一个让生命充满活力的过程，对社会和谐发展有着不小的促进作用。当然，每一个大学生的成长历程不尽相同，因此体育教师在体育课上要注意因材施教，对有不同兴趣爱好的学生采取不同的教学方式。

（三）优化教学环境，合理安排体育时间

要想实现"终身体育"的教学目标，高校需要建立健全体育教学保障机制，加大对体育教学的投入，根据教学规模和教学需要提高体育场馆和场地建设水平，引进先进的体育器材，为体育教学的正常进行提供保障。

此外，根据教育部的规定，高校还要适当增加体育课时，要求学生每周定时参加体育锻炼，争取从根本上扭转学生体质不断下降的情况。

（四）以学生为主，创新体育教学模式

体育教学模式改革是体育教学改革的基础和重点。在"终身体育"理念下，高校要改革传统的体育教学模式，构建符合新课标和社会发展需求的体育教学模式，为体育教学注入源源不断的活力。体育教学模式改革的重点是以学生为主体，制订多角度的教学计划，改变集体灌输的教学模式，尊重学生的个性差异，及时调整教学内容和教学方式，使学生在轻松和谐的氛围中实现新的发展。高校体育教学内容改革主要包括两方面：一是根据学生需求，增设深受学生喜爱的竞技体育项目、体育舞蹈项目、传统体育项目等，丰富体育教学内容，满足学生的需求；二是根据学生的身心特点，积极整合校内外体育教学资源，注意教学内容的实用性和灵活性。体育教学模式改革，重点是将信息技术、分层教学和其他教学手法结合起来，营造轻松愉悦的学习氛围，让学生快乐地参与体育学习。

（五）发展校园体育，培养体育锻炼习惯

"终身体育"的目标是培养适应现代社会发展需要的人。"终身体育"是一个宽泛的概念，不仅要求学生在学校接受体育教育、进行体育锻炼，还提倡将体育锻炼融合到社会生活

中，使体育锻炼成为学生的一种习惯。"终身体育"理念下的高校体育教学需要突破传统教学模式的束缚，在时空上无限向外延伸。在高校体育教学中，体育教师不仅要将课堂内外结合起来，充分利用课间操、晨练时间指导学生进行体育锻炼，还要重视校园体育文化建设，给予学生体育社团大力的支持和关注，要经常以社团为中心将学生组织起来，开展一系列的体育比赛、表演、联谊活动，打造特色校园体育文化。这样不仅可以丰富学生的业余生活，还可以培养学生的终身体育意识，为学生的终身发展打下基础。

总之，"终身体育"理念下的高校体育教学改革要从教学理念改革入手，要落实到教学模式、教学内容改革上，要将内因、外因综合到一起，多管齐下，循序渐进，只有这样才能实现终身体育的教学目标。

第三节 "健康第一"理念下的高校体育教学改革

一、"健康第一"的教育理念

(一)"健康第一"思想概述

近年来，"健康第一"的教育思想在体育教学内容的安排、教学方法的选择、教学评价标准的确定等方面得到了进一步的贯彻与落实。目前，我国学校体育的指导思想是"健身育人"。只有将"健身"与"育人"结合起来才能凸显出学校体育的教育本质，才能使学校体育与其他课程一起系统地、全面地实现学校教育"健康第一"的目标。

现阶段，社会的进步和科技的发展给人类带来了便捷，也改变了人类以往的生活方式，一些慢性病不断侵害着人们的健康。在饮食质量提高的基础上，人们的体力活动越来越少，身体机能逐渐衰退。因此，重视对学生的体育教育、改善学生体质是一个重要的社会课题。高校应将"健康第一"作为学校体育教学思想，将"寻求健康和享受"作为学校体育改革的目标。

(二)"健康第一"教育思想的基本特点

"健康第一"的教育思想具有丰富的内涵，其基本特点主要表现在以下三个方面：

(1) 学校教育的首要目标是促进学生的健康成长。"健康第一"教育思想认为，学生的身心健康比考试升学更加重要。

(2) 真正意义上的健康不只是指生理健康，心理健康也应被重视。"健康第一"是学生身心健康的统一。

(3) 学校应该在德育、智育、体育等多个方面对学生负责。

(三)"健康第一"教育思想对体育教学的意义

依据"健康第一"的教育思想，学校体育教学的重点发生了根本性变化，逐渐从"单纯的技能传授、重视学生体育技能的发展"向"促进学生身心健康发展和社会能力的提高"方面转变。对于现阶段社会发展对综合素质人才的要求和学生日后的健康，全面、可持续发展观念具有非常重要的指导和帮助作用，使体育教育促进健康的本质功能得到了充分体现。

1. 进一步明确体育教学目标

现代体育教学"健康第一"的思想对促进学校体育目标多样性、多层次的建构提出了新的要求。实际上，我国学者已经认识到，技术教育和体制教育并不能完全作为学校体育教学实践的重心，应该把重心从单纯地追求学生的外在技能向追求学生的全面协调发展转移。这些都说明我国在学校体育教学改革中更加注重学校体育教学目标的人文倾向。

2. 促进体育课程体系的调整

课程体系改革是体育教学改革一个非常重要的方面，通过课程体系改革可以使教学内容更加丰富多样，能更好地满足社会发展与学生进步的多方面需求。但是，在设置相应的体育教学课程时，学校所采取的措施存在很多不足之处。很多学校都会利用体育课的时间来进行其他学科的学习，而且体育课的上课时长不理想，不能够很好地满足学生对体育锻炼的需求。

在"健康第一"教育思想的指导下，很多体育教学中的问题都得到了很好的改善。在设置相应的体育教学课程时，学校开始考虑学生身心方面发展的需求，在课程中逐渐将学生作为主体。学校在设计教学内容和课程体系时更加注重学生的个性和性别特点，开始根据学生的身体素质水平来提供丰富多彩的体育教学内容供学生选择。在体育教学过程中，体育教师更加注重学生的身心发展规律，通过多方面的努力来提高学生的学习兴趣和学习积极性，使得体育教学在增强学生身心健康发展方面取得了较好的效果。

3. 促进体育教学方法的优化

体育教学方法是促进体育教学过程顺利展开的重要因素。在"健康第一"教育思想的影响下，学校通过多种形式的改革不断改进体育教学的手段，逐渐实现提高学生参与体育运动的积极性和主动性的目标，从而使学生从主观上重视体育对健康的促进作用。

体育教师要在体育教学实践中，通过不断创造和探索生动有趣的教学方法，使学生真正体会到体育运动的快乐，树立终身体育思想。学校要对原有体育教学课程内容进行改革，不断完善体育运动设施。体育运动设施是体育教学必不可少的工具。通过多方面优化运动场馆和运动器材等，不仅能够使学生更好地进行体育运动，还能够使学生深入理解体育对于促进其身体健康的重要性，并将"健康第一"理念落实到终身体育运动实践中。

4. 建立与完善教学评价体系

在"健康第一"教育思想的影响下，体育教学的评价体系应该以学生的体质增强、身心健康发展为重要指标。我国体育教学评价体系在逐渐发展和完善，新的评价体系不仅对学生的学习效果进行全方位的评价，还对体育教师教学效果进行评价。评价者应注重"区别对待"的原则，针对体育教师和学生的不同情况进行相应的评价。

在评价学生的学习效果时，评价者对学生多方面的学习效果进行量化分析，并且将定性评价和定量评价相结合，大大提高了体育教学评价的科学性，对于学生认识自身的不足，以及获得学习的动力起到了良好的促进作用。

在评价学生的学习过程时，评价者不能只对学生的技术技能掌握情况进行评价，还应对学生创新能力、学习态度、意志品质等方面进行综合评价。学校在构建相应的评价体系时，不仅要注重科学性和可操作性，还要注重在评价过程中体现出多方面的人文关怀。在每堂课完成后，体育教师都要及时回忆每一个学生的出勤情况和所有隐性情感的表现，并做出较为客观的记录和评价；要善于通过学生在学习过程中的表现来考查学生的情感态度变化和进步程度，以保证学习效果评价的合理化和科学化。

二、"健康第一"理念下我国高校体育教学中存在的问题

当前我国高校体育教学仍然普遍沿用老旧的教学理念，"健康第一"的教育思想并未完全得到落实和渗透。体育教学的内容仍停留在简单的运动技术技能教学和身体素质锻炼上。

（一）重"技能学习"，轻"理论学习"

当前的高校体育课堂普遍以增强学生体质、传授专项技术技能为主要教学目标，在形式上难免会片面地专注于体质锻炼和专项技术技能学习，而忽视了体育健身理论知识的传授，这往往造成学生对于所学技术技能"知其然，而不知其所以然"。如果实践离开了理论的支撑与引导，则很容易流于形式、浮于表层，这非常不利于学生对体育健身知识的学习及课下自发参与体育运动。例如，在讲授某一个技术动作时，体育教师若只是按部就班地讲解示范动作细节，而不告诉学生这个动作的力学、生物学原理，学生很难对这个动作有深层次的理解。同时，一些关于健康与健身的基础理论知识，对于大部分学生的体育学习而言，也具有很重要的启发与引导作用。

（二）重"教师主导"，轻"学生主体"

对于"教师主导，学生主体"这一体育教学的基本原则，体育教师早已耳熟能详，但要在教学实践中做到这一点实属不易。传统体育课堂的"主角"一直是体育教师，从教学目标的制订到课堂形式的设计，体育教师始终在主导课堂，这本无可厚非。但如果忽视了学生课堂主体的地位，就会出现学生被动学习氛围浓郁、学生参与感过低、学习的积极性难以提高等种种问题，这些都会严重制约体育教学的顺利展开与高效实施，学生的学习效率也会大打折扣。学生往往"出工不出力"，敷衍应对课堂学习任务。

（三）教学模式陈旧，缺乏创新

在新时期"健康第一""以人为本"教育思想的指导下，过去以培养竞技体育人才为主要目标的传统教学模式已经暴露出弊端，学生出现心理疾病、上课积极性不足、理论知识太过贫乏、无法融入集体等问题的情况层出不穷。如果罔顾现实状况，继续沿用陈旧落后的教学模式，那么受损害的必然是教育成果，受影响的必然是学生。

三、"健康第一"理念下高校体育教学改革的措施

（一）树立健康教育发展的思想理念

思想引领行动，理念指导实践活动。思想理念是人们从事实践活动的灵魂，是保障实践目标和效果的根本因素之一。高校体育教学要做到真正为学生全面发展服务，真正让学生得到更好的锻炼和提升，必须做到以下五点。

（1）牢牢把握体育的本质精神，树立起健康教育理念的大旗，以健康教育理念来指导教学，并深入研究教学实际，发现教学中存在的问题。

（2）将教学目标设定、教学形式设计、教学模式选择、教学方法选取等环节与健康教育理念相融合，深入贯彻落实健康教育理念，全面指导体育教学改革。

（3）找出存在的问题，不断优化教学方法和手段，应用各种能体现新型教育理念的教学模式，广泛开展各种基于健康发展的教育实践活动，让学生真正爱上体育、享受体育，从体育学习和锻炼中收获更多。

（4）坚持以人为本的教育和服务理念，真正以学生为主体、以学生发展为根本、以促进学生健康成长为目标进行教学实践，积极进行教学改革和创新。

（5）从课程设置、选择和教学目标制订到教学实践，为社会需求和学生终身发展考虑，真正践行健康教育发展理念，做好教学改革和创新。

（二）重视学生的"身心健康"

对于绝大多数学生而言，大学是其进入社会前的最后一站。在大学阶段，学生除了要学习专业知识技能之外，其锻炼身体及磨炼品性同样重要，高校体育课堂在其中承担着举足轻重的责任。大学生处于二十岁左右的年纪，此阶段正是其生理和心理发展趋于成熟的阶段，也是其性格和社会适应能力大调整的阶段。在此阶段，体育教学强调"身心并重"是有必要的。这就要求高校体育教育在制订教学目标的时候，充分考虑大学生的生理和心理特征，将身体素质、运动技能、心理健康、团队合作意识全部包含其中，并基于此进行实践教学。

（三）重视理论传授，构建完整的体育知识维度

在高校体育教学实践中，体育教师应根据学生的年龄、性别和认知水平特征，从使学生终身受益的角度考虑，删繁就简，教授一些与学生实际相贴切的健身理论知识，让学生不仅要"知其然"，还要"知其所以然"。这样才能避免体育课堂教学浮于表面，学生才能对所学知识技能有较深层次的理解和掌握，为其平时自主进行体育锻炼提供理论指导和保障。

（四）改革课堂结构，解放学生天性

传统的体育课堂往往是"三段式"的结构，即"准备部分—基本部分—结束部分"，在讲授环节上也比较固化，常常是"讲解示范—模仿练习—纠正错误—再次练习"这样的组织形式，学生始终处于被动学习的状态，对所学技术动作只是"照葫芦画瓢"。

学生渴望展现自己、证明自己，传统的灌输式教学模式对发挥其主体作用显然是不合适的。高校体育课堂改革，应该注重解放学生天性，尊重学生的主体性；在从课程设计到评价的各个环节，都应给予学生足够的个性空间和自主探索空间，让学生有愉快的参与感，充分调动他们的积极性。

（五）创新教学方法，优化教学组织模式

"健康第一"教育理念下的高校体育教学改革，需要在具体实践中不断改进教学方法，创新教学手段，优化教学组织形式，让学生能够在实践中真正得到有效的教育和指导，将健康教育理念转变成自身的健康行动和效果。高校体育教学应改变传统的以运动技术和技能提升为中心的教学模式，注重培养学生的体育兴趣、自主学习能力、自我体育发展能力。掌握运动技术和技能，能够让学生更好地参与体育锻炼，能够让学生在锻炼中符合一定的标准，但这不是体育教学的根本目的。让学生爱上体育运动，积极主动参与体育运动并从中得到更多乐趣，在运动实践中培养积极乐观、健康阳光的心理品质，这才是体育教学最根本的目的。为此，高校体育教学需要结合学生的实际，注重对学生体育兴趣的培养，选择有效的教

学方法，调动学生参与的积极性和主动性，让学生得到更多的运动体验和快乐，以此来激发学生学习体育的热情，使学生养成良好的体育运动习惯。体育教师在体育教学过程中要多采用启发式教学、诱导式指导、互帮互助式实践练习，让学生提高学习兴趣；选用多媒体教学，确保教学内容更加直观生动，使学生在体育实践中能够获得更多的愉悦感，得到更多的成就感，促进学生身心健康发展。

总之，在"健康第一"教育思想的指导下，高校体育课堂改革应着眼于学生的全面发展，摒弃固有的"身体素质好等同于健康"的旧理念，不仅要注重学生的身心健康，培养其积极、科学、健康、文明的生活方式，还要使他们成为身心健全，具有良好的社会能力和合作意识的社会人。同时，高校要重视对学生体育兴趣的培养，引导学生学习体育知识，在提高学生体育知识水平的前提下，使学生树立终身体育的意识。

第四节 "全人教育"理念下的高校体育教学改革

一、全人教育及其特征

（一）全人教育

关于全人教育的内涵，学术界至今还没有统一的定义。一般来说，全人教育是指教育者首先要把学生作为一个人，一个主体性的人，一个有感情、有智慧的人，同时，要把学生培养成一个在生理与心理、智力与非智力、情感与意向诸方面协调发展的具有较高素质的人。在阅读众多专家和学者关于全人教育内涵研究文献的基础上，笔者进行分析总结，得出全人教育中的"全人"是指完整的人、全面的人，全人教育是指充分发展个人的潜能以培养完整个体的教育理念与模式。其涵盖了人格、智能、情感、体能等诸多内容，根本任务是培养身心俱健的一代新人。全人教育有三层含义：首先是人之为人的教育，是以"以人为本"作为核心的教育；其次是传授知识的教育，是培养学生学识素养的教育；最后是发展和谐心智以形成健全人格的教育。全人教育追求四种平衡：一是专业与通识的平衡，即教育应该通过学科进行互动、影响和渗透；二是学识修养与人格的平衡，即教育不仅是知识的传递和技能的训练，应更多地关注人的内在精神与人格的和谐发展；三是个人与群体的平衡，即教育要寻求人与人之间的理解，培养人的合作精神，树立全球意识；四是身、心、灵的平衡，即教育过程应强调身、心、灵三者之间的有机统一，注重人文精神的培养。

（二）全人教育的基本观点

在古今中外教育理论家对全人教育理念研究的基础上，笔者认为，全人教育思想的基本观点可以概括为以下六点。

1. 关注个人能力与潜力的全面发展

全人教育思想的核心就是对"全人"的培养。顾名思义，"全人"就是指具有整合人格、得到全面发展的人，全人教育就是能够促进人的全面发展的教育。从"全人"的本质来看，精神性更重于物质性，教育应注重人的内在教育，如情感、同情心、好奇心、创造力、想象力等，尤其要注重人的自我实现。全人教育强调教育过程不仅是知识授予与技能习得的过程，而且要关注人的内在精神感受和人格的全面培养，从而实现人的精神性与物质性的高度统一。

2. 寻求个体间的理解与生命的意义

在全人教育实施的过程中，要加深学生在受教育过程中对合作精神的体验，培养学生人与人之间相互理解、相互关心、相互宽容的素养。传统的教育非常注重竞争，总是通过考试和比赛等形式来衡量学生，往往忽视了对学生非智力因素的培养。全人教育鼓励人进行自我实现，同时强调真诚的人际交往和跨文化的人类理解。全人教育将人类生活中的人际交往进一步深化为人类跨文化的理解与信任，从而加强了学生的全球意识。

3. 强调学生人文精神的培养与融合

人类社会进入工业革命时代以来，传统教育中的人文教育比重日渐削弱，科技主义成为现代大学的主导文化。大学教育过于注重实用知识，忽视了对文学、人文课程的学习，导致大学生人文关怀的缺失。全人教育者并不否认知识爆炸时代科学知识的重要作用，但主张在教育中更多地渗透人文精神教育。如果课程教学中没有人文精神的渗透，没有人的基本品格的培养，那么这种教育注定是不能达到全人教育的根本目的。

4. 鼓励跨学科的互动与知识的整合

知识教育一直是传统教育的核心，在课程体系中处于主导地位。但是学校教育如果完全以学科和就业为导向，培养学生单一、片面的学科知识，就会忽视各种知识与各学科之间的关系建构，忽略世界是一个瞬息万变的有机系统。全人教育者强调只有通过学科之间的互动、交叉和渗透，超越学科之间的各种限制，才能拓展新知识的学习，拓宽研究问题的视野，真正地将世界还原为一个整体，才能把学生培养成一个"整全的人"。通识教育的跨学科整合学习就成为实施全人教育的重要途径。

5. 寻求人的精神性和物质性的平衡

全人教育者提出了以塑造未来为导向，以"育人"为本分，以开发人的理智、情感、身心、美感、创造力和精神潜能为目的的教育理念。人之所以为人的重要一点在于人是具有复杂精神世界的个体。这种精神要素对于人的生活、社会的稳定、人类安居乐业等有着强大的影响力。全人教育者主张在培养人的过程中，既要关注物质世界，又要注重学习过程的愉悦、人际交往的和谐、自我良好品格的养成。

6. 培养具有整合思维的地球公民

全人教育的最大特色就在于"全"，这不仅意味着培养全面发展的人，更蕴含着一种广阔而博大的世界观。全人教育者所关注的不仅是某个人、某个学校、某个国家的发展，而且是从更宽广的角度将整个地球甚至整个宇宙联系在一起。全人教育所主张的学习是一种整合学习。整合学习的核心理念是联系，认识、了解世界万物之间的广泛联系是整合学习的目的。全人教育培养的学生应是具备全球视野的地球公民，他们关心环境、关心和平、关心全人类。

(三) 全人教育思想的特征

全人教育产生于工业化时代，是一种批判工业化时代过于注重知识教育与理性教育的教育思想，主张重视人的无限潜能和对非理性因素的培养。虽然学术界至今对全人教育还没有统一的定义，但是通过分析相关研究成果可以得出全人教育具有以下三个特征。

1. 全面观

"全人教育"思想的全面观主要体现在教育目的上。不同于强调专业技术、专业技能习得的专业教育，全人教育强调教育的目的是培育全面发展的人。具体而言，全人教育的全面观体现为强调人的智力、道德、情感、直觉、审美、身体、创造力和精神潜能的全面发展。全人教育是为实现人的和谐、合作、公平、正义、诚信、了解及爱等方面而进行的教育。

2. 主体观

全人教育认为教育是人之为人的教育，人是教育的根本。全人教育将受教育者视为独立的个体，具有主体性、多元性与差异性，故应因材施教、个别指导、实施个性化教育，反对机械化、制式化、填鸭式的教育。每一个受教育者应被视为个体、社会与地球的主人，每一个受教育者可以凭借自身的天赋、能力和智慧表达个体的特质。

3. 整全观

"全人教育"思想是以整全观为切入点的教育思想，强调知识之间的联结与转化，强调事物之间的联系。"整全思维"是全人教育者的共同思维。整全观的基本主张是每一个事物都存在于一个大的网络系统中，相互联结、相互影响，任何一个子系统的变动都会导致整个系统的连锁反应。因此，"全人教育"思想是从"整体"上去追寻个人的全面发展，而不是零碎的、片面的发展。

二、高校体育教学实施全人教育的必要性

全人教育就是以人的整体发展为导向，唤起对"全人"意识的培养，追求对人自然秉性的尊重，肯定教育的内在价值，培养具备整体知识架构、正确价值观和积极人生态度的人。学校是培养人才、塑造完善人格的育人基地，而高校体育教学具有健身、健心、美育等多重功能，对学生未来发展方向具有价值导向作用，对学生身心发展也起着重要作用。然而，受到传统教育模式的影响，高校体育教学缺乏新意，难以调动学生学习的积极性。出现这样的情况是因为目前的高校体育教学忽略了学生的内在需求，只注重对知识的传递和能力的培养，而忽视了对学生人格的关注，更谈不上"使人成为人"。因此，高校体育作为一门促进学生身心健康发展的学科，更应该关注对学生"全人"的培养，使学生得到全面综合的发展。

(一) 实施全人教育是实现课程教学目标的重要途径

高校体育教学中实施全人教育是提高学生身心健康水平、发展学生能力的重要途径。在课程的设置上，高校体育教学进行了多元化、多样化的编排，体现了全面整合的特性；在体育教学目标上，高校体育教学贯彻落实新课改提出的情感、态度、价值观的培养目标，体现了我国高校体育教学的特点。

在高校体育教学中，教师在传授知识的同时更应该注重对学生能力的培养，多联系实际生活才能使枯燥的技术动作显得更具活力、吸引力。在体育教学目标上贯彻"全人"的培养目标，不仅要关注学生个人潜能的开发，还要在知、情、意、行上给予学生关注，更应该关注学生的情感，实现学生全面发展的目标。

(二) 实施全人教育是推进素质教育更好落实的迫切需要

在教育改革的浪潮中，素质教育在学者们的肯定和教育者们的呼声中脱颖而出，适应了

知识经济时代发展的需求，打开了我国教育的新局面。素质教育以人的全面发展为初衷，有步骤、有规律地发掘人的最大潜能。高校在响应教育部门推行素质教育、开展素质教育活动的同时，还要加强对体育教学重要性的认识，只有提高国民身体素质才能推动社会的全面发展。

在竞争激烈的现代化社会中，具备全面综合素质的人才越来越受到广泛的重视，而倡导教育的全面和谐发展以及人才培养的新模式——"全面发展"的素质教育，已经成为时代的要求和未来社会发展的驱动力。在此背景下，教育要以学生身心发展为出发点，尊重学生的个性发展，关注学生的学习兴趣。全人教育和素质教育都致力于培养全面发展的"人"，并不断探索与进取，最终实现"人"的进步。

三、"全人教育"理念下的高校体育教学改革策略

（一）拓宽教学知识领域

"全人教育"理念体现了学科之间整合学习的重要性，指出了当今世界发展的任何难题都不能仅仅依靠一种学问、一门科目，甚至是一种手段来解决，只有通过学科间的互动渗透、影响，冲破学科之间的种种界限，才能够开拓出新的知识领域，拓宽问题研究的视野。传统的高校体育教学内容多以传授体育专业知识及技术技能为主，以实践为主、理论为辅。"全人教育"理念下的体育教学内容在传授专业知识及技能的同时，应注重对边缘学科的教学，使学科专业知识与通识教育相结合，加强各学科间的交叉学习，使学生在对学科专业知识深入研究的同时拓宽知识领域，让学生获得更加全面的知识与技能，从而挖掘学生的潜能，促进对学生健全人格的培养。体育教师在教学时可融入体育文化的教学，向学生传授体育精神、体育意识，使学生了解每项体育运动的历史背景及比赛规则，从而影响学生的体育价值观；也可将体育美学融入体育教学内容，引导学生提高审美的能力、兴趣和情操等。与此同时，体育教学需将基础道德素质教育贯穿其中，并将教学内容与学生未来发展方向紧密结合。

（二）构建具有"全人教育"理念的体育课程体系

在"全人教育"理念的指导下，高校体育课程体系应突出健身性、文化性、审美性相互结合的特点，把"全人教育"理念作为指导思想贯穿教育的始终，培养学生正确的世界观、人生观和价值观；应优化高校的体育课程内容设置，如有针对性地以普修课和选修课的形式将这些项目引入高校体育课程，构建具有时效性和时代性的、能促进学生能力全面发展的教学体系。体育课程内容应具有理论性、综合性和前瞻性，强调知识的科学性、系统性和结构性，强调师生互动、自我创新，改变传统单一的灌输模式，突破旧体系的束缚，建立一种与学生学习兴趣和个性关系密切、发展学生个性、注重学生健康、增强学生心理素质、培养学生审美能力、培养学生全面发展的新型体育课程体系。具体来看，体育理论知识对体育实践课程的教学起着指导作用，理论课的学习能够使学生掌握体育运动的特点、规则以及方法等，能够使学生掌握当今最有用、最基本的体育知识和技能，为学生增强体质和树立终身体育的理念打好基础。体育理论知识内容应包含四个方面：①基础理论知识（起源、发展等）；②健身原理；③赏析（比赛、旋律音乐）；④生理卫生、保健卫生和运动常识等。四个方面的内容应让学生掌握体育基本技能，在加强基础知识学习、技能传授和基本能力培养的前提

下，让学生学习最具概括性、适应性、变换性的典型体育特征的技术动作，从而提高体育教学质量。

学校可以制订体育教学总目标，结合现代教育和体育的教学特点，将教学目标制订为体育课程总体培养目标、教学层次目标（基础教学层次目标、专项教学层次目标及综合教育目标）及单元教学目标。因此，高校适当地安排体育理论课对于大学生了解体育的基本知识和要领、提高大学生对体育各项要素的理解能力具有很大的促进作用。

（三）选择多样化的教学方法及教学手段

教学方法和教学手段的贯彻和实施应遵循"全人教育"理念。在教学过程中，教师在使学生获得一定知识与技能的同时，更应该通过一定的教学方法和手段使其掌握自主学习能力，培养学生终身学习的意识和习惯。传统教学模式多为"老师教、学生学"的"单边活动"，"全人教育"理念下的体育教学可以尝试"教师指导、学生教"的模式，鼓励学生教学生、学生带学生，充分发挥学生的主观能动性。教会学生如何去学习、如何将所学知识运用于社会实践远比让学生学会某种知识、某项技能更有意义。在教学过程中，教师也可经常采用组内合作、组间竞争的教学手段，不仅能够激发学生的学习兴趣，而且能够培养学生的团队协作能力及竞争意识。

（四）完善的评价体系

教学评价主要是对学生学习效果及教师教学过程的评价，具备一定的诊断、监督、调节功能，良好的教学评价能够有效地推动教学工作朝着全人教育的培养目标发展。在评价内容上，不仅要考核学生的专业理论知识和技术技能，而且要考核学生的身体素质、心理素质、学习态度、人文素养、创新能力、组织管理能力等方面。在评价主体上，不单是教师评价，还应采取学生评价、生生互评等多种评价方式，也可考虑使家长参与其中，使得评价更加科学、公正。同时，教学评价应是一个持续的过程，应该贯穿整个教学过程。高校教育是促进学生全面协调发展的教育，除了对学生进行专业学科知识的教育以外，对其人文素质的提升、基本社会生活技能的培养也很重要，持续不断、不同方位的考核方式也是值得借鉴和探索的。

（五）提升高校体育教学师资水平

教师是教学组织的核心，高校体育教学改革成败的关键在教师。"学高为师，身正为范""师者，所以传道受业解惑也"，高校体育教师是与学习体育知识的大学生直接接触的第一人，是整个体育教学过程渗透"全人教育"理念的关键所在。他们不仅教授学生体育理论知识、技术动作，而且为人师表，其言行举止和工作态度对学生有较大的影响，决定着学生整体素质的提升。只有教师具备扎实的专业知识、渊博的人文知识、良好的道德，才能在教授体育知识和技能的同时，提升学生的整体素质水平。但是，当前我国高校体育教学存在着部分体育教师素质偏低的问题，具体表现为教学观念陈旧、人文知识不足、教学方法方式落后等。只有提高教师的专业水平、道德水平、人文素养，才能保证"全人教育"理念的实施。因此，高校体育教师在提升教学效果、进行科学化教学的同时，应该提高自身的专业素质、人文修养，以帮助学生掌握技能、人文知识，提高学生的主观能动性，增强学生的社会协调能力、意志品质、爱国主义、合作精神等。具体来说，"全人教育"理念下的高校体育教学改革对体育教师有以下七点要求。

第一，体育教师应转变观念。高校体育教师对"全人教育"理念应有一定的认知，要从单纯的知识传授者转变为学生学习的促进者、引导者，充分发挥学生的主体性；要明白体育教学不只是教授学生专业学科知识，更是培养学生综合能力以及健全人格的一种手段。

第二，提升体育教师的教学积极性。高校体育教学改革要求体育教师能够主动地发现教学中存在的问题，了解学生的需求与心理感受，关心爱护学生的学习和成长，保持一种稳定的工作积极性，把学生培养成全面发展的人。

第三，体育教师应明确教学意识。由于体育教学研究在我国重视度不高，教师只把体育课程当成体育锻炼，而没有考虑将健康教育、美育、德育、智育渗透其中。因此，培养体育教师正确的教学意识是提高体育教师素质必不可少的工作。

第四，提高体育教师的教学能力。体育教师要通过多种途径不断提高自身的业务能力。在自身条件有限的情况下，高校可以给予支持，促进教师能力、素质的提高，以达到丰富体育教学内容、增强学生学习兴趣、提高学生综合素质的目的。在课余时间，高校可以成立专门的培训室，组织体育教师进行专业知识培训、学术讨论、心得体会交流等活动，让教师在课外得到有效的"充电"。

第五，提高体育教师的综合能力。高校体育教师应具有全面的知识素养，即专业的体育学科知识、广博的科学文化知识以及丰富的社会实践知识，善于组织、管理学生，为学生营造一种有利于其健康、全面、和谐发展的学习环境。另外，教师应紧跟时代步伐，不断拓宽知识面，深入地进行教育科学研究，提高自身学习和教育科研的能力。

第六，体育教师应具备良好的职业道德素质。高校体育教师的言谈举止、思想品质在体育教学过程中会对学生产生潜移默化的影响。教师幽默的教学语言、积极的教学态度能够激发学生的学习兴趣、改善学生的学习态度、培养学生的体育精神，使学生各方面的思想品质都有较好的发展。

第七，体育教师应向"创造型"的方向发展。为了应对新技术革命的挑战、满足我国现代化建设对人才的要求，我们必须培养出一大批具有创造性的人才，这就需要教师对学生进行创造性的教育，即创造性活动的开展。在体育课堂中，教师要表现出良好的创造性和灵活性，要善于运用新的教学方法和教学手段。

（六）拓展学生参与体育活动的途径以提高学生整体素质

第一，丰富和完善体育社团活动。当前，许多高校都成立了体育社团，体育社团活动是以学生为主的，由具有相同兴趣和爱好的学生自愿组成、自主管理的校园文化活动。体育社团活动作为"第二课堂"，即课堂教学的补充，延伸了课堂教学的时间和空间，满足了学生个人兴趣和爱好的需要，发掘了学生的个人潜能，促进了学生的个性化发展。学生不仅是社团活动的学习者，还是组织者、管理者以及领导者。因此，体育社团活动能够培养学生的独立思维能力、团队协作能力以及组织管理能力。可以说，体育社团活动是使高校体育工作与全人教育相融合的平台。学校应鼓励社团开展活动并给予一定的经费支持，体育教师应适当地指导学生社团活动的开展，同时通过组织形式多样的活动为社团提供展示的平台和机会，促进体育社团进一步发展壮大。

第二，定期举办院系或全校的体育比赛，增强大学生参与竞争的意识，使学生在竞争中体验运动乐趣、享受团队氛围，提高学生的责任感，培养其组织能力，弥补课堂教学的不足，丰富高校美育、德育的内容和形式。这样既可以丰富学生的课余生活，又有益于学生身心健康发展。

第三，丰富体育课外活动。高校要将课外活动作为体育课程的延续，保证学生有足够的活动时间，让学生根据自己的实际情况进行锻炼。高校还可以建立领操员制度，充分调动有这方面特长的学生的积极性。高校还要创造可以提高体育教学质量的条件，改善体育教学的硬件设施，加大对体育教学的重视程度，加强对教师的指导，使其在宽松的条件下寓教于乐。高校也可聘请校外体育专业指导人员来校对学生进行指导，借此弥补教师本身业务能力不足的局限，提高学生课余体育锻炼的质量。

从全人教育的视角看，教育的核心是人，具体到体育教育领域，其核心是努力展现体育教学对于人类生存意义及价值的终极关怀。体育教学必须回到以人为本的立足点，因为高校体育教学不仅是塑造形体的手段，而且是通过教学过程达到对学生综合素质的培养及完善人格的塑造的目的。所以，高校体育教学对于学生不只具有强身健体的作用，其价值还体现在对于学生完善人格的培养及全面、和谐发展的追求。如何通过高校体育教学活动塑造具有健全人格和综合素质的"全人"、如何将全人教育更好地融入体育教育实践，是未来体育教学仍需努力和发展的方向。

第三章　高校体育教学课程改革

第一节　高校体育教学课程设置的基础

体育课程是以相关学科为基础，以身体运动原理为内容，以学生的直接身体运动为形式，通过开展有计划、有组织的课内外活动，实现提高人体机能、发展心理健康的目标的学校教育科目。

现代课程的设置需要考虑诸多因素，这些都是体育课程设置的基础，体育教学系统与学生身心发展特点是其中的重要内容，本节主要对体育课程设置的这两大基础进行研究。

一、体育教学系统基础

体育教学系统隶属于教育领域这个大系统，它是由被当作体育教学系统的子系统，如体育教师、学生、体育教学内容、体育教学媒体等要素构成的。体育教学系统的特性是学校体育课程设置需要考虑的因素。

（一）体育教学系统的构成

1. 体育教师

体育教学是教师教与学生学的双向活动，作为教授者的体育教师是其中要素之一，离开了体育教师，也就无法进行教学活动。体育教师个体包含的要素有很多，如体育知识、运用教学媒体和教学方法的能力等，此外，还有教师的主观努力程度等要素。而对于教师集体来说，包含带头人、骨干和助手等。

2. 学生

体育教学的对象是学生，没有学生这个要素，教学活动也就变得没有意义。在学生这个教学对象中，就其个体而言，体能结构、智力结构、体育知识和锻炼方法结构、运动技能结构、社会适应能力和学生个体的主观努力程度是其包含的要素。从群体方面来看，学生既有普遍性的要素，又有特殊性的要素，这都在体育与健康课程标准的六个水平目标的教学体系中有所体现。

3. 教学内容

一定体系内的体育与健康科学知识、体育锻炼方法和运动技能体系是体育教学内容，教材是其主要的表现形式。

体育教学活动的不同侧面各有很多要素构成。它不仅包含教授体育与健康知识、技能的要素，而且包含发展学生智力，培养体育情感，提高学生社会适应能力的要素，这是从体育教材本身的角度来说的。而从教学内容与学生的关系来说，学生已经获得的运动技能和学生有待发展的运动技能都是其重要因素。因此，体育教学活动的构成离不开体育教学内容。

4. 教学媒体

教学媒体是在体育教学中师生交换信息时承载和传递信息的工具。体育教学媒体的要素多样，既包括视觉要素，如文字、语言、动作示范等，又包括独立成为系统的实体要素。实体要素包括图片、模型、电视、录像、电影、电脑模拟等，主要用来记录、储存、再现视觉要素符号等。

体育教学活动是师生间信息加工和交换的过程，正常的体育教学活动需要信息的交换，而离开了教学媒体，这种信息交换就会中断，正常的体育教学活动也就无法进行。

5. 教学方法

为达到体育教学目的，教师和学生所采取的方法、途径、手段、程序的总和就是体育教学方法。

在提高体育教学质量方面，体育教学方法体系中的每一类方法都具有特定的功效和重要的价值。但有一点需要注意，任何体育教学方法都不是万能的，只有体育教师对各种常用体育教学方法的功能、特点、适用范围以及应注意的问题等进行切实把握，在体育教学实践中，教学方法才能发挥其有效作用。

总之，体育教学活动是在体育教学目标的支配下，由以上五个要素组成的具有整体功能的有机统一体。由于构成要素的性质和结构各异，所构成的整体功能会有所差别。

（二）体育教学系统的特性

体育教学系统是以人的集合为主，信息和媒体的复杂系统是其包含的内容。它既有复杂系统的共同特性，又有体育教学活动自身具有的特性。其特性主要表现在以下八个方面。

1. 目的性

体育与健康课程的课程目标是体育教学系统的目标，这就是体育教学系统的目的性。具体来说，体育教学系统建立的目的是把系统的体育与健康的科学文化知识传授给学生，这对学生学会锻炼身体的方法非常有利，也对学生身心的全面发展起到重要的促进作用。体育教学目的明确，使体育教学系统的有序性得到提高，使进入体育教学系统的各要素具有共同的运动方向，从而使体育教学系统的既定功能得到有效发挥。

2. 控制性

一个系统要获得所需要的功能，维持正常运行，必须对各要素进行控制。因此，协调的控制机制是实现体育教学系统既定目标的条件。反馈是控制的基本条件，在体育教学系统中，体育教学评价可以为体育教学系统运行提供反馈信息，使体育教学系统能够得到有效的控制，从而使教学的目的和任务得以实现。

3. 整体性

体育教学系统是由各要素组成的，但这些要素不是简单地集合在一起，也不是孤立存在的，教学系统内部各要素是紧密联系在一起的，其目的是使体育系统的基本功能得以实现。

体育教师、学生、教学内容、教学媒体和教学方法是体育教学系统的五大构成要素，也是体育教学系统整体性的主要组成部分。其中体育教师的主要任务是传授体育知识技能、锻炼方法以及组织教学活动，如果离开了教师，学生的学习就没有了引导者。学生要素也不可缺少，一旦离开了学生，体育教师也就没有了特定的施教对象，从而成为一般的传播者。在体育教学中，教师教和学生学的客观依据是体育教学内容，教学内容的传播要以某些体育教学方法和体育教学媒体为手段，其中教学方法和教学媒体也是相辅相成、相互关联的。因此，体育教学系统具有整体性特点。

4. 复杂性

体育教学系统的构成要素众多，各要素不同程度地具有不确定性，并且各要素之间的关系纵横交错，所以体育教学系统具有复杂性。以体育教师和学生这两个主体要素为例，其教与学的效果取决于各自的知识、技能、传播沟通技巧、身体素质水平、社会和文化背景、教与学的态度等。其相互作用需要由一系列的体育教学目标、体育教学内容、体育教学原则、体育教学方法、体育教学媒体等来维系。此外，体育教学活动在体育场馆中进行，运行的环境比较复杂，这就导致体育教学系统的结构和运行过程也显得较为复杂。

5. 开放性

体育教学系统实现自我维持还需要通过不断与环境交换能量和信息，社会的政治、经济、科技、文化、教育等发展约束或影响着它的构成和运行，同时体育教学系统会对这些社会因素产生反作用，而且体育与健康课程又与全面健身、竞技体育有着密不可分的联系。因此，作为一个开放性系统，体育教学系统具有开放性这一特点。

6. 成长性

社会的进步和不断发展，对现代人才的培养提出了越来越高的要求。在体育教育方面也不例外，高水平的体育师资、适应社会发展的体育教学内容以及体现科技水平的体育教学媒体成为所需要的条件。因此，在体育教学系统中，体育师资水平的不断提高，学生的不断进步，体育教学内容和方法的不断更新以及体育教学媒体的更加多样化，都是体育教学系统具有高度成长性的充分说明。体育教学系统要在教学中成长得更加完善，成长性这一特点是必须具备的。

7. 动态性

体育教学系统的动态性也通过体育教学系统的成长性得以体现。一方面，体育教学系统的相对稳定性的维持需要通过制订计划、制定条例和原则来实现；另一方面，要根据环境的变化，创造出新的体育教学思想、体育教学方法、体育教学模式和体育教学媒体。体育教学系统的构成要素要表现出一种动态的平衡，使体育教学系统在渐变中持续发展。

8. 反馈性

体育教学系统还必须具备自我调节的能力，这是维持体育教学系统的平衡和稳定，保证其正常运转的需要。所谓的反馈是指从系统的环境中所收集到的有关系统产物的信息，尤其是那些与产品的优缺点有关的信息或者由系统产生的错误所导致的信息。通过反馈这一环节，系统使自己处于一种相对稳定的状态。对于体育课程设计而言，教学设计方案就是其产品，教学设计方案的可行性如何是其优缺点体现。

总之，体育教学活动是一种社会实践活动，它自成一个系统，也是学校教育系统中的一个子系统。作为一个复杂的系统，体育教学课程设计受到诸多教学要素的影响和制约。因此，要设计出高质量的体育课程教学方案，必须从系统理论所提供的思想和方法出发，对体育教学设计的过程进行研究，同时了解体育教学设计各要素的结构、功能及特点，并对各要素的功能进行整合，深入了解各要素之间的关系，通过严密的分析和精心的策划，使各要素对体育教学设计的良性作用得到充分发挥。

二、学生身心发展基础

（一）学生生长发育的规律

人体的生长发育是一个连续、统一的发展过程。社会环境、体育锻炼、遗传、营养等因素都会对人体的生长发育产生影响，因此，个体差异的存在不可避免。尽管如此，人体的生长发育还遵循着共同的基本规律。身体形态、生理机能和身体素质等方面是学生生长发育规律主要体现，它们之间存在着相互依存、相互影响、相互制约的关系。

随着年龄的增长，学生的身体形态不断变化，学生的这种生长发育是有着一定的规律的，即不是匀速直线上升的，而是有一定阶段性特征。因此，学生各个系统的特点和功能会因发育的不同阶段而呈现出较大的差异。学生的身体机能发展和完善有着众多表现，包括骨骼肌肉系统、神经系统、呼吸系统以及心血管系统的功能变化。随着年龄的增长，其身体素质的变化有着明显的年龄特征和性别差异。

1. 身体素质发展的敏感期

身体素质的发展中，有一个时期，身体各项素质发育最快，我们称这个时期为"敏感发育期"。在学生身体素质发展的敏感期，加强对学生身体素质的锻炼是至关重要的。

2. 学生生长发育规律与体育课程设计

体育教学以学生的身体练习为主要手段，以促进学生的健康、增强学生的体质为核心，以促进学生的全面发展为目的。体育课程设计就是为了最大限度地挖掘体育教学在促进学生生长发育、提高学生身体机能、增强学生体质等方面的有效性。因此，应该充分了解学生的生长发育规律、有机体的机能特征以及不同年龄阶段学生的身体素质特点，从而为设计具体的体育课程方案提供基础和条件。

学生的生长发育规律对体育课程设计有着重要影响，主要表现在以下三个方面。

（1）在对学生的学习需要和具体特征进行分析时，尊重学生的生长发育规律，有利于我们准确把握体育教学中存在的问题。

（2）在分析、确定或创编体育教材内容时，考虑学生的生长发育规律，可以使选择的体育教材内容充分发挥其在体育教学中的载体作用，为体育教学目标和任务的完成提供条件。

（3）在制订体育教学目标、选择体育教学策略和安排体育教学内容的过程中，遵循学生的生长发育规律，有助于设计出适宜的体育教学目标、有效的体育教学策略，以及丰富多彩的体育教学内容。

总之，在进行体育教学设计时，要认真遵循学生的生长发育规律，重视各种规律对体育教学的积极影响和制约。只有这样，才能设计出真正体现新体育课程理念、新体育课程目标和任务的体育课程方案。

（二）学生身体机能的适应规律

在正常情况下，人体各器官系统的活动相互协调、相互制约，且处于相对平衡的状态。适应就是使有机体内外环境不断取得平衡的过程。这种相对平衡的状态是人体生命存在和人体机能正常活动的必要条件——人体机能适应性规律。在体育教学中遵循身体机能适应规律不但能有效地增强体能，而且能促使有机体的运动系统、神经系统、心血管系统、呼吸系统和能量代谢系统等的机能水平向着有助于健康的方向发展。

1. 身体机能适应规律的过程

在运动过程中，学生的身体机能适应规律一般要经历工作阶段、相对恢复阶段、超量恢复阶段和复原阶段四个阶段。

（1）工作阶段是第一个阶段。在这一阶段中，人体内各器官机能的活动和能量的合成水平得到提高，但同时消耗了体内储备的能源。

（2）相对恢复阶段是第二阶段。此阶段的人体机能恢复到运动前水平。

（3）超量恢复阶段是第三阶段。在这一阶段，人体通过休息，人体能源储备和机能都超过了原有水平。

（4）复原阶段为第四阶段。在这一阶段，运动痕迹效应逐渐消失，人体机能又恢复到原有水平。

通过对以上身体机能适应规律的分析，可知人体的机能要想得到不断增强，在第一次运动结束后，第二次运动必须从超量恢复阶段开始。

面对外界环境，生物会有一个适应过程。由于受到外界环境变化的影响，机体内环境的平衡被打破，维持机体内外环境相对平衡要求重新调整体内的各种功能。在体育教学中，学生在经历系统的体育教学和锻炼过程中，身体内部会逐渐产生一系列的物理性变化，这种变化随着经历体育教学活动和锻炼的时间迁移形成量的积累，身体机能对之逐渐适应，随之身体机能的适应能力也不断增强，这就是学生身体机能的适应规律。

2. 身体机能适应规律与体育课程设计

身体机能适应规律的存在是实现体育教学目的的前提。在体育教学中，以体育活动和锻炼为手段，学习者的有机体进行着生物改造，从而能够增强体能、增进健康。

学生身体机能适应规律影响着体育课程的设置，主要表现为两个方面的积极影响。

（1）对学生的身体机能适应规律进行准确的把握，对体育课程方案设计的科学性和有效性有很大的帮助。

（2）在设计具体的体育教学模式、体育教学方法和体育教学手段时，为使学生体能和活动能力得到增强，健康水平和体育动作技能得到提高，遵循学生的身体机能适应规律，可以使我们更加科学地选择教学模式、方法、手段。

（三）学生动作技能的形成规律

运动技能有着多方面的含义，在准确的时间和空间里，在大脑皮质主导下的肌肉的协调性是它的含义之一。运动技能比较常见的意义是一种习得的能力，是一种精确、流畅和娴熟的身体运动能力，这种能力的获得按一定的技术要求，采取练习的手段。运动技能的形成过程是由简单到复杂的，其中有建立、形成、巩固和发展的阶段性变化和生理规律。

1. 运动技能的特点

并不是所有的动作活动方式都是运动技能，运动技能具有一定的特征，主要包括以下四点。

（1）运动技能必须是后天习得的，而且能够相当持久地保存下来，通常是一些简单的或不随意的外显肌肉反应。

（2）运动技能的表现需要一定的条件。人对运动技能的运用是主动的，它主要由当前的任务所始动。也就是说，当任务需要时才会表现出来某种运动技能。

（3）运动技能在时空结构上具有不变性。从运动技能的外部结构来看，应是由若干动作按一定的顺序组织起来的动作体系。任何一种运动技能都具有在时间上的先后动作顺序和一定的空间结构。动作的顺序性是不变的。

（4）运动技能与熟练程度相关，熟练程度越高，运动技能越自动化和越加完善。高度自动化和完善的熟练程度是运动技能要达到的最终状态，这一状态的实现需要通过练习从低层次的感知系统与运动系统的协调关系向高层次的协调关系发展。运动技能的熟练程度越高，越能自动化地、轻松敏捷且完善地完成动作。自动化并不是指没有意识的参与，而是指意识参与的程度较低。运动技能的自动化成分越大，或运动技能越完善，动作就越具有准确性和越少耗费能量。

2. 运动技能的形成过程

学者们对运动技能的形成和发展的过程进行了诸多研究，并形成了不同的观点，如认知派的整体结构理论、动力定型的纯生理学理论。运动技能的形成过程是一个渐进的、连续的过程，一般来说可分为泛化过程、分化过程、巩固过程和自动化过程。

（1）泛化过程

在一个动作的学习初期，无论是通过教师的讲解和示范，还是自己进行运动实践，学生所获得的只能是感性认识。此时，动作技术所引起的人体内外界的刺激，通过感受器（特别是本体感觉）传到大脑皮质，引起大脑皮质细胞的强烈兴奋，另外，因为皮质内抑制尚未确立，所以大脑皮质中的兴奋与抑制都呈现扩散状态，使条件反射暂时联系不稳定，且出现泛化现象。这个过程表现在肌肉的外表活动往往是动作僵硬，不协调，不该收缩的肌肉收缩，出现多余的动作。

在此过程中，教师进行教学应该抓住动作的主要环节和学生掌握动作中存在的主要问题，通过正确的示范和简练的讲解帮助学生掌握动作，而不应过多地强调动作细节。

（2）分化过程

通过不断的练习，初学者对该运动技术有了初步的理解，逐渐消除了一些不协调和多余的动作。此时，大脑皮质运动中枢兴奋和抑制过程逐渐集中，由于抑制过程加强，特别是分化抑制得到发展，大脑皮质的活动由泛化阶段进入了分化阶段。这一过程中，大部分的错误动作得到纠正，完整的技术动作能够比较顺利和连贯地完成。这时动力定型初步建立，但尚不巩固，遇到新异刺激，多余动作和错误动作可能会重新出现。

在此过程中，对错误动作的纠正是教师应特别注意的，让学生体会动作的细节，使分化抑制得到进一步发展。

（3）巩固过程

随着进一步的反复练习，运动条件反射系统已经巩固，达到了建立巩固的动力定型阶段，大脑皮质的兴奋和抑制在时间和空间上更加集中和精确。此时，不仅动作准确、优美，而且某些环节的动作还可出现自动化。在环境条件变化时，技术动作也不易受破坏。但动力定型发展到了巩固过程，也并非意味着一劳永逸。如果此后停止练习，动力定型在巩固后还会消退，而且消退的速度会随动作技术的难度和复杂程度的增加而加快。所以，为了更加巩固和完善动力定型，在继续练习巩固的情况下不断提高动作质量应受到特别注意。

在此过程中，教师应对学生提出进一步要求，可以对学生进行技术理论学习指导，这对动力定型的巩固和动作质量的提高非常有利，更能加快动作达到自动化程度。

（4）自动化过程

所谓自动化，就是练习某一套技术动作时，可以在无意识的条件下完成。其特征是对整个动作或者是对动作的某些环节，暂时变为无意识的。动作自动化的出现需要一定的条件，它需要暂时练习达到非常巩固的程度，当然这是以运动技能的不断巩固和发展为基础的。一般来说，许多体育运动技能要达到和保持自动化的水平，需要经过多年和大量的练习。

3. 运动技能的形成规律与体育课程设计

新课程的内容标准分为运动参与、运动技能、身体健康、心理健康和社会适应五个学习领域。以身体练习为主是体育与健康课程的本质特征，这通过运动技能学习领域得到了直接体现。在其他领域学习目标的实现方面，运动技能也是主要手段之一。因此，我们体育教学的核心仍是运动技能教学。

在体育课程设计中，运动技能的形成规律主要对体育教学目标的制订、体育教学策略的选择以及体育教学过程的组织和实施产生影响。只有对运动技能的形成规律进行严格遵循，准确而适宜的知识、技能学习目标才能得以制订，实用性好、针对性强的体育教学方法和手段才能被设计出来，体育教学过程也才能得到较好的实施和控制。因此，对运动技能的形成规律进行遵循是体育课程设计必须做到的。

（四）学生心理发展的情况

1. 学生的心理发展情况

认知发展、情感和意志发展、个性发展是学生心理发展的三个方面，下面是具体分析。

（1）认知发展主要包括感知、注意、记忆、思维和想象。随着年龄的增长，学生的认知发展发生变化，并在不同的年龄段表现出较大的差异性。

（2）在学生情感和意志的发展过程中，学生的情感具有内隐性及延续性。他们的情感丰富、生动，表现强烈、鲜明，但对情绪、情感的控制能力不够强。随着年龄的增长，学生意志的独立性和坚持性迅速发展，自控能力和果断性也得到提高，但草率性和冲动性仍然存在。

（3）个性发展包括个性心理特征（性格、气质、能力）和个性心理倾向（需要、动机、兴趣和世界观等）。在不同的年龄段，学生的个性心理特征和个性心理倾向具有不同的特点。

对不同年龄段学生的心理特征和不同的心理特点进行充分的了解和掌握在体育教学中非常重要，这是更有效地实现体育教学目标，使学生的健康、体能得到增强，使学生掌握体育与健康基本知识和技能，培养学生积极参与体育活动的态度和行为，培养学生健康的心理以及良好的社会适应能力的重要方法。要达到让学生学习和掌握体育与健康的知识和技能、增强体能、增进健康的目的不仅需要学生的身体参与，而且需要我们对学生的心理过程有充分的了解。培养学生积极参与体育活动的态度和行为以及健康的心理，更需要我们深入地理解心理学的相关原理，并应在体育实践中有效地加以应用。

2. 学生心理发展特点与体育课程设计

在我们进行体育课程设计时，学生的心理发展特点是需要遵循的主要规律之一。因为学生的心理发展特点影响和制约着他们的体育学习。

学生心理发展的特点对体育课程设计的影响，主要体现在以下四个方面。

（1）只有对学生的心理发展特点有清楚的把握，才能对学生的学习需求和特点进行准确的分析，为后续体育教学活动的安排提供依据。

（2）只有对学生的心理发展特点进行了解，才能制订具体的、可操作性强的体育教学目标，也才能为体育教学活动的开展提供准确方向。

（3）只有充分掌握学生心理发展的特点，才能使体育教材内容的选择或创编与学生心理特点相符合，并使其在实现体育教学目标中的载体作用得到充分发挥，才能激发学生对体育学习的兴趣，调动学生的学习积极性和主动性。

（4）只有对学生心理发展的特点进行准确的分析，才能设计出高效的体育教学模式、方法和手段，从而保障体育教学目标的实现，才能为体育教学的全面实施提供完整的、具体的思路。

总之，在体育课程设计的整个过程中，对学生的心理发展特点和规律进行充分把握有着积极的作用，是设计高质量体育教学方案的基础。

第二节　高校体育教学课程改革的发展趋势

一、体育课程改革的基本走向

课程政策变革的核心是决策权利分配的变化。这种变化是为了应对变化中的技术、社会、经济、政治和国际国内环境等方面的挑战，从而有效适应国际国内变化，以及日益增长的地方需求。这就意味着课程由统一化走向多样化。

当今世界存在两种课程行政管理体制，即集权化和分权化，二者各有利弊。从目前发展趋势看，集权化的课程行政体制开始注重地方和学校课程开发的自主权，分权化的课程行政体制则开始加强国家对课程开发的干预力度。因此，课程政策权利有一种均权化趋势。课程政策均权化意味着课程变革的过程是一个多方参与的过程，行政官员、学科专家、教师、学生、家长、社区代表等都是课程改革的参与者。

我国一直比较重视中央对课程的统一决策，尽管曾经进行了课程多样化的改革尝试，但终究没有取得预期的效果。随着我国新一轮基础教育课程改革的正式启动，体育课程的管理和教学模式将发生较大的变化，原来由国家教育行政主管部门制定的体育教学大纲已被体育课程标准所代替，这种变化的最大特点之一就是国家将放宽对体育课程的统一管理的硬性规定，为保障和促进体育课程满足不同地区、学校、学生的要求，实行国家、地方和学校课程三级管理。体育课程标准作为一种国家性的指导性文件，提出体育课程学习的目标和建议，这将给地方和学校留有相当大的选择余地和发展空间。这种课程的三级管理有利于国家的宏观管理和指导，也增加了地方和学校实施课程的自主性和灵活性，体现了课程实施的统一性与灵活性，奠定了体育课程建设和发展的基础。

二、高校体育教学课程改革的发展趋势

（一）高校体育课程目标趋向健康

体育课程目标是指在一定时期内，学校体育实践达到的预期结果，它决定着体育课程实践的方向和全过程。我国的体育课程是一门以身体练习为主要手段、以增进学生健康为主要

目的的必修课程，是学校课程体系的重要组成部分，是实施素质教育和培养德智体美劳全面发展人才不可缺少的重要途径以及突出健康目标的一门课程。它关注的并不仅仅是通过体育课程的实施来增强学生的体质，还要关注通过体育课程实施改进学生的心理健康和社会适应能力。因此，我国体育课程目标在空间上应从单纯追求学生外在技能技术水平转到全面追求学生身心协调发展上；在目标的时间上，通过体育课程，不但要完成在学校期间对学生运动技能培养、传授知识的任务，还要培养学生对体育爱好的能力、兴趣、习惯，为其终身参加体育活动打下基础。体育课程目标确定包括以下四个方面。

（1）增强体质，增进健康。

（2）传授体育知识，传授技能方法，培养体育文化素养。

（3）培养体育兴趣、习惯和能力。

（4）促进个性发展。

（二）高校体育课程内容呈多元化发展趋势

根据课程目标和学生的需要应重构课程内容体系，体育课程内容应服务于课程目标，并充分满足学生的身心需要，利用体育的文化因素，促进学生个性的发展和道德品质的形成。努力改变以竞技体育技术传授为主的教学体系，构建健身娱乐为主的教学体系。增加富有时代感的娱乐性体育项目和民族传统体育项目。同时对趣味性强、健身价值大的竞技体育项目进行加工、改造简化，使之教材化，以符合学生的身心特点和需求。改变把体育运动素材当作教材的观点，从体育文化角度出发，全面理解体育文化的显性教材意义（健身和技能培养功能）和隐性教材意义（对人的社会化、人格培养和情感作用）。

（三）高校体育课程评价注重促进学生发展

1. 评价方法的多样化

我国体育课程评价将改变以往采用单一的评价标准进行终结性评价的现状，评价方法朝多种方法相结合的方向发展。

（1）客观评价与主观评价相结合

客观评价是以量化为基础的评价方法。体育课程目标定位于身体、心理、社会三者的统一上。因此，单一的评价方法难以对此进行全面评价。对身体健康和运动技能可以采用一些客观指标进行评价，而对学习态度、心理健康和社会适应等方面更多地需要进行主观评价。因此，如何使客观评价与主观评价相结合，是体育课程学习评价应关注和研究的问题。

（2）终结性评价与过程性评价相结合

终结性评价是对学生学习结果的评价，它虽然可操作性较强，可在一定程度上检验学生的学习效果，但不利于培养学生良好的心理品质和创造能力。过程性评价关注学生的学习过程、努力程度和取得的进步，能有效地帮助学生形成积极的学习态度和健康的心理品质。我国体育课程学习评价过分重视终结性评价，而忽视过程性评价。终结性评价与过程性评价相结合是未来体育课程学习评价的发展方向。

（3）绝对评价与相对评价相结合

绝对评价是以统一的标准要求所有学生，忽视了学生之间的差异性和进步性。相对评价是通过将每一学段结束时终结性评价结果与学生个人学习起点成绩对比来判断学生的学习效果，从而有利于学生看到自己通过努力所取得的进步，从而树立自信心。未来的体育课程学习评价将更加关注相对评价。

2. 评价标准的多元化

我国体育课程往往把体育知识和运动技能作为课程评价的唯一标准，而忽视了学生之间的个体差异，这样不利于使所有学生通过评价得到激励。体育课程的评价标准可以分为绝对评价标准、相对评价标准和个体内差异评价标准。

绝对评价标准是指预先制定的标准，一般由国家制定，如《国家体育锻炼标准》。以这种标准进行评价可以使学生了解自己的实际水平与社会要求之间的差距。相对评价标准主要是指先在学生内部确定一个基准（如测试成绩的平均数），然后在学生内部进行横向比较。个体内差异评价标准是将学生的过去表现、现在表现和理想表现作为评价标准，评价时把学生的过去、现在与理想状态进行比较，或者把学生发展的各个侧面进行比较。以个体内差异评价标准进行的评价能充分照顾学生的个体差异，有利于发挥其自身的独特潜能。

3. 评价主体的多元化

体育课程评价的主体应强调多元化，评价的主体既包括教师，也包括学生，以及学生之间的相互评价。鼓励学生进行自我评价，这不仅让学生真正认识到自己的进步与不足，还可以发展学生认识自己、评判自己的能力，利于学生主动改进，获得发展。还应提倡学生之间的相互评价，这样有利于提高学生参与评价的意识和培养学生相互接纳对方意见的精神，同时弥补了教师评价和学生自评的不足。

第四章　高校体育教学内容改革

第一节　高校体育教学内容的基本理论

一、高校体育教学内容的概念

（一）高校体育教学内容的定义

体育教学内容主要涉及教师在体育教学中"教授行为"的具体内容和学生"学习行为"的具体内容以及二者如何互动的具体内容等。体育教学内容不仅包括体育教学过程中所有"教"与"学"的具体内容，还包括各种"教"与"学"活动的具体组织步骤。因此，体育教学内容就是在体育教学环境下传授给学生的体育与健康基础知识、运动技能和健身方法等体育知识体系，以及学生所获得的体育与健康生活经验和学习经验等"教"与"学"的具体内容，以及"教"与"学"活动的具体组织步骤。

同其他学科教学内容以及竞技运动内容相比，高校体育教学内容有所不同。一方面，高校体育教学内容区别于语文、数学等其他学科教学内容。学校体育教学内容在选择和加工上有一定要求，它需要以学校体育教学目标为基础，根据学生的发展需要和教学条件来完成，主要是以大肌肉群活动的形式进行教学，以达到锻炼学生身体素质、培养学生运动能力和提高学生比赛能力的目的。同时它是在学校体育教学条件下进行教授的。另一方面，高校体育教学内容区别于竞技运动内容。竞技运动不是教学，它更多的是通过竞技达到娱乐和竞赛的目的，而高校体育的主要目的是教学。学校体育教学内容是以学生教育需要为根据，改造、组织和加工而成的，而竞技运动内容不需要这样的改造。学校体育教学内容是教育内容的重要组成部分，但其在形式上与其他教育内容有较大差异。也正是由于这个原因，学校体育教学内容形成了独特的性质并在教育内容中处于独特的位置，但也使得其在内容的选择、加工以及教学过程上都变得更加复杂和困难。

（二）高校体育教学内容的意义

高校体育教学内容最大的意义就是最大限度地服务于体育目标。在高校体育教学活动中体育教学内容是重要的因素，要实现教学目标，体育教学内容是不可或缺的。

一方面，在体育教师进行教学的过程中，体育教学目标是其执行教学方案的直接依据。因此，体育教师必须深入掌握和了解这方面的内容，其工作才算是合格的。同时随着社会的发展，对体育教学的要求不断提高，体育教学内容绝不能一成不变。人的认知能力是有限的，所以，随着时代的发展，体育教师在对体育教学内容的钻研学习方面必须是持续的。体育教师不断钻研学习教学内容的过程就是教师自身提高的过程。

另一方面，体育教学内容应该是在充分研究学生的身心发展特点和已有体育水平的基础上选择和确定的。因此，它应当能对学生身心的进一步发展起到积极的促进作用。这种积极作用的发挥要从理论上的可能变为现实，必须在教师的有效组织和指导下，学生对教学内容进行努力学习和训练。这就要求体育教师必须善于教育学生，善于把国家规定和教师选定的教学内容变成学生实际感知的适合学生自我发展需要的学习内容，从而使教师的"教"和学生的"学"统一于完整的教学活动中，使教师教有所进，使学生学有所得。因此，科学而合理地选定体育教学内容，有利于学生顺利获得体育知识和技能，锻炼身体，增强体质，形成正确的体育意识和养成良好的行为习惯，并有利于培养学生良好的思想品德，发展学生的个性。

二、高校体育教学内容的特性分析

（一）高校体育教学内容的一般教育特点

高校体育教学内容是教育内容的一个组成部分，它与教育内容具有共同的特点，具体如下。

1. 教育性

体育教学内容是对受教育者进行身体健康教育和心理陶冶教育的参考，当体育教学研究者和内容的组织者将众多的运动项目选为体育教学内容的时候，首先想到的就是这些运动项目本身所具有的教育性。体育教学内容的教育性主要体现在以下三个方面。

（1）有利于学生身心健康

体育教学是通过指导学生身体进行运动和一些竞技性的小组活动，促进学生身心健康发展的一种教学活动。体育运动本身是一种肌肉群的活动。通过开展体育运动可以锻炼学生的身体，增强学生的体质；通过各种小组教学活动和竞技类活动的开展，可以培养学生的综合素质。

（2）对学生成长有积极影响

体育教学内容主要是一些具有深刻影响意义的内容，能矫正学生的心态，培养学生坚强的意志，影响学生价值观的形成，对学生的成长具有积极的影响。

（3）内容的设计具有普遍性

体育教学内容所面对的对象是教学活动中的全体学生，因此，所选择的教学内容具有普遍性。所谓的普遍性就是指教学内容要保证适应大多数人群，这样才能达到教学的统一，有利于教学的开展和顺利进行。

2. 科学性

因为体育教学本身就是一种以学校教育为主要形式的一种有计划、有组织、有目的的教育活动，所以，体育教学内容也应该与学校教育范畴中的其他教学内容一样，具有很强的科学性和严谨性。通过多年来对体育教学经验和教学内容的研究和分析，可以总结出以下体育教学内容的科学性表现。

（1）教学内容的实践性

体育教学的对象是广大青少年，其目标是培养社会所需要的身心健康、全面发展的人才。体育教学内容是对人类文明的反映和表现。体育锻炼具有实践性。体育教学内容是从实践中逐渐总结和积累起来的，具有很强的科学性。

（2）教学内容符合学生的需求

为了保证体育教学内容能够很好地为学生服务，体育教学研究者需要对教学内容进行反复筛选，使体育教学内容能够符合学生的身体发展需求和社会需求，并且有很高的指导性，以便为教学的过程提供参考和依据。

（3）遵循体育教学的规律和原则

任何一门学科的教学都要遵循其特定的规律和原则，这是保证教学目的顺利实现的基本条件之一。体育教学涉及的内容较多，较为复杂，为了保证教学过程能够按照目标要求的方向进行，在选择教学内容时应该遵循体育教学中特定的科学规律和原则，保证体育教学的科学性。

3. 系统性

体育教学是一门繁杂的学科，不仅涉及的内容繁多，范围较为宽泛，对教学目标要求也较高。因此，在进行教学内容的梳理时，应该根据知识间的系统性进行组织和安排。通过对体育教学内容的研究可以发现，体育教学内容的系统性主要表现在以下两个方面。

（1）教学内容本身的系统性

体育教学内容具有很强的复杂性，但是每一个知识内容之间又具有一定的联系和逻辑。例如，在安排低年级的学生学习体育的时候，首先应该通过一些"向左转、向右转、立定、向后转"等简单指令培养学生的方向意识，然后再对学生进行各种体育教学内容的训练。

（2）体育教学目标的系统性

在体育教学的过程中，需要根据体育教学的特点、学生的成长特点和教学环境等组织教学，这深刻反映了体育教学的内在过程和教学内容之间的规律性。学校必须根据学生的成长过程系统地、有逻辑地安排各个年级的教学内容，并处理好它们之间的相互关系，将体育教学目标贯穿教学的始终。

（二）体育教学内容的专属特性

体育教学具有很多专属特性，这些特性在体育教学过程中发挥着非常重要的作用，主要表现在以下五个方面。

1. 内容的实践性

体育教学的内容主要是一些具有教育意义的运动项目，并且需要学生肢体和肌肉群共同作用才能完成。因此，实践性是体育教学中的一个较为突出的特点。一般学科是以教师的课堂讲授为主，通过听、说、读、写一系列训练完成教学任务，而体育教学内容仅仅依靠听、说、读、写这些相对静态的方式是无法完成的，而是需要在特定的场地通过一定的体育运动才能达成。虽然国家规定体育教学目标中应包括对学生的心理健康教育，但是这种教育也是通过某种体育活动的开展，在活动的过程中让学生接受到的。由此可见，体育教学内容具有实践性的特点。

2. 内容的娱乐性

体育教学内容的主要来源是体育运动项目，体育运动项目大多具有很强的运动性及竞技性。同时，体育运动项目具有相对的趣味性、娱乐性，所以体育教学内容不可避免地要有一定程度的趣味性与娱乐性。体育教学内容的学习方式是运动学习以及运动比赛，只有在这一过程中体育教学内容才能得到真正体现。这些运动之所以具备趣味性，就是源于运动学习和运动竞赛过程中存在着诸如竞争、合作、表现欲等一系列的心理过程。这些心理过程能够使学生体会到很多的乐趣，学生对运动的新体验和学习的成就感也会加强这种乐趣。除此之外，运动的环境、场地、比赛规则、比赛形式等的变化也能够体现体育教学内容的娱乐性。学生在教师的引导下钻研体育教学内容时，动机之一就是对运动乐趣的追求。在追求运动乐趣的过程中，学生会得到一些从别的教学内容中无法获得的体验，从而陶冶情操、愉悦身心。

3. 健身性

体育教学的目的之一便是增强学生的体质，保证每一个学生都能拥有健康的体魄。体育教学内容有很大一部分是以机体的大肌肉群运动为形式的技能传授与练习，很多能为身体带来动能的体育运动都会增加学生身体中的运动负荷。学生在对体育教学内容进行学习和练习的过程中，都能通过肌肉群的运动对机体进行锻炼。

4. 人际交流的开放性

体育教学内容的主要形式是集体活动，并在集体活动的基础上进行运动学习和竞赛。在体育教学的学习、练习和比赛时，学生之间有着非常频繁的交流，所以，相比其他学科的教学内容，体育教学内容在人际交往方面具有更加明显的开放性。体育教学内容正是由于人际交往的开放性，而体现出其对集体精神、竞争精神进行协同培养的独特功能。在教学内容以小组为单位进行时，组内成员必须密切合作。在体育教学内容的学习过程中，学生、教师在角色变化上相较其他学科来说会更多，这都体现了人际交往的开放性。因此，体育教学内容能够促使学生提升社会适应能力。

5. 非逻辑性

体育教学内容相比其他学科教学内容不同的地方还体现在，体育教学内容往往不存在一般学科教学内容之间的由易到难、由简到繁的阶梯性结构，在逻辑结构上没有明显地呈现出从基础到高级的体系结构，体育教学内容的排列并不是直线递进式的，而是复合螺旋式的。体育教学内容的组成是众多的相互平行的、可以替代的运动项目以及身体练习，其中有着丰富的体育与健康的理论知识。这种特性使得体育教学内容在选择时的灵活性更强。

第二节　高校体育教学内容体系建设价值取向及实现路径

高校体育教学改革经历了从军事体育到竞技体育，从素质教育再到终身体育的过程，体育教学内容的内涵也发生了深刻的变化。由于体育学科知识的特殊性，关于高校体育教学内容体系建设的讨论从未停止，如体育项目的选择问题、体育教材编排的逻辑问题、大中小体育教学内容的衔接问题等。在建设健康中国的新时代背景下，如何理解高校体育教学内容的新内涵，把握体育教学内容体系建设的新方向，探索高校体育教学价值实现的新路径仍是高校体育教学改革的新课题。

一、高校体育教学内容价值取向的基本脉络

价值取向是价值哲学的重要范畴，是指一定主体基于自己的价值观在面对或处理各种矛盾、冲突、关系时所持的基本价值立场、价值态度以及所表现出来的总体倾向。没有明确的价值观指导，教育只会滑落为技能和个人利益的工具。高校体育教学内容是通过教学活动传

授给学生的体育知识和技能，灌输的思想和观点，培养的习惯和行为以及增强学生身心健康的总和，包括课程标准、教材和课程等。从我国高校体育教育的实践历程来看，高校体育教学内容的价值取向主要体现在以下四个方面。

（一）健康第一：高校体育教学内容体系价值取向的核心要义

"健康第一"体育思想的提出，反映了21世纪以来素质教育发展对学校体育的新要求，是"以人为本"在学校体育中的直接体现，凸显了学校体育蕴含的人性意义，体现了对学校体育功能和价值的科学认识及学校体育的人文关怀，为我国学校体育工作指明了方向。

（二）科学实用：高校体育教学内容体系价值取向的基本属性

体育科学和教育科学是高校开展体育教学的科学基础，体育的繁荣发展离不开体育科学的支撑，体育教学改革离不开教育科学的指导。教学内容选择的科学性与有效性直接决定着高校体育教学的质量水平。

首先，体育教学内容要以科学的知识、方式为指导。体育科学是用科学的方法研究社会各种体育现象，探求体育的本质和规律，用以提高人体运动能力、促进人体健康水平提高的综合性科学。体育锻炼的方式、内容、强度、时间都需要以科学的研究结果为依据，才能使体育运动以最安全、最有效和最优化的方式提高学生的体质健康水平。其次，体育教学内容要符合大学生身心发展规律。体育教学内容建设要坚持科学性和可接受性原则，遵循大学生的身心发展规律和兴趣爱好，主动适应大学生个性发展的需要。只有有意识地提高学生的体育兴趣，才能提升学生主动进行体育锻炼的动力，养成良好的体育习惯。再次，体育教学内容的设计和编排需要遵循教育教学规律。由于体育素材种类繁多，以及体育教材（运动项目）本身的相对独立性，使得体育教学内容的选择和编排存在困难。当前，高校体育教学内容繁杂和低级重复现象普遍存在，有的学生上了很多年体育课仍然学不会一项运动技能。体育教学内容设计要求严谨的科学性和严密的逻辑性，体育教学内容的组织与编排问题以及大中小学体育教学内容的衔接仍是我国学校体育教学的突出问题。最后，科学的体育教学模式能够有效地促进体育教学活动的展开和教学质量的提升。丰富的体育项目如何编排以实现体育教学的总体目标，需要科学地研究论证，也需要以体育教育规律编排设计体育教学活动，用科学的方法来指导体育实践。

（三）终身体育：高校体育教学内容体系的发展方向

促进大学生社会化是当代高校体育教育的基本内涵。高校体育课程要培养大学生良好的体育道德和合作精神，正确处理竞争与合作的关系，形成良好的行为习惯以及主动关心、积极参加社区体育事务的能力。通过体育促进大学生社会化，就是要让大学在体育运动实践中磨炼意志品质，建立和谐关系，培养团队精神，形成自尊和自信品格，进而提高大学生的社会适应能力。体育促进大学生社会化离不开对大学生终身体育能力的培养。终身体育是指一个人终身进行身体锻炼和接受体育教育。它包括两个方面的内容：一是指人从生命开始至生命结束都要学习与参加身体锻炼，使体育成为一生中不可缺少的重要内容；二是在终身体育思想的指导下，以体育的体系化、整体化为目标，在不同时期、不同生活领域中为人提供参加体育活动的机会。高校体育作为学生接受学校体育教育的最后阶段，对培养大学生终身体育意识、体育运动技能和行为习惯具有重要的社会责任。高校体育课程实现与终身体育相对接的首要通路就是让大学生通过体育教育，掌握一定的体育运动技能，养成良好的锻炼习惯，并在体育锻炼中品味健康向上的高质量生活，逐渐形成良好的身体素养。基于此，高校体育教学内容改革必须有利于终身体育意识的树立，有利于体育锻炼习惯的养成，有利于健康生活方式的形成。

（四）立德树人：高校体育教学内容体系的教育内容

培养什么人，是教育的首要问题。立德树人要求教育既关注学生个体的生命成长、个体尊严与价值意义，又将学生长期的个体发展与社会、国家的发展相结合。高校体育教学蕴含着巨大的教育价值和先天优势，对学生身心健康发展、社会化以及理想信念、家国意识的培养具有特殊的作用。长期以来，高校体育重视学生体质的增强和技能的学习，而轻视体育对大学生德育的作用。反映在高校体育教学中就是德育内容的缺乏，表现在课程建设有目标无内容；教学计划有任务无措施；课外活动有内容无文化；体育实践有要求无评价。高校体育践行"立德树人"教育理念，就是要推动社会主义核心价值观进入体育教学内容体系，进入体育教学，进入学生思想观念中去。利用体育课堂、课外活动、体育竞赛等形式把中国优秀传统文化融入课堂教学中，把积极的情感和正确的价值观融入体育实践。通过体育教学使大学生坚定理想信念、厚植爱国主义情怀、加强品德修养、增长知识见识、培养奋斗精神、增强综合素质，使学生真正把社会主义核心价值观内化于心，外化于行。

二、高校体育教学内容体系建设价值取向的实现途径

（一）突出项目特征，打造多元统一的高校体育文化体系

高校是继承、传播、创造、发展人类知识文化的高地，应充分发挥高校体育教育的多功能性，实现体育的多元化发展。然而，由于学校体育单一的课程定位使高校体育的教育功能开发不足、实用功能有限、学生实践和创新能力培养缺失，未能发挥出与其地位相匹配的功能。中西体育文化价值取向上的差异，也使得"竞技化""健身化""个体本位"的西方竞技体育价值取向并不完全适用于"伦理化""养生化""社会本位"价值取向的中国本土文化环境。"西为中用，融合发展"，更切合高校体育发展实际。未来高校体育应该以文化建设为统领，以体育项目建设为中心，以课程建设为架构，形成一个多元统一的高校体育教育格局。在理论上，高校体育应跳出"就课程论课程，就教学论教学"的思维怪圈，要不断深化高校体育的内涵和外延。在实践上，应充分挖掘中西体育文化资源的作用和价值，各取所长，为我所用，构建符合时代发展所需要的实践教学内容体系。

第一，注重体育项目遴选。要突出项目的实用性，把技能性、健身性、文化性和可参与性列为重要遴选指标；要把握项目的可行性，使学校师资力量和场地设施等硬件条件与学校的教学环境相适应；要尊重学生意愿和未来发展需要，使体育教学内容与学生的发展特点和专业需要相适应，使学生更容易接受，更有利于学生终身体育习惯的养成。

第二，加强体育项目改造。根据不同体育项目本身所蕴含的教育功能和价值，对高校体育项目进行本土化改造，使之能更多体现健身性和参与性，体现出新时代中国高校体育文化特色。同时，体育项目的改造要做好与中小学体育以及未来社会体育的衔接，使大学生在大学期间能够根据自己的兴趣爱好和技术水平选择1～2项体育运动项目继续深入学习，最终

形成终身体育意识和能力。

第三，大力开发体育项目的衍生文化。高校体育教育功能的发挥需要充分挖掘体育项目的激励价值、竞争价值、道德规范价值、审美价值、人文价值。例如，高校体育运动的专属视觉识别系统及其应用，就是通过构建多元统一的体育教学内容体系来展现校本文化特色和宣扬中国特色社会主义核心价值观的。

（二）课程设计模块化，构建专业性和灵活性相结合的课程体系

在体育教学实践中，实现整体建构高校体育教学内容价值取向需要通过课程来实现。现阶段，我国高校体育存在的问题主要在于重视技能教学，忽视理论学习；重视课堂教学，轻视课外活动；重视体系架构，忽视组织管理；重视体质提升，轻视文化建设，致使高校体育的育人功能不能充分发挥。"以生为本""课程化"改造训练、竞赛和活动，构建"课内外一体化"的大体育课程体系是当今高校体育教学改革的必经之路。由此，依据体育教学内容的功能和价值，构建具有不同功能模块的体育课程体系，通过有效地组织和管理，使之相互补充形成有机组合，是实现体育教学内容价值取向的有效途径。一是体育理论模块，系统化和专业化的体育理论教学为大学生提供体育锻炼的科学方法，同时提高体育文化鉴赏能力，如体育健身理论、体质测量与评定、养生文化、体育史学和鉴赏等。二是体育技能模块，解决"教"和"学"的问题，以提高学生单项体育项目运动技能为主要学习任务，不断提高学生的体育运动技能。三是课外活动与竞赛模块，重点解决"练"的问题。在高校体育实践中，重视课内的"教"而忽视课外的"练"，是学生技能得不到提高、体质得不到加强的直接原因。把课外体育活动和竞赛纳入体育课程教学并加强组织和管理是高校体育教学的重要一环。四是体质测试模块，解决体育教学中"评"的问题。通过科学检测，适时反馈学生的体质健康状况，不仅对大学生进行体质锻炼起到监督和指导作用，也为体育教学改革提供科学依据。模块化课程设计有利于进一步提高体育教学的专业性，使体育教学更有针对性和目的性，进而提高体育教学质量。不同模块的功能和作用各不相同，它们相互补充、相互促进，以一个循环教学体系实现高校体育教学的总体价值目标。

（三）遵循身心发展规律，实施精准化、个性化教学促进教育公平

教育公平是实现每个人最大限度地发展。因为学生体质和性格的差异，"一刀切"的体育教学不符合教育公平的原则，也不符合教学规律，教学组织形式的一体化，不利于学生体育兴趣的培养。高校体育应根据学校教育的总体要求和体育课程的自身规律，面向全体学生开设多种类型的体育课程。可以打破原有的系别、班级建制，重新组合上课，以满足不同层次、不同水平、不同兴趣学生的需要。高校体育课程现行的自主选择"项目""教师"和"时间"的"三自主"教学模式，就是尊重学生个性化发展和促进教育公平的体现。但促进教育公平是一个长期的过程，还需要进一步精准化施策，才能更好、更准确地促进教育公平。以运动技能水平为标准的分层教学，打破水平能力固化的冰层，突出水平能力和进步预期，能更好地实现教育公平。例如，晋级制，学生根据自己的技术水平和兴趣爱好选择不同水平的教学班级，通过 4 个学年的学习逐步达到规定的技能标准并通过理论考试，以此作为毕业的必要条件。相较于传统体育教学，精准化和个性化体育教学更关注学生的个体水平和进步幅度，以发展的眼光和更有针对性的教学实施方案来指导学生，最终使每个学生都能得到更好更全面的发展。

（四）实施全程课程考评，把好体育教学的质量关

体育教学评价是以体育教育目标为依据，运用有效的评价技术和手段，对体育教学活动的过程和结果进行测量、分析、比较，并给予价值判断的过程，是实现体育教学目标的重要保障。当前，我国高校体育教学的评价主要存在四个问题。一是教学评价的时空局限性。表现在体育评价是以体育课堂的在场评价为主，缺少课堂之外体育教学活动的评价。二是评价主体单一。教师是体育评价的唯一主体，学生是评价的客体，极易造成片面评价，不利于激发学生的主体意识和能动性，不利于学生终身体育意识的形成。三是评价方式多以终结性评价为主，缺少诊断性评价和形成性评价，使教学评价的导向、改进、鉴定、激励功能得不到充分发挥。四是评价内容不完整。现行的体育教学评价主要关注学生在知识、技能和身体素质等方面的发展，而忽视学生情感、意志、个性等非认知因素的发展。

因此，高校体育教学目标的实现需要以学生发展理论和系统控制理论为指导，从高校体育大课程建设的视角重构体育教学评价体系。①建立跨时空体育教学评价格局，以大学生整个学习生涯为跨度进行评价。互联网信息技术的发展突破了传统课堂教学的时间和地域限制，拓宽了体育教学的空间。通过即时评价和形成性评价相结合的方式促进学生身体素质提高和健康生活方式养成。②建立科学合理的评价内容和标准体系。以教学目标的达成为标准，把学生的体能、知识与技能、学习态度、情意表现与合作精神纳入成绩评定的范围，建立有利于学生进步与发展的多元评价体系。例如，体育技能评价注重技能水平的提高，课外活动注重运动参与、运动表现和情感道德，体质健康测评注重测试成绩的变化和反馈。③评价方式多样化。评价方式有教师考评、系统评价、App 监测、社团考评、学生自评等。通过定性与定量、自评与他评、终结性评价和形成性评价相结合，提升评价的效能。④评价主体多元化。充分重视教师和学生在评价中的主体地位，保证教学评价客观、公正。根据模块化的课程设计，大学生在本科 4 年时间内以完成四大模块的学习并达到合格水平作为毕业的必要条件。实施全程考评的意义在于通过不同阶段和不同方式的教学评价及时掌握学生的发展状态，从而实施有效的教学策略。同时，全程考评能够充分发挥体育评价对学生长期的体育监督和指导作用，从而更有效地提升学生身体健康水平、促进健康生活方式的形成。

第三节　高校体育教学内容中引入休闲体育的意义及措施

现如今，人们的物质生活水平得到了显著提高，运动成为健康生活方式中的不可或缺的组成部分。随着人们对运动方式的不断追求，休闲体育运动由此进入人们的视野，成为部分城市人群钟爱的运动方式之一。

休闲体育，顾名思义，就是人们利用休闲的时间强健体魄、锻炼身体，保持积极的心态，创造良好生活情趣的一种体育运动方式。在高校体育教学中引入休闲体育运动，具有极其重要的现实意义。

大学生是时代的弄潮儿，始终追逐着各种时尚，也是休闲体育项目最积极的追随者与参与者，他们对于参与各类时尚的休闲体育抱有浓厚的兴趣，这符合青年人求新求异的个性。高校体育教学内容也不能一成不变，更不能只提供给学生其在小学、初高中学段早就学习掌握了的田径、体操、篮球、排球、足球等教学项目。高校体育教学如何吸引新时代大学生，体现出高等教育的超然地位，这是每个高校体育工作者首先必须予以思考与求解的问题。其

中，在高校体育教学中开设休闲化体育教学内容已然是大势所趋，且势在必行。

一、高校体育教学内容休闲化发展的意义

当代大学生所面临的学习压力、就业压力等都是很大的，在各种压力下身体、心理等会出现一些不良反应。休闲体育运动是以放松学生心情、缓解学生压力、锻炼学生体能为目的的一种运动形式，它与竞技体育存在很大的差异，它以娱乐性为主，难度比较低，学生能够更快更高效地理解和掌握，能够在轻松愉悦的环境中进行体育锻炼。

在高校实施休闲体育教学能够从一定程度上缓解学生生活、工作等各个方面所带来的压力，让他们以更加积极乐观的态度进入学习生活中。与此同时，休闲体育运动还能够促进大学生个性化发展，有效发挥大学生的个性化特征，在满足学生休闲娱乐需求的同时，使大学生的意志力得到了锻炼，文化素养也得到了一定程度的提升，这对大学生的学习和未来就业等都是很有帮助的。

二、高校体育教学内容引入休闲体育内容的具体措施

（一）转变观念，充分发挥学生在体育训练中的地位

高校要将休闲体育融入体育教学活动中，就需要从思想层面认识到休闲体育的重要作用，转变思想认识。

第一，体育教师要积极转变自身的教学思想观念，要坚持学生的主体地位，围绕学生展开教学，将现代化的教学思想融入教学的全过程。而现在我国高校体育教学内容还是非常单一的，无法满足学生多样化的学习、训练需求，从而使得学生学习兴趣低下。而休闲体育的引入让高校体育教学内容变得更加丰富，让学生拥有了更多选择的机会，满足了不同身体条件、不同兴趣爱好学生的不同需求。

第二，要转变学生的体育学习观念。有关调查研究显示，高校的很多大学生对体育存在这样的共识，他们认为体育课就是休息课，上不上都没有关系，这就使得体育教学难以发挥有效作用。所以，在实际教学中，教师要想有效融入休闲体育，就必须让学生转变体育学习观念，对体育学习有一个正确的认识，培养他们的休闲体育意识，这是教学活动能够顺利开展的关键。

（二）加大资金投入力度，提升对休闲体育的重视度

要使休闲体育运动顺利开展必然离不开资金支持，资金是休闲体育运动开展的保障。因此，高校在发展休闲体育时，需要结合学校本身的实际情况，采取多元化的经营手段，对参与的社会人士给予有偿服务。

（三）制定科学完善的教学评价体系

受到传统教学思想的影响，一直以来，体育教学评价都是以技术性评价为核心，却忽略了学生个性化发展需求及体能素质方面的差异，使一些学生对体育课的学习存在一定的厌烦心理。为了让学生对体育学习充满兴趣，我们就必须改革教学评价体系，制定更加科学有效的教学评价体系。这就要求教师在实际教学时深入把握体育教学内涵，以更加合理的方式来讲述内容，调动学生对体育学习的兴趣，让学生自觉参与到体育学习活动中来，在愉悦的环

境中学习体育，进行体育锻炼。

（四）建立和谐友好的师生关系，有效发挥学生的个性化特征

在教学活动中，体育教师要从全局的角度看问题，有效把握教学的方向、内容、要求，科学地设置教学内容，用富有感染力的语言、丰富的经验、高超的技术引导学生、教育学生、吸引学生，让学生能够参与进来，发挥他们的主导作用。学生作为课堂学习的主体，其自身的学习态度、行为等各方面的状况都会影响教学效果。在传统的体育思想下，师生间只是教与学的关系，而休闲体育的融入，需要师生间、学生间的双向互动，更重视良好师生关系的建立。所以，在实际教学时，教师要多和学生进行交流、互动，全面掌握学生的学习需求，营造一个和谐的课堂教学氛围。此外，每个学生都是独立的个体，都有自身的优势和个性，传统的体育课堂教学重在完成教学任务，而休闲体育教学更重视学生体能素质的培养。从某种角度来看，休闲体育和学生个性发展是一种辩证关系，学生的个性、水平需要在学生的主动性、参与性中体现出来，而休闲体育运动本身就是为了促进学生的个性化发展，让学生感受到参与体育的快乐。所以，体育教学过程中，教师要注重学生个性化特征的发展，根据学生的个性化特征，有针对性地设置训练内容，以保证休闲体育教学效果。

综上可知，在高校体育教学中引入休闲体育具有很重要的意义和价值，不仅能够优化体育教学内容，还能够提升学生的综合素质水平。所以，高校要加大资金投入力度，提升对休闲体育的重视度，制定科学完善的教学评价体系；教师在体育教学时要有效融入休闲体育内容，转变观念，充分调动学生在体育训练中的积极性；建立和谐友好的师生关系，有效发挥学生的个性化特征，以将休闲体育的优势和作用最大限度地发挥出来，从而更好地实现高校体育教学目标。

第五章　高校体育教学方法改革

第一节　高校体育教学方法概述

一、体育教学方法的概念与组成要素

（一）体育教学方法的概念

教学方法是师生为实现课堂教学目标和完成教学任务而采用的教学活动的总称。它是一种行为或操作体系，包含教师的教和学生的学两个层面。体育教学方法就是实施体育活动所有的手段和方法的总和。可以从以下四个方面来理解体育教学方法的概念。

1. 体育教学方法是"教"与"学"的统一

体育教学方法体现了"教"与"学"的统一，只有通过师生间的双向互动，才可以将体育教学方法的价值与作用更好地发挥出来。在体育教学活动中，教师和学生都是以主体的角色发挥作用的。教师在体育教学中选用的具体教学方法和手段都是以学生为主要对象的，教师和学生之间的关系极为密切。只有在师生的双向互动中，体育教学任务和目标才能得以顺利完成和实现。教和学两方面的内容贯穿于体育教学方法实施的整个过程中。

2. 体育教学方法是师生动作和行为的总和

体育教学方法的贯彻与实施是在师生互动中实现的，体育教学方法是师生行为动作总和的体系。体育教学方法与其他科目的教学方法的不同之处主要在于，体育教学方法不仅对教学语言要素较为重视，还对动作要素有更加突出的强调。在体育教学过程中，学生掌握各种动作都离不开教师的讲解、示范与纠正，学生只有在此基础上重复进行练习，才能准确且熟练地掌握相应的技术动作。所以说，体育教学方法是教师和学生双方动作和行为的总和。

3. 体育教学方法和教学目标不可分割

所有的体育教学方法都具有目标性，如果没有明确的目标，体育教学方法的存在就毫无意义，因而其作用也就无法发挥。体育教学方法与体育教学目标之间具有密切的联系，教学方法的选择与实施主要就是为实现体育教学目标和任务而服务的。体育教学方法和体育教学目标之间具有不可分割性，如果强行将两者割裂，体育教学方法就失去了明确的方向，在具体的运用中就会表现出一定的盲目性。反过来，如果体育教学方法没有在体育教学目标与任务中贯彻实施，那么，体育教学目标与任务也将无法顺利实现与完成。

4. 体育教学方法的功能具有多样性

现代体育教学不仅注重学生对动作和技术的掌握及学生身体素质的增强，更加注重学生的全面发展。因此，体育教学方法的功能也具有了多样性，多功能的体育教学方法不仅能够在一定程度上促进学生运动能力的增强，还能够促进学生思想道德品质、心理素质等方面的

发展，这对于学生的全面发展具有积极意义。

（二）体育教学方法的组成要素

1. 目标要素

体育教学方法必须有一个指向的教育目标。教育目标是体育教育的基础，没有教育目标也就没有教学方法可言，教学方法主要是为教学目标而服务的。

2. 语言要素

语言要素包括多种形式的语言，如口头语言、肢体语言等。

3. 动作要素

动作要素包括身体的各种运动动作。体育是以人的身体训练为手段的活动，所以身体训练是必不可少的，这是体育区别于德育、智育的主要特点。

4. 环境要素

环境要素除了包括学校的地理位置、气候、风土等自然环境之外，还包括配合教学活动而采用的体育器材与场地设施。

二、体育教学方法的特点与分类

（一）体育教学方法的特点

1. 双边互动性

任何一种体育教学方法都是教师指导学生学习这一双边活动的方法，是由教师的教和学生的学组合而成的。具体来说，在体育教学方法的实施过程中，教师教的方法对学生学的方法具有一定的制约性影响，学生学的方法也对教师教的方法产生了影响。所以，师生在体育教学中相互联系、相互作用和相互统一的特点在体育教学方法中有着充分的体现，不能错误地将体育教学方法理解为教师教的方法与学生学的方法的简单相加。

2. 多感官参与性

在体育教学过程中，所有参与者都必须将自身的各种感觉器官充分调动起来。在教学活动中，教师和学生不仅要通过视觉、听觉来对信息进行接收，还要在中枢神经系统的指挥下，运用身体的触觉、位觉、动觉等来进行动作的示范和练习，通过本体感觉来对机体在做正确动作时，对动作的用力大小、运动方向、动作幅度等进行感知，以对正确的动作定式进行体会，从而对机体动作的完成进行更加有效的控制。这些都充分体现了体育教学方法的多感官参与的特点。

3. 感知、思维和练习的组合性

在体育教学活动中，学生需要动员多种感官来接收教师发出的信息，这是由体育教学目标和教学程序共同决定的。学生利用大脑皮层对教学信息进行接收，并经过大脑的分析、加工和处理后以指令的形式对人体进行指挥，从而使人体顺利完成相应的动作。在这个过程中，学生需要充分发挥感知、思维的作用，并进行不断的练习。感知是学习的基础，思维是学习的核心，练习是学习的结果。体育教学方法将感知、思维和练习三个环节紧密结合在一起，将体育教学过程的认识与实践、心理与身体有机结合的特点充分体现了出来。

4. 运动与休息的交替性

在体育教学活动中，个体的身体活动和心理活动之间有着非常紧密的联系。学生通过感知动作及思考、记忆、分析等心理活动对动作技术和运动技能进行掌握。在教学过程中，学生的生理和心理难免会承受一定的负荷，当这种负荷持续不断地作用于学生后，学生必然会产生运动性疲劳。疲劳现象会使学生的学习兴趣和学习效率降低。所以，体育教师要对体育教学方法进行合理的选择，对运动锻炼的间歇时间做出合理的安排，做好运动与休息的科学调配，唯有劳逸结合才能提高教学效率。

5. 继承性

体育教学方法具有历史继承性。在长期的体育教学实践中，人们为了提高教学实效性，对教学方法的探讨与研究非常重视，并且积累了较为丰富且宝贵的实践经验。有些教学方法是体育教学的客观规律在一定程度上的反映，至今仍具有广泛的影响力，值得我们对其进行认真的总结与整理，并对其合理的部分进行借鉴。任何新的体育教学方法要绝对地从零开始都是不可能的，必然是借鉴多方面传统教学方法的结果，并在新的历史条件下被赋予新的内容，从而具有更新的意义与更显著的价值。

（二）体育教学方法的分类

当前，体育教学方法的分类方法越来越多，而且越分越细。划分依据不同，体育教学方法的类别自然也就不同，具体见表 5-1。

表 5-1　体育教学方法的分类

划分依据	类别
体育教学方法的本质特征	教育学中的一般方法
	教育学中的特殊方法
体育教学目标	传授理论知识的方法
	技能教学的方法
	锻炼的方法
	教育的方法
教学活动中获得信息的性质和功能特征	获得基本信息的手段和方法
	辅助信息的手段和方法
师生双边活动	讲授法
	学习法（包括练法）
教学活动中获得信息的主要途径及其来源	语言法
	直观法
	练习法

三、体育教学方法的层次

（一）"教学方略"的层次

"教学方略"是教学方法的"上位"层次，也可称教学方式或教学方法（教学方式的说法更强调与其他教学法的区别，而教学方法则更强调它是一种成熟的教学法）。教学方略主要体现在对单元和课的设计上。例如，发现式教学法就是一种广义的教学方法，但它是由许多我们过去所说的中层次的教学方法组合起来的，如其中包括提问法、组织讨论法、总结归纳法等多种教学手法，也包括模型演示、实地测量等多种教学手段。

（二）"教学技术"的层次

"教学技术"是教学方法的"中位"层次，它基本等同于我们传统定义上的教学方法，如提问法，就是为了实现某个教学方式而采用的具体教法，是运用提问和解答的方法来实现的教学方式，这个层次的教学方法主要体现在课上的某一个教学步骤上。

（三）"教学手段"的层次

"教学手段"是教学方法的"下位"的层次，也称为教学工具，是传统定义上教学方法的组成部分，它是教师运用一种主要的手段进行教学的行为方式。如提问教法中的挂图使用（或称挂图法），就是主要运用挂图的工具来实现某个教学方法的完成的手法。这种教学主要体现在课中的某一个教学步骤中更为具体的教学环节（场景）上。

四、体育教学方法的设计

（一）体育教学方法设计的原则

1. 讲究健身性

体育的本质就是增强体质，体育课最主要的目标就是增强学生的体质健康，这是永恒的主题。离开这个最主要的目标，体育教学方法设计就偏离了主题。

2. 提倡多样性

体育教师在设计体育教学方法时，要注意使教学内容丰富多彩、教学方法形式多样，做到组织方法千变万化。还可以增加选修课程，挖掘传统体育项目教材，组织教学方法，采用多样化手段，为提高学生的练习效果服务。

3. 注重选择性

在设计体育教学方法时，离不开对教学内容的选择、难度的安排，要注重实现目标的多途径性。教师要选择适合自身教学能力、学生基础、现实设备条件的教学方法才能起到好的教学效果。

4. 增加趣味性

如果体育教学方法陈旧、单调，会使体育课变得枯燥无味，使学生对体育课越加反感。增加体育教学方法的趣味性，不仅能提升教学效果，而且能改变学生对体育课的态度。

（二）体育教学方法设计的要求

体育教学方法设计有哪些要求，不同的教师有不同的看法。通过调查，体育教师对体育教学方法设计的要求主要有以下六点。

（1）从教法和学法的有机结合出发，综合运用教学方法，谋求教学的整体效益。

（2）突出相应的教材特点，与教学方法相协调，多角度实施教学方法。

（3）引导学生发现运动的原理，使其掌握创造性解决问题的方法。

（4）针对学生的体育需求，通过一系列教学策略，激发学生体育学习的内发性动机。

（5）增强学生体育学习的自信心，培养学生善于与人交往合作的能力。

（6）培养学生的集体意识、团队精神，以及公正、乐于助人的良好社会行为规范。

这六点要求强调的重点差别不大，基本上都从培养学生能力的角度出发，针对教学原理、教学方法、学生需求等方面进行考虑。这充分体现了体育教师对体育教学方法设计的理念符合创新教育理念的主导思想，在认识层面达到了体育课程改革的要求。

五、体育教学方法的意义

体育教学方法在体育教学活动的构成系统中居于非常重要的地位。体育教学方法在教学活动的开展过程中发挥着重要的作用，而且即使教学活动结束之后，教学方法的影响也依然不会在短时间内完全消失，这是体育教学内容、环境等其他构成要素所无法比拟的。具体来说，体育教学方法具有以下四方面的意义。

（一）促进教学任务的完成

体育教学方法在体育教学活动中是体育教师与学生双方互动的主要连接点。科学有效的体育教学方法有利于将体育教学活动中的两个重要主体（教师与学生）紧密连接起来，这一连接有利于促进体育教学目标与任务的顺利实现与完成。倘若缺乏科学有效的体育教学方法，将难以使预期的体育教学目标顺利实现，也无法使教学任务高效地完成。

（二）促进良好体育教学氛围的营造

科学合理的体育教学方法可以促使学生参与体育学习的积极性不断提高，促使学生学习兴趣不断高涨，也有利于营造良好的教学氛围。良好的教学氛围反过来又有利于感染学生，引导学生主动参与学习，从而促进良性循环的形成。体育教学方法的科学运用对于促进学生对体育教师的信任度的提高非常有效，教师一旦赢得了学生的信任，就很容易引导学生来学习体育课程，从而形成和谐的体育教学气氛。

（三）促进学生身心素质的全面发展

体育教师选用教学方法容易受科学思想的感染与熏陶，因而所采用的方法必然具有一定的科学性，而采用科学、恰当的教学方法进行体育教学，对于促进学生的身心全面发展非常有益。相反，倘若教师在教学过程中选用的是不具备科学性、不恰当的教学方法，就会制约学生身心的健康发展。我们可以将体育教学活动中体育教学方法的实施过程看作是学生对体育运动技术进行体验与锻炼的过程。所以，教师不仅要向学生传授体育方法论的相关知识，也要对学生的训练实践进行引导，促进学生身心的全面健康发展。此外，科学的体育教学方法对于培养学生的丰富情感、锻炼学生的意志品质也是非常有益的。总之，学生的全面发展直接受体育教学方法的深入影响。

（四）促进体育教学质量的提高

科学的体育教学方法能够通过充分调动各种有利的因素来促进学生学习兴趣与热情的不断提高，引导学生将其主观能动性充分发挥出来，从而促进学生学习效率的不断提高，最终促进体育教学质量的优化。

第二节　高校体育教学方法的科学选用与改革策略

一、高校体育教学方法的合理选择

（一）高校体育教学方法合理选择的参考依据

1. 依据体育教学目标进行选择

体育教学目标具有多层次性的特征，具体体现在身体发展目标、知识发展目标、技能发展目标、社会发展目标、情感发展目标等方面。为了促进这些不同层次教学目标的实现，体育教师应采用不同的教学方法。在体育教学中，教学目标并不是孤立的，而是多种目标的综合，每一单元、每一堂课的侧重点是不同的。在教学过程中，体育教师应以具体的课堂教学目标为依据，对重点发展某一方面的教学方法进行合理选择。体育教学总目标是通过一个个课时教学目标的逐步实现而最终实现的。课时教学目标具有一定的指导性，其包含着丰富的内容，既有运动技能和运动理论方面的内容，也有心理和品质品格方面的内容。针对这些不同内容的教学目标，体育教师应选择与之相适应的科学的教学方法来进行具体的教学。

2. 依据体育教材内容进行选择

体育教学内容与教学方法之间联系密切，针对不同的教学内容，应采用不同的教学方法，如对于理论方面的内容，适合采用语言教学法；对于实践方面的内容，适合采用直观示范教学法，可见对教学方法的选择受不同性质的体育教学内容的影响。同种教学方法运用于不同教学内容中会产生不同的效果。在体育教学过程中，体育教师应注意对教学方法的灵活选择。

3. 依据教师的自身条件进行选择

作为体育教学方法的实施者，体育教师自身的素质对于教学效果与质量具有直接的且非常重要的影响。如果体育教师自身的能力和素质水平较低，则难以将体育教学方法应有的作用很好地发挥出来，从而影响教学活动的顺利进行。因此，体育教师在选择相应的教学活动时，应对自身的专业素养、能力水平、教法特点有着客观的理解。

一般而言，体育教师需要熟练掌握众多教学方法，这样才可以从自身及学生的实际情况出发，选择最佳的教学方法。不同的体育教师根据学生的实际状况采取同样的教学方法，也会得到不同的教学效果，可见体育教师的自身条件极大地影响着体育教学活动。因此，体育教师要有意识地提高自身的素质，优化自己的教学风格，对更多的教学方法加以尝试并熟练运用。

4. 依据学生的实际情况进行选择

在体育教学过程中，教学方法的实施主要以学生为对象，促进学生更好地学习是运用各种不同教学方法的最终目的。因此，体育教学方法应与学生特点及其实际情况（年龄特点、性别特征、身心发育状况及相应的知识储备和学习能力等）相符合。

5. 依据体育教学物质条件进行选择

在体育教学活动中，体育教学物质条件对教学方法的选用有很大的影响。学校的体育教学器材、场地、设施等都属于教学条件的范畴。如果学校拥有全面且先进的教学条件，那么，体育教学方法的功能与作用就可以得到良好的发挥。相反，如果教学条件落后且不全面，则会直接影响体育教学方法的作用与价值的充分发挥。例如，在背越式跳高的教学中，采用海绵块练习的效果要优于采用沙坑练习，主要是因为海绵块相对干净，比较安全，学生在海绵上练习不会有很大的心理负担，而且神经系统的兴奋性会处于较高的水平；在体育馆内进行体育教学，能够避免受周围环境的影响，能够促进体育教学方法使用效果的提高；对现代化体育教学手段的充分运用，能够使教师的动作示范中的某些缺陷得到有效的弥补，从而促进体育教学质量的提高。体育教师在选择教学方法时，要充分考虑体育教学的物质条件。

6. 依据不同体育教学方法的功能与适用条件进行选择

不同的体育教学方法拥有不同的特点、功能、适用条件与范围，而且不同的教学方法都有各自的优点与不足。在体育教学活动中，各要素组合的合理性对体育教学方法的作用与价值的充分发挥会产生非常重要的影响。有时一种教学方法可能适合在某个体育项目的教学中使用，而且效果良好，但并不适宜在其他项目的教学中使用，甚至会制约其教学活动的顺利开展。同样的道理，对于某一教学内容，有些教学方法是合理且能够产生正效应的，而有些教学方法则会产生相反的作用。因此，体育教师在对教学方法进行选择时，对于不同教学方法的功能、应用范围和条件等，一定要进行认真的考虑与分析。

（二）高校体育教学方法合理选择的注意事项

1. 加强师生之间的协调与配合

在体育教学过程中，为了实现预期的教学目标，教师和学生必须进行默契的配合。在体育教学活动中，没有"教"的"学"和没有"学"的"教"都是不存在的。因此，无论采用何种教学方法，都应考虑"如何教"和"如何学"。

在传统体育教学中，单纯以教师为中心，选用的教学方法也只对教师"如何教"的问题比较重视，而直接忽略了学生在教学过程中的作用。例如，教师在示范动作时，只重视动作的优美性和协调性，而没有考虑学生的感受，从而使得学生的学习效果不佳，最终影响教学质量。因此，体育教学方法在选择时应注意考虑师生双方的默契配合，避免两者脱节。

2. 加强不同学习阶段的前后配合

不同的学习阶段会有不同的学习特点。体育教师选择体育教学方法时应对学生学习知识的不同阶段的前后配合予以考虑。例如，在学生的动作学习过程中，体育教师应注重指导学生从"模仿型"向"创造型"过渡，并实现二者的有机结合。

学生的学习过程也是对学习内容不断了解与掌握的过程。在初步学习阶段，学生的学习往往以模仿（模仿教师或他人）学习为主，之后学生就会形成动作定式而完全摆脱模仿，从"模仿型"过渡到"创造型"。这两个阶段之间具有一定的联系，又相互区别。因此，体育教师在对教学方法进行选用时，应有意识地使二者之间的互相代替、割裂得到有效避免。

3. 加强学生内部与外部活动的配合

学生的学习过程是内部活动和外部活动的统一。学生的心理活动及相应的生理生化反应等属于内部活动；学生的动作质量、情绪、注意力等属于外部活动表现。

体育教师在选择相应的体育教学方法时，应注重学生内部活动与外部活动之间的配合。体育教师应善于分析学生的内外活动变化，有机结合指导学生外部活动的方法与激发学生内部活动的教学方法，以使学生自觉地进行体育学习。

在体育教学方法的选择过程中，体育教师还应该对多种教学方法进行对比与分析，从而确定最佳的教学方法。此外，对于不同的教学方法适用于哪些教学内容、可以解决什么教学问题、能够对什么教学对象起到积极作用等，都是体育教师需要考虑的问题。

二、高校体育教学方法的科学运用

（一）高校体育教学方法的优化组合运用

1. 优化组合运用的原则

（1）启发性原则。不管是采用哪一种形式的体育教学方法，都应该考虑其是否有利于调动学生的学习积极性和主动性，是否可以促进学生进行积极的思考与自主探索，是否可以促进学生各方面素质的全面提高。在体育教学活动中，对教学方法的优化组合还要注重对学生学习兴趣和动机的培养，从而使学生的自主思维得到充分发挥。

（2）最优性原则。教学方法不同，自然就具有不同的特点、功能和应用范围，各自的优势与不足也有差异。因此，在对教学方法进行组合运用时，会形成不同体系的综合教学方法，而每一套教学方法的特点也各不相同。对此，教师在进行体育教学方法的优化组合时，应以实际需要为依据，选择最符合实际情况的一套教学方法。教师在选择教学方法时，应从整体入手，将各种适合相关教学内容的教学方法进行有机结合，从而将教学方法体系的整体功能充分发挥出来。

（3）统一性原则。统一性原则要求教师在选择相应的教学方法时，应注重"教"与"学"双边活动的统一，并强调二者的密切结合与相互促进。如果只重视其中一项活动，则难以使教学活动达到预期目标。另外，贯彻统一性原则还要求体育教师在教学过程中尽可能地将教学方法的多种功能充分发挥出来，从而全面促进学生素质的提高。

2. 优化组合的程序

（1）进一步明确体育教学的任务。

（2）根据实际情况提出总体设想。

（3）对多种体育教学方法加以优化组合。

（4）对优化组合的教学方法加以实施与评价。

（二）高校体育教学方法运用的注意事项

1. 全面考虑影响体育教学方法运用效果的因素

体育教师在对体育教学方法进行科学运用时，为了加强教学效果，应全面分析对体育教学方法运用效果产生影响的各种因素。具体涉及的因素有教师自身、学生及教学条件与环境。

在体育教学过程中，体育教师自身的知识储备、人格魅力、教学技艺等因素会对体育教学方法的运用效果产生不同程度的影响。因此，全面提高教师的素养对于体育教学方法使用效果的提高非常有益。

体育教学是教师与学生共同参与的活动，学生因素对于体育教学方法运用的效果同样会产生举足轻重的影响。因此，教师应注重鼓励学生主观能动性的发挥。

除教师和学生两方面的影响因素外，体育教学的物质条件和环境也会对体育教学方法的运用效果产生一定程度的影响。因此，体育教学在强调教学主体因素的同时，要重视对良好教学条件的提供与教学环境的优化。

2. 注意体育教学方法有关理论的运用

体育教学的理论源于实践，又高于实践。因此，在运用体育教学方法的过程中，教师不仅要注重实践方面的问题，还要重视在理论方面的积极探索。如果对相关理论的研究具有片面性，那么体育教学的方法也会相应地表现出片面的缺陷。因此，在体育教学实践中，在对体育教学方法的相关理论基础进行探索时，应综合考虑辩证唯物主义与唯物辩证法的基本观点、系统论原理、教育学和心理学有关学科理论知识、普通教学论和体育教学论等所有相关的内容。

总而言之，在体育教学过程中，体育教师应树立新的观念，运用新的理论来对体育教学工作进行指导，不断促进体育教学方法的改革与发展，将各种教学方法的效用充分发挥出来。

三、高校体育教学方法改革的动因与策略

（一）高校体育教学方法改革的动因

1. 学习方法的改变

伴随着互联网技术、移动终端技术的快速普及，信息交流瞬息万变，获取知识的途径由书本延伸至互联网平台与移动终端，由室内转移到室外，传播媒介众多，形式更加发散。地球村随时随地都在进行信息的零距离交换，信息发散与互动已成为人们的生活常态。由此演变的移动化自适应性学习，逐渐成为网络技术环境下成长起来的"数字一代"的主要学习方法。学习者不再拘泥于学校，甚至扩展到世界各地。这种新型的信息交流、思想碰撞，第一时间便可以得到在线者的关注，并产生相应的反应。这种新的学习方法对传统知识、技能教学会产生一定的冲击。为了适应新形势下的教学需要，寻求新的教学方法已成为教学改革的动力。

2. 创新课程的崛起

现代社会在信息化、国际化方面不断发展，互联网课程层出不穷，如学教互换的"翻转

课堂"、移动客户端的"微课程"视频，以及国际上很流行的"慕课"。"慕课"的崛起，在现代大学教育中开创了信息时代学习的新时空、课程的新天地。一方面，现代教育搭乘了信息时代背景下快速发展的列车；另一方面，传统教学方法将迎来信息时代的冲击和挑战。教育由教师传授型变为学生需求和选择型，这标志着教育的主导地位发生了颠覆性的变化，学生真正成为教育教学的主体。在现有的教育管理制度框架下，课堂内容的选择性、柔韧性、适应性及考核办法将发生质的变化。在信息技术条件下，系列体育实践"慕课"课程将迅速诞生，线上学习和学分制度近在朝夕。

3. 多媒体教学技术的变迁

互联网技术的不断创新与发展，带动了教学媒介的不断更新。体育教学媒介由单一的身传口授演变为视频图像、项目任务、团队协作的多元化形式。传统体育教学方法的言传身教，人与人之间的互动交流，演变为"人与媒介""人—媒介—人"或"媒介与人"的多模态。同时，利用信息平台进行技术交流，同一组合动作以不同风格进行展示具有不同的效果，学生可以选择更具有表现力的内容进行学习。体育专业可以借助网络平台搜寻较多的"慕课"课程，如舞蹈类、球类和健身类等。现代教学媒介或教学媒体已经不仅仅是信息的传播手段，更是教学元素、教学组成的一部分，同时改变着原有的教学工具和教学方法。教师在教学过程中采用传统的教学方法已不再适应学生的需求。

4. 应用型办学的引领

体育的本质具有实践性特点。在大变革背景下，国家战略需求是不断改善国民身体素质，发挥体育的教育功能是应用型办学的重要体现。但是，仅凭单一的教学方法远远解决不了当下学生的体质问题，要借助网络平台融合体育资源，多管齐下，以满足学生的不同需求。大学阶段是培养学生恰当使用信息技术的成熟期，学生具有价值取向的判断力，教师采用的教学方法应引领学生利用"慕课"资源和在线技术，在信息交流中实现由知识传授向知识学习的转变，从动机的角度实现对学生终身体育意识的培养；要重视对信息化学习工具的搜索、开发与互动及基于实践运动基础上的线上经验交流。

(二) 高校体育教学方法改革的具体策略

互联网移动终端技术、在线课堂学习已成为社会生活的"新业态"。体育教学方法的变革不是对传统体育教学的否定，而是对传统体育教学的继承和发展。通过体育教学方法的重构，融合现代技术与体育，借助课堂平台和公众平台，搭建信息化教学与传统教学的桥梁，可以实现运动技术技能从传授型向学习型转变，实现资源终身共享，开创终身体育锻炼课堂的先河，充分实现高校体育服务社会的功能。

1. 变革体育教学组织形式

知识技能的"权威性""先知性"已被打破，"弟子不必不如师"。在体育教学过程中，体育教师的根本作用不再是单纯传授知识技能，而是激发学生自主学习的潜能，激发其参与学习的热情，提升其解决问题的能力，打造其团队协作的意识，最终引领其成为具有完整人格的、对社会有用之人。体育教学的功能不同于文化课教学，体育是形成完整人格必不可少的要素。坚韧不拔、锲而不舍、永不放弃、团结协作、核心领导和规则意识的优良品质，只有通过体育的形式才能生动体现。

2. 创建模块化主题式教学资源

结合高校体育课程目标，以问题为导向，设置不同项目、不同主题的模块化课程，并在校园网设置模块化课程窗口。以大学体育篮球项目为例，围绕球性练习，设置持球、原地、行进间、对抗四个维度，借助信息化平台，将任务分发到班级内每个团队和成员，通知即将上课挑战的内容。学生根据自身需要，查阅相关图书资料、视频资料，通过请教高年级同学，利用"传、带、帮"实现信息资源的获取，亲力亲为，动手操作。模块化课程遵循教学逻辑和教学规律，能够不断拓宽学生的视野和认识领域，突出学生参与的主体地位。

3. 搭建项目学习小组

"没有最优秀的个人，只有最优秀的团队"，应搭建以学生为主体的项目小组，分设小组长，将班级分为若干个小组单元，强调团队合作意识、组织意识，注重培养学生过程实施的策划能力、讲解能力、应变能力。教师作为协助者，对预设的课程内容把好关，帮扶教学小组在班级中完成项目实施和挑战，让实施团队对教学内容"内化于心，外化于行"，放宽权限以挖掘潜在的课程资源，创新教学组织，分解任务，分组循环。

4. 建设素材型课程资源

开放的素材型课程资源是指没有通过教学加工和非教案内的少量课程。素材型课程的优势在于学生具有充分的自主性、创造性，丰富的课程资源能够满足学生不同的需求。体育的本质是身体的发展和教育，身体的发展依托不同的运动项目并通过坚持不懈地运动来实现，身体的教育不仅依托运动的外在形式，还要"嫁接"在一定的文化背景上。新素材型课堂的情境导入，可以丰富学生对运动项目的认知，强化趣味性，深化内涵，在课堂中不断注入"新血液"，形成多信息交换的互动平台。

5. 创新体育学习的活动方法

体育教学方法变革的核心是调动学生的自主性、独立性和能动性，通过不同项目设计不同类型的学习任务，以挑战项目为导向，创造需求型课堂资源，引导学生开展深度探究式学习，基于不同运动项目为主题的课堂需课前查阅资料、查询信息，促进学生自律性学习习惯的养成。电子终端移动技术的发展已经和每个人都密不可分，亲力亲为是获取第一手资料的有效途径。教师设置问题导向，借助现代科技手段，架起课堂和学习的桥梁，在责任和使命的驱使下，在教师与学生课下线上的互动下，精准实现课堂目标并完成教学任务。

第三节　高校体育教学中逆向教学法的应用

一、逆向教学法概述

(一) 逆向教学法的定义

逆向教学法是指教师根据教学目标设置教学任务，并且让学生知晓教学目标与教学安排，让学生提前预习知识内容。在课堂教学中，教师将学生分成合作小组，让学生发挥主观能动性，展示自身体育运动水平，并且依据学生体育水平的不同，教师为学生布置的体育内容难度也不同，以此满足不同层次学生的学习需要。逆向教学法的运用，能够确保每一名学生都能够参与到体育教学活动中，教师根据学生体育表现情况，发现学生存在的问题，加以引导，采取以学生带学生的教学方法，使体育水平高的学生教体育能力中等的学生，使学生在相互交流、促进中，一同取得进步，最终完成教学目标。

（二）逆向教学法的特点

第一，逆向教学法将重点内容或者运动技巧放在了第一位，这些内容从第一节课到最后一节课都会不断被提及和练习，大大提高了学生学习某项运动技巧的次数，延长了学生的学习时间。

第二，逆向教学法成功满足了学生的好奇心和求知欲。将最终成果先展示在学生面前，极大地满足了学生的求知欲望，激发了学生的学习兴致。

第三，逆向教学法有效关注到了不同技术和技巧之间的衔接与连贯，能够帮助学生更好地掌握技术动作。而且体育教师可以通过逆向教学法了解到学生之间的个体差异，进而为分层教学和针对性教学提供良好的依据。

二、逆向教学法在高校体育教学中应用的本质分析

（一）从学生的需要出发，实现素质教育目标

在我国教育改革的影响下，各种新型的教学方法不断涌现，逆向教学法便是基于这样的背景产生的。逆向教学法重视学生的需要，从学生的实际需要出发，而不是传统的以社会的需要为导向。所以，逆向教学法的应用在学生群体中颇受欢迎。逆向教学法让高校体育教学更具针对性，更加符合学生的实际发展需要，也能够全面提升学生的综合素质和实践能力，更好地实现素质教育的根本目标，顺应时代的发展潮流，促进我国教育改革的不断落实与实践。

（二）从学生的需要出发，培养学生个性化的品质

当今是一个个性化的时代，私人定制的服务和产品才是市场欢迎和乐于接受的。因此，人才的个性化培养也是非常重要的。从学生的需要出发，培养个性化的人才，为社会提供个性化的人才成为高校教育的基本人才培养目标之一，也是我国教育改革的客观要求。同质化人才一直都是我国教育体系中不可逾越的难题，提高人才的个性化，让人才培养趋利避害，更加符合人才的标准，才能为国家培养优秀合格的人才。逆向教学法更加注重针对性教学，从人才的实际状况和需要出发，培养学生的个性化品质。

三、高校体育教学中逆向教学法的应用策略

（一）制定有针对性的教学内容，教学方法重在研究

逆向教学法在高校体育教学中的应用目的在于促进高校人才培养，培养个性化的人才。因此，要在教学内容和教学方法上进行改进和更新，全面推进高校体育人才的培养。一方面，要制定有针对性的教学内容，根据学生的实际状况，制定符合学生实际发展需要的体育项目，让学生获得适合自己发展的途径。另一方面，教学方法要不断改进更新，采用新型的教学方法，以研究性学习为主，尊重学生的主体地位，培养学生自主学习的习惯。教师在教学过程中主要起引导作用，改变传统教学的习惯，调动学生的主动性和积极性，培养学生良

好的学习习惯，促进高校体育教学水平的提升。

（二）关注学生的兴趣，满足学生的个性化需要

逆向教学法属于兴趣教学的一种具体实践方法，更加关注学生的兴趣，从学生兴趣出发，以全新的教学方式和教学方法开展体育教学。逆向教学法的应用在于教师要充分了解学生的实际状况和兴趣所在，根据学生的兴趣开展针对性教学，实现逆向教学的根本含义。逆向教学的优势在于充分考量学生各方面的情况，并针对其中存在的问题给予合理的解决，关注学生喜欢的运动，在体育课堂中开展有针对性的训练，以教师为主导，提高学生参与体育运动的兴趣，从而更好地促进高校体育课堂的发展。

（三）纵向评价学生，给予学生学习的信心

逆向教学法的应用还在于要全面评价学生的情况，纵向开展学生评价，改变以往唯成绩论的情况，尤其是在高校体育教学中，要根据学生的课堂表现进行评价，而不是单纯地利用成绩评价学生。学生在体育训练中，对于训练的态度以及课堂表现，都能成为评价学生的标准。通过逆向教学，开展更加科学公平的评价，能够有效培养学生对于体育课堂的兴趣，满足学生学习的成就感与自信心，更好地促进学生的全面发展，实现高校体育课堂教学质量的提升。

综上所述，逆向教学法作为一项新型的教学方法，应用于高校体育课堂中，能够有效提升体育课堂的效果。也能通过高校体育课堂开展更有针对性的体育项目，让学生对体育课堂产生兴趣，从而更加热爱体育锻炼和体育项目，有利于深入挖掘学生的体育潜能，为国家和社会培养更加优秀的体育人才。

第四节　高校体育教学中多媒体教学法的应用

一、多媒体教学概述

（一）多媒体教学的溯源和界定

多媒体教学法的兴起年深日久。在初始阶段，教师只是借助声音、图片、文本等形式来进行教学。在 20 世纪 80 年代，多种电子媒体逐渐应用到教育教学之中，如录播音像、投影仪、幻灯片等相互结合运用到课堂教学中，这种教学方式被定义为电化教学或者称为多媒体组合教学。自 20 世纪 90 年代，计算机技术得到高速的发展，并迅速普及全国，随后便与教育教学相融合，多媒体计算机被广泛应用到教学之中，从而完成了对多媒体组合教学形式的更新换代。

对多媒体教学的定义也是对多媒体教学流程的阐述。综合多种观点，多媒体教学是根据教学目标和教学对象的特点，在教学过程中，通过教学设计，合理选择和运用现代教学媒体，即通过计算机、视频展示台、投影仪等设备，将图形、图像、声音、文本、动画等多种媒体有机结合在一起，以多种媒体信息作用于学生。与此同时，还要和传统教学手段优化组合，共同参与教学全过程，形成合理的教学结构，达到最优化的教学效果。

（二）多媒体教学法的指导思想

1. 教师角度

教师要明确自身的角色。在教育活动中，教师处于主导地位，是教育教学工作的配角。教师的引导作用贯穿于教育活动的全过程，即新授之前的激发兴趣，学习阶段的循循引导以及学习之后的巩固提升。教师在运用多媒体教学法时，首先要了解学生的身心发展需求，善于发现学生的困惑之处，灵活巧妙地答疑指点，注意多媒体教学使用的先后顺序，才能达到既定目标。

高校体育教学更应该关注学生的非智力因素，强调学生在教育活动中的情感体验。传统教学理念当中，过多地关注学生的智育，忽视了学生的非智力因素，如学生的品格、信念、毅力、道德水平、竞争合作意识等。现代教育指导思想强调师生在教学上的授受关系、人格上的平等关系、社会道德上的相互促进关系。因此，教师要坚持以人为本的指导理念，平等地对待学生，尊重学生的主体地位，构建民主融洽的师生关系，关注学生个体之间的差异，教之有方，更多地关注学生的全面发展。

教育活动的目的不仅是教会学生知识，还要在教育过程中培养学生的学习能力。在多媒体教学中，要引导学生如何实现自我学习、自我教育，帮助学生获得学习的方法。只有实现自我教育时才能实现终身可持续的教育，学生才能不断地全面发展。

2. 学生角度

学生在教学中居于主体地位，是教学活动的主角。教师是为学生的发展服务的，作为发展和学习的主体，学生要学会将课堂上的外在因素内化为自身需求，进而融会贯通。未来的社会是创新型社会，学生要形成创新意识，发展创新能力，这正是现代多媒体教学法的内在要求。

在学习之前，学生应从自身出发，提前了解新授内容，才能与教师的教学进度相匹配；在学习过程中，发挥主观能动性，积极汲取课堂知识；学习过程结束后，要举一反三，运用到实践中，并用发散思维，寻求新知，扩展知识面。这样才能由学会转变成会学，在升华自己知识的同时也能掌握学习的方法。

（三）多媒体教学法的重点

在多媒体教学法具体实施的教学过程中，高校体育教师要以学生为本，引导学生做好学习的主角，杜绝传统的"灌入式"教学方法，区别对待学生的个体差异，并注意以下三个要点。

1. 多媒体教学的基础是因材施教的层次教学

在实施多媒体教学法的过程中，体育教师应对学生的情况进行观察研究，了解学生的身心发展状况，如学生的心理状态、智力水平、年龄段以及生理发展水平等。从学生的实际情况出发，选择适当的教学内容和方法对学生实施适时教育。切不可同步要求学生，应进行因材施教的层次教学，针对不同层次的学生开展相匹配的教学。

2. 多媒体教学法的制约因素是教材质量

体育教师所选取的优秀运动员的动作示范或者实战应用，直接影响学生的学习效果。良好的教学示范可以引发学生的学习热情，同时优秀运动员的偶像作用可以间接激励学生。所以体育教师在选择教学视频时，应当充分考虑教学内容的操作性与可行性，立足于学生的认知与接受能力，慎重对待教学选材。在落实多媒体教学法的过程中，观察并记录学生对于教材的真实反映，为以后的教材选编提供参考。

3. 丰富多样的教学组织形式是多媒体教学法的必要条件

多媒体教学法注重教学组织形式。多媒体教学组织顺序影响教学效果。体育教师应先引导学生观看优秀运动员的完整动作示范再进行讲解或者采用边观看教学视频边讲解的组织形式，切不可在观看教学视频之前就进行讲解，造成学生先入为主，以学生的直接视觉去感知技术动作，后期录像反馈纠错时，可根据学生的真实情况适当调整。多媒体教学法相比于传统教学法，可在一定程度上吸引学生的注意力，激发学习兴趣，但考虑到学生的注意力水平以及教学的相对长期性，必须采用丰富多样的教学组织形式，促进教学过程的良性可持续开展。

二、多媒体环境对高校体育教学的独特作用

（一）实现了高校体育教学资源的共享与利用

因为目前全国高校体育师资和硬件设施条件不同，导致不同地区不同条件下的高校体育课程教育教学发展情况不同。多媒体教学法在高校体育教学中应用的教学资源更是稀缺，而在多媒体技术环境下，网络化时代信息处理、获取、应用和传输可实现教学活动的超时空即时传输或延时共享，是建构优秀的体育教学的知识框架、形成技能技巧、全面提高能力等重要因素的信息源保证。利用远程教育教学课堂的建立，实现体育课程教学目标的规范化，使处于不发达或发展较缓慢地区的学习者利用国内外一流大学的教学资源，实现教学质量的同步提高和共同发展。

（二）实现了传统媒体与现代媒体的合理整合

多媒体技术在高校体育教学中的应用，从根本上革新了传统教学手段。从教学手段上把音响、录音、幻灯片、录像、VCD、投影、电子计算机辅助教学课件引入课堂教学，使学生处于形象直观、音乐起伏、动画逼真、人机对话、信息实时、欣赏与学习并进的学习环境中，能够创造和展示各种趋于现实的学习情境，把抽象的学习和现实生活融合起来，有利于激发学生的思维与探索兴趣，有利于激发他们学习的主动性，培养学生创造性能力，挖掘其学习潜能。合理结合传统教学手段，有利于技术学习中通过比较找出差异，使动作规范化、系统化，有利于课程目标的整体实施，有利于学生课外学习、继续教育和终身教育新思想的体现。

（三）增强课程的趣味性，使学生更积极

在信息技术的指导下，将多媒体技术运用到高校体育教学中，可以有效地扩充教学资源，活跃课堂气氛，将传统体育教学中教师单纯的"言传身教"转变为各种声音、图画和色彩的结合，使教学内容直观形象，增强学生对相关知识的记忆。教师通过视频、音频、动画等多种方式将课堂内容表现出来，教学展现出多元化的一面，易于学生接受和理解。在针对一些具有较强专业性的体育动作进行教学时，可以及时通过视频的暂停、重播等方式对教学内容进行重复，并可以及时对学生的动作进行纠正，加深学生对教学内容的印象。学生也可

以重播视频，在教学课程的带领下重复练习动作，不受时间和空间的局限。教师还可以将该节课的课程要点在视频中截取下来，反复让学生观看、练习，并可以及时对动作进行分解和慢放，便于教师及时讲解重难点。此外，多媒体教学的丰富形式可以让体育教学活动更具观赏性，从而使学生对体育运动产生兴趣和积极性。

（四）提供了建立体育教学客观化评价的运行环境和技术保障

在现代多媒体技术环境下，高校体育教学中运用电子跟踪教学过程和教学过程录像等先进技术手段，通过学生考试成绩计算机分析、督导组专家隔离评课、集体观摩、背对背学生打分考核等措施减少评价主观因素，使教学评价客观化。还可以对收集到的语音、图像等多种信息进行定性或定量的分析，完成对技术动作的形态结构及力学等的相关分析后交互处理，同步在计算机显示屏上显示。

三、高校体育教学中多媒体教学法的应用策略

（一）对传统的高校体育课堂教学观念进行转变

当前，有很大一部分的体育教师教育理念往往较为保守，教育观念相对老旧。要在高校体育教学中应用多媒体技术，应该对体育教师自身的教育教学意识进行转变。教师应该自觉提升自身的教育创新意识，全面贯彻新的教育教学理念，通过多媒体技术的应用来提升学生课堂学习的兴趣，这样一来，也可以有效起到对学生自主创新能力进行培养的作用。例如，教师在讲课的过程中，可以应用多媒体技术播放一些相关的比赛视频，让学生欣赏，这样可以使学生对体育运动项目的多样性以及美观性有更加深刻的认知。

（二）多媒体技术要与传统的教学理念进行融合应用

对多媒体技术的应用势必会使高校体育教学的新颖程度得到有效提升，但是，在加大对多媒体技术应用力度的同时，也应该对传统的教育教学方法进行深入落实，并且在传统的教学理念当中吸收教学经验，将多媒体技术与传统的教学理念进行整合是个不错的选择，也会在很大程度上提升学生对课程的接受程度。就某一个层面而言，多媒体技术的应用并不是为了完全取代传统的教育教学方法，而是为了使课堂教学的方法变得更加多元化以及丰富化，只有将二者进行合理的融合，才能够保证高校体育教学的整体质量。

（三）提高多媒体技术应用方式的多样化与创新性

教师利用多媒体技术来播放相关的教学视频，既可以让学生观看完整的成套动作教学视频，也可以反复播放同一个动作，更可以根据学生的学习现状来加快或放慢教学视频播放速度，在减轻教师教学工作量与工作压力的同时，也提高了示范动作的标准化与统一性，避免因教师示范动作不规范等原因而增加学生出错率。另外，教师也可以将教学视频上传到专门的体育学习平台上，学生可以根据其学习计划、学习目标等来自由选择与下载相应的教学视频，实现了学生学习时间从分散到集中的转变，从而提高了学生学习效果。

第五节 高校体育教学中体验式教学法的应用

一、体验式教学概述

(一) 体验式教学的含义

体验式教学是指教师根据学生的认知特点和规律，通过创造实际的或重复经历的情境和机会，呈现、再现或还原教学内容，使学生在亲身经历的过程中凭借自己的情感、直觉、灵性等去感受、体味、领悟，并产生情感、建构知识、生成意义、发展能力的教学观或教学方法。从这个定义可以看出，人们主要把体验式教学看作一种新型的课堂教学方法或学习方法，并且将体验式教学与具体的课程相结合，探讨各类课程的体验式教学方法与策略。

(二) 体验式教学的特征

体验式教学的特征体现在体验的过程、教学的方法及体验所要实现的目标三个方面，具体表现如下。

1. 体验过程注重情境与氛围

促进学生发展是教学的出发点和归宿，"在体验中发展"正是对体验式教学精髓的高度概括，是体验式教学的基础和切入点。体验式教学重视体验的独特价值，强调体验在人的发展中的作用。对学生来说，无论是思维、智力的发展，还是情感态度与价值观的形成，都是通过主体与客体的相互作用实现的，而主客体相互作用的中介正是学生的体验。唯有体验才能实现潜在发展可能性向现实发展确定性的转化。为此，体验式教学的关键就是要创造出各种情境和条件，让学生作为主体去体验，并在体验中完成学习对象和自我的双向构建，最大限度地获得身体和心灵的解放，最终实现学生的主动发展。

2. 体验是教学的途径与方法

体验式教学具有亲历性、个体性、趣味性和创造性等特点。实践是人类发展的源泉和动力，实践对成长中的学生具有重要意义，学生实践的过程就是体验的过程。所以，教学总是与学生的体验同时进行，教学不可避免地在学生的体验中展开，学生的经历成了教学的起点，学生的经验成了教学的背景。这就必然要求教学以体验为主要途径，教学程序的安排和组织实施必须以学生的主动体验为中心。因此，体验式教学的实质就是把体验作为学生学习和发展的基本途径，借助体验这一学习方式来真正确立学生在教学过程中的主体地位，使学生享有更充分的思想和行为自由，拥有更多的发展、选择机会，使学习主体化、主动化。

3. 体验是为了实现教学目标与获得结果

学生品质中最重要的是价值观、态度、情感、人格及责任心等，这些品质的培养都是在体验过程中实现的。实现的程度与水平取决于学生在体验过程中的选择与发展机会。因此，体验的价值往往并不在于体验过程中获得的某种有形知识，而在于容易被人们忽视的过程本身。体验式教学将科学实验目标蕴含于体验过程之中，不能只看重学生获得知识的对与错这些有形的结果，更要关注学生体验的态度与情感等，关注体验过程本身对于学生态度与行为方式的价值，即体验式教学更加注重学习过程的主体性体验之于生命成长的意义，注重为完美人格的养成提供更多机会、更大空间。

二、高校体育教学中引入体验式教学法的意义

体验式教学法能够让学生在真实的体验中明确体育教学的重要性，使学生转变以往错误的观念，真正从内心接受体育教学，提高体育教学的地位，展现出它的教育优势。体验式教学在高校体育教学中运用的意义有以下几个方面。

（一）激发了学生参加体育锻炼的兴趣

培养学习兴趣是提升学习效果最好的途径。在传统的体育教育方法中，学生按照学校安排的课程去完成体育项目，按照学校的要求去上固定的体育课程。在大学中虽然学生可以根据自己的意愿去选择体育课程，但是很多体育项目是学生在步入大学之前就已经学习过的，导致学生的学习兴趣降低。体验式教学更多的是让学生真正地参与体育知识学习，去亲身参加一些户外运动，如攀岩、野外生存训练等。户外体育活动项目在我国高校中还没有得到普及，学生群体中参加过体验式活动的人数量有限。因此，学生会觉得体验式教学比较新奇，容易引起学习兴趣。长期以来，学生一直在固定的室内和体育场学习体育项目，相比之下，他们会更喜欢尝试户外体验式学习方式，更愿意去追寻户外体验式体育教学带来的刺激和真实的体验感受。将体验式教学法引入高校体育教学，能在很大程度上激发学生的学习兴趣，并帮助学生获得良好的学习效果。

（二）有利于培养学的生精神品格和促进学生心理健康成长

体验式教学法扩大了学习的范围，使学习不再局限于课堂，将学习的过程深入到学生实践的整个过程中，扩大了教育的领域。体验式教学法强调学生的主体参与性，强调学生在教学中的主导地位，让学生在体验中获得感受，在实践中对知识进行探索，以此加强对学生探索精神和批判总结精神的培养。学生直接参与学习探索所带来的感受是传统的灌输式教学方法无法比拟的，学生对通过亲身实践所学到的知识记忆更加深刻。体验式教学法为学生营造出一种愉快轻松的学习氛围，调动了学生的学习积极性，使学生积极地参与学习的整个过程。体验式教学法冲破了传统教学方法的束缚，在不违背教学原则的情况下使学生的自主性得到最大程度的发挥，在让学生完成学习目标的同时为学生进行课外活动创造了更多机会，学生在丰富的课外活动中进行交流，使自我价值得到了最大程度的体现，并且世界观得到了完善。在体验式教学中，学生会遇到各种各样的困难，学生的毅力和克服困难的精神会得到锻炼，这有利于学生形成良好的品格。体验式教学为学生与外界接触和学之间的相互交流创造了很多条件，能够帮助学生认识世界，进而促进其身心健康发展。

（三）有利于提升学生的综合能力

体验式教学法在高校体育教学中的运用能够坚持其引导性和体验性的基本原则，并辅之以符合学生身心发展特点的组内合作和组外合作等体验方法，确保每个学生都有充分的体验、探究、讨论与反思的机会，能让学生在体验学习中逐渐掌握质疑、探疑和解疑的技巧。长期坚持必然能够极大程度地提升学生自身的创新、实践、协作等能力，有助于学生综合能力的不断提升。体验式教学通过让学生参与、体验实践活动或游戏来体会团队的力量，让学生逐渐意识到个体与团队是紧密相连的，只有大家齐心协力，共同去努力、配合，才能把事

情更好地完成，在不知不觉中也培养了学生的团队合作能力，提升了学生的综合能力。体验式教学还可以使学生感受到集体的温暖和力量，在体验的过程中获得成就感，懂得如何与别人相处、如何去解决问题，也培养了学生的责任心和执行力，为以后的学习、生活、实习、就业奠定基础。

三、高校体育教学中应用体验式教学法的限制因素

（一）教师专业技能偏低

有的教师对体验式教学存在一定的误解，认为在以往的体育课堂中人为地引入一些体验式教学环节即可，但实际上，体验式教学是一项系统的、成体系的教学方法，教师的角色并不单单是传授者，更是引导者。特别是有些教师在进行体验式教学之前并没有参加过有针对性的专业培训，这使得教师在教学方法方面的知识储备和掌握不足，很难达到预期的教学效果。

（二）没有科学安排体验式教学的课程

从过去的调查中我们可以发现，许多高校体育课程的结构比较单一，往往只重视教学计划的完成，对实际结果的考虑还有所欠缺。同时，许多高校只是在大学一、二年级设立体育课程，三、四年级的学生基本不用上体育课，而且每个星期基本只有一节课。这样的体育课安排容易使学生出现知识点脱节的现象，加上平时疏于锻炼，大学生容易出现亚健康状况。甚至有的高校为了更好地进行其他课程教育而取消了体育课程，更不用说科学安排体验式教学的课程

四、高校体育教学中体验式教学法的应用策略

（一）整合和优化教育资源，为体验式教学创造条件

体育教育资源是优化教学形式、内容和提升教学效果的根本保障。在传统体育教学法下，体育教师缺乏对开发和利用教育资源、加强体育教学创新的重视，导致体育教学效果并不理想。但随着体验式教学方法的应用，体育教师开始重视整合和优化教学资源，不断为深入性的体育教学创造条件。

首先，学校应提高对体育教学的重视，加大对体育教学人力、物力、财力的投入。一方面，可以完善教学基础设备，优化体育教学场地。另一方面，重新调整体育课程内容，合理安排体育课程时间。通过丰富体育项目，保证体育器械应用的基本需求，使学生能够依据自身的喜好选择运动项目进行学习。

其次，要构建"理论实践一体化"的教学环境，进一步提高体验式教学法的价值效用。既不能只讲理论不实践，又不能只实践不讲理论。通过利用多媒体技术手段，丰富体育教学形式和内容，激发学生学习兴趣，并为探究体育知识和实践体育技能提供资源支持与保障，从而践行相关的体育教学理念。

最后，要注重壮大体育教师队伍，加强对体验式教学法的研究。通过将体育与教育相结合，充分认识体育教学功能，不断让体育教师发挥自身效用，从而为学生深入学习体育知识和技能奠定坚实的基础。

（二）营造良好的体育情境，让学生在体验中提升能力

开展体验式体育活动的宗旨，在于从身体、思想、精神的层面上推进学生素质能力的发展。要想提升学生参与体育活动的积极性，就必须将激发学生体育兴趣和培养体育意识作为教学的出发点。通过创设良好的体育教学情境，优化学习知识和实践技能的氛围，学生在体验中收获更多的启迪。

体育教师要充分利用先进的信息技术，打造真实的教学情境，将知识、技能、经验等要素融入情境中，促进学生在潜移默化中提升运动能力。例如，体育教师在教篮球相关的知识时，可以播放一些篮球比赛视频，使学生在观看视频的同时掌握篮球运动的规则，以及产生玩篮球的兴趣。然后对学生进行分组，组织学生打篮球，让学生在实践中学习篮球知识。

教师可以结合学生的性格特点、学习能力等因素，利用游戏的方式加强运动动作要领教学。通过融入学生群体，以朋友的身份指导学生做动作，促进学生更加用心地学习。例如，体育教师在教乒乓球相关知识时，可以与学生一同研究打乒乓球的技术动作。然后开展"打擂""坐庄"等游戏活动，使学生在良好的游戏氛围下反复锤炼乒乓球技能。

（三）设置符合大学生实际需求的教学内容

体验式教学非常注重学生的实际需求。如果让学生去体验高难度的体育项目，他们就会认为自己没有能力完成，久而久之，学生的内心就会产生畏难情绪。可见，直接让学生去接触高难度的体育项目会打击学生的自信心。但如果让大学生去接触小学生喜欢的体育运动，大学生又会觉得过于简单，根本不会对体育活动产生兴趣，进而降低大学生参与体育活动的积极性。因此，体育教师在选择体验内容前，必须先对学生进行调查，只有符合学生需求的体育运动项目才能充分调动其学习积极性。

（四）加强教师专业技能培训，提高教师教学的专业素养

针对体验式教学系统性强、体系化程度高的特点以及教师专业素质跟不上教学实际的现实情况，高校应加强对体育教师教学理念、方法等的培训。要注重体育情境的教学设计和教学内容的策划实施，营造身临其境的教学氛围，让学生看"境"领会、入"境"体验、出"境"回味，激发学生的学习兴趣，展开想象的翅膀，从想学、要学转变为趣学、乐学。一方面，情境设计要有挑战性和探索性。体育情境既不能设计得太简单，让学生失去探索欲、好奇心，也不能设计得太复杂，让学生无所适从、找不到突破口，失去探究的积极性和热忱。另一方面，要贯彻安全第一、预防为主的原则。设计体验情境要把安全放在第一位，不能为了追求高难度、高体验性而"拔苗助长"，导致学生受伤、受惊吓的事件发生。

（五）加强教师"主导"与学生"主体"地位，促进师生"双地位"的同步发展

传统体育教学偏重教师的"主导"地位，而忽视学生的"主体"地位。体验式教学摒弃了传统教学的弊端，在强调学生主体地位的同时，对教师的主导地位也予以重视。但具体的体育课堂教学中往往过分强调学生主体地位，对教师的主导地位有削弱趋势。因此，教师应该转变观念，主导与主体并重，指导与引导并举，切实让学生在实践中真体验、体验好，"体"有所得、"验"有所效，实现师生教学相长。

第一，教师要注意观察学生的课堂表现，根据学生练习的实际情况进行教学节奏、教学

环节的调整、优化和创新。特别是要注重学生间的运动差异，因材施教、按需施训，让每个学生都能有所提高。

第二，教师要耐心听取学生间的讨论和探究。只要有利于提高教学质量、提高学习成绩、增强实践体验的建议和方法，教师都要积极吸纳、共同探讨，切忌唯我独尊、刚愎自用。

第三，当学生集体探讨有分歧、学生遇到挑战有畏难情绪、学生参与积极性不高时，教师要及时进行询问，摸清原因，提振士气，激发兴趣，让学生参与其中，感受和共享体育运动带来的精神愉悦和身心快乐。

第四，教师要根据教学内容有针对性地创设好教学情境，制订好学习目标，选好合适的项目，既让学生在体验中学会换位思考，增强团队意识、融入意识，又让学生在探讨中学会汲取、容纳，增强问题意识、改进意识。

此外，在体验式体育教学过程中需要注重培养教师与学生之间、学生与学生之间的情感，只有这样才能保证体验式教学的有效开展。

第六章　高校体育教学模式改革

第一节　体育教学模式概述

一、体育教学模式的概念

总结众多学者对体育教学模式的阐释，发现关于体育教学模式的理解有两点共性：一是体育教学模式是具有一定的结构并具有可操作性的"模块"；二是体育教学模式的形成建立在一定的学科理论基础之上。本书认为：体育教学模式是在一定的教学理论基础的指导下，以一种或多种教学模型或教学策略的组合来完成体育教学的任务或目标的教学形式。体育教学模式可以体现在一节体育课中，也可以体现在一个完整的单元教学中，也可以体现在一堂课的某一部分。

二、体育教学模式的内涵解析

（一）体育教学模式是体育价值观和体育指导思想的外化

体育教学活动是人类在漫长的历史过程中根据自身的需要而创造出来的一种特殊的活动。人们在从事体育活动和接受体育教育的过程中，了解和接纳了体育的属性，逐渐形成了体育的价值观。值得一提的是，不同国家、不同民族的文化观念习俗在体育价值观的形成中起着十分重要的作用。从东西方文化对体育价值观的影响来看，东方的体育价值观重人格的倾向十分明显，西方的体育价值观重人体胜于重人格。与此相对应，体育价值观向体育指导思想渗透，并成为体育教学模式改革的重要内部因素。从这个意义上来说，体育教学模式是体育价值观和体育教学思想长期作用的产物，是体育价值观的外化。两者之间是体现和被体现的关系。体育价值观和体育指导思想构成了体育教学模式的内涵，我国体育实践的发展即可证明这一点。同时，体育价值观和体育指导思想的多元性使之与体育教学模式之间并非一一对应。所以，一种体育教学模式中的体育价值观又具有多重性和层次性。

（二）体育教学模式是体育教学管理的直观形式

体育教学管理就是依据体育管理的理论和方法，结合体育教学的目标、特点、规律，对体育教学过程和各教学环节进行有效的管理。体育教学模式是体育教学管理中具体的、恒定的形式。将体育教学管理作为体育教学模式确立的重要依据，具有以下几个方面的意义：第一，有利于加强体育教学的全面质量管理并使之成为测定体育教学模式效益的重要参数。质量管理在体育教学管理系统各环节中落实的过程也是体育教学模式化的过程。在具体的体育教学模式中，全面质量管理包括两个方面：一是全过程质量管理，如教学计划过程的质量管理和教学辅助过程的质量管理；二是全员性质量管理，它旨在加强教师、学生和教学条件三大要素之间的联系与作用。

第二，通过教学管理，有利于突出体育教学模式的专业化特征。建立强有力的教学管理制度和措施，合理把握体育教学机制，强化渗透性管理是体育教学模式发挥过程效应和加强信息反馈的具体要求。

第三，体育教学管理在体育教学模式中的作用还表现为教学方法的积淀，如在教学内容上，有利于将健身性与文化性、民族性与国际性、统一性与灵活性、实践性与知识性有机结合起来；在教学宏观控制上，有利于将统一要求与分类指导、行政管理与业务督查、基本评价与专题评价结合起来。

（三）体育教学模式是体育教学方法的优化组合

不同的体育教学模式的确立必然依赖于一系列相应教学方法的优化组合，教学方法是教学模式的重要内容和有力支撑。教学方法改革的目标在于丰富体育理论传播的载体，并形成以实用性为主要特征的教学方法体系，从而大面积提升教学质量。教学方法改革的过程与教学模式的形成过程方向一致，两者之间相互依托，由于教学方法的新颖性和多样性，在教学实践领域应用广泛，推动了体育教学各类活动模型的产生，并使活动模型在教学模式中占有了很大比重。

三、体育教学模式的结构

体育教学模式的结构主要包括教学思想、教学目标、操作程序、实现条件以及评价方式等，具体内容如下。

（一）教学思想

作为体育教学模式的灵魂，教学思想是建立体育教学模式所应具备的基本理论与思想基础。也就是说，要想建立体育教学模式，就需要有一定的理论知识对其进行指导，在不同理论指导下所建立起来的体育教学模式是有差异的。例如，我国在 20 世纪 80 年代所建立起来的愉快教育与日本的快乐体育，这两种教学模式都是根据当时学生学习时的具体需求建立的，有利于充分调动学生参与学习活动的积极性和主动性，并能够通过体育教育养成终身体育锻炼的习惯。

（二）教学目标

在体育教学过程中，建立体育教学模式的目的是更好地实现体育教学目标。如果没有体育教学目标，就没有体育教学模式存在的必要和价值了。体育教学模式所能够达到的教学效果是体育教师对某项教学活动在学生身上将产生的效果所做出的预先估计。体育教学目标是具体化了的体育教学主题的表现，体育教学模式要以教学目标为核心，体育教学目标能够制约体育教学模式的其他结构要素。

（三）操作程序

教学环节或步骤就是体育教学活动中的操作程序。在体育教学活动中，操作程序主要指的是在时间上展开的逻辑步骤以及各逻辑步骤的具体做法等。无论哪种体育教学模式，其操作程序都是独特的，是与其他教学模式不同的。操作程序并不是一成不变的，但它一定是基本的和相对稳定的。

（四）实现条件

所谓实现条件是指在体育教学模式中所采用的策略和手段，它是对操作程序的补充说明，并能够使体育教师选择合理的、正确的教学方法和策略。人力条件、物力条件和动力条件这三个方面是体育教学模式实现条件的主要内容。具体包括体育教师与学生、体育教学内容与时空以及学校的基础设施等。

（五）评价方式

不同的体育教学模式所要完成的体育教学目标不同，所采用的操作程序和实现条件也存在差异。因此，不同的体育教学模式具有不同的评价标准和评价方式。每一种教学模式的评价标准和评价方法都是特定的，但如果使用统一的标准进行评价，就会使评价不具备科学性，使评价结果失去说服力。例如，与标准化评价相比，群体合作教学模式的评价标准是采用计算个人和小组总分的评价方式。

四、体育教学模式的分类方法

分类是研究教学模式的主要手段，它集中反映了研究者对教学模式性质的基本认识，也直接体现了研究的内容和方法。无论是国内还是国外，对教学模式的分类方法都是围绕教学中的学生和教师两个方面活动强度的不同来进行的。现代教学理论认为，应该加强教学中学生的主体作用。

（一）按蕴含现代教育理论分类

体育教学模式蕴含着先进的教育理论、教育思想和教育观念，这是构成体育教学模式的内核。依据其内容和构架将体育教学模式分为现代教学理论模式、素质教育理论、心理学理论模式、社会学理论模式、系统科学理论模式。

（二）按体育教学目标分类

体育教学目标的历史演进过程为：20 世纪 70 年代以前从以技术传授为主到以增强体质为主，20 世纪 70 年代提出学习技术、技能与增强体质并重的思想，20 世纪 80 年代初期重视学生的能力培养，20 世纪 90 年代提出知识、能力、素质同步发展的整体教育观念。体育教学模式随着体育教学目标的转变而发生变化，这一变化越来越表现在指向培养人才的目标要求上。按照体育教学目标可以将体育教学模式分为高素质教学模式、掌握技能教学模式、激发学习兴趣教学模式、自我健身体验乐趣教学模式、培养学生能力教学模式。

（三）按体育教学方法分类

教学模式被看作是教学过程和教学方法的中介和桥梁，是教学理论向教学实践转化的途径和方法。教学方法的优化是体育教学模式研究的一个特征，教学方法按一定的理论指导，按确定的教学目标进行合理的组合，发挥体育教学方法系统的整体功能与综合效果，是体育教学模式的一个重要因素。按照体育教学方法可以将体育教学模式分为运用现代教学技术教学模式、交互式教学模式、情境式教学模式等。

（四）按教学组织形式分类

体育教学模式体系建立对深化教学改革具有十分重要的指导意义。从体育教学模式研究的现状来看，体育教学模式的指导思想、教学的策略可以通过不同的教学模式得到反映。其意义在于指导体育教学实践，更好地为改进体育教学、提高教育教学质量，提供可选择的模式库，这也是这类模式分类的意义所在。按组织形式分为技术辅导教学模式、集体教学模式、个别化教学模式、合作式教学模式、俱乐部式教学模式、课内课外一体化教学模式。

（五）按照课的类型分类

归纳我国学者教学模式理论研究成果，大体上分为教学过程范畴和教学结构范畴，就其教学结构而言，是指事物各要素之间的组织规律和形式。所以，按照课的类型将体育教学模式分为五种类型，即理论教学模式、新授课教学模式、复习课教学模式、素质课教学模式、考试课教学模式。体育教学模式不是"万能模式"，其发展必须同学校的培养目标协调统一起来。因此，必须把学校的实际情况作为体育教学模式选择的依据，以学生的主观兴趣为出发点，因材施教，注重学生的综合素质培养，努力提高办学的整体效益。

第二节　高校体育教学模式的改革策略

一、高校体育教学模式中的不足

（一）体育教学模式的理解方面存在一定的模糊性

现行体育教学模式的研究在要领和内涵方面有很大的不同，有将教学方法与教学模式相混淆的倾向，而且在教学模式的内容、对象、方法、效果之间的关系上缺乏限定。教学模式包括了教学方法，它是把教学中的若干要素结合起来，形成相对系统和独立的教学单元；而教学方法则是这些要素中最活跃的要素之一，教学模式的思想制约着教学方法的选用，教学方法反映着教学模式的思想。

（二）体育教学模式的应用缺乏创造性

体育教学模式只能为参与课堂教学的各因素的组合和进程提供一个简略的框架，而体育教学是有血有肉的，它既是科学的创造性活动又是艺术的创造性活动。近年来，随着对国外教学模式理论了解的深入，国内的一些体育教师将国外的一些较为成熟、具体的教学模式应用在体育教学之中，丰富了体育教学的内容，提高了体育教学水平，取得了一定的研究成果。但还存在某些方面的不足，如过多应用国外的教学模式，不考虑我国具体的学情；缺少自我创新，难以照顾体育教学的具体特点；在教学中应用的操作性不强，普及性差；等等。

（三）体育教学模式的开发方面缺乏系统性和整体效应

在大量的体育教学研究中，大多是关于体育独有教学模式的生成与改造的研究。很多体育教师从多年的实践出发，研究出了许多影响较大、有特点的教学模式。但这些体育教师往往把自己的研究片面地看成是体育教学方法的研究，而没有把它作为一个系统、整体的教学模式研究来看。另外，这类研究还存在实验设计不太精确及教学研究抽象、简化性差的现象。

二、高校体育教学模式改革的具体策略

（一）以"健康第一"的思想为主导，和谐发展观为背景优化体育教学模式

树立"健康第一"的主导思想，应该在坚持以人为本、全面发展的同时，兼顾各地区、各学校以及学生个体与社会之间存在的非均衡状态，使高校体育教学能面向全体学生，促进学生共同进步，体现出教育的人本培养理念，以达到整体的和谐发展。和谐体育教学理念是一项涉及各种因素的现代教育观，体现在人与人的和谐、人与物的和谐、人与家庭的和谐、人与社会的和谐等方面，这是"健康第一"主导思想的核心体现。它不仅涉及如何改进体育课程的教学方法，以适应学生乐于接受体育教育的问题，还涉及了学习的行为方式和思维方式的新特点，以及如何优化体育课堂教学环境，拓展体育教学视野，构建与走向社会、适应环境相结合的新型体育教学模式体系，等等。

（二）以终身体育为目标，重视学生的主体创造性，实现体育教育的持续性发展

教育可持续发展的主要目的其实就是人的可持续发展。"阳光体育运动"的颁布与实施促进了体育教育的可持续发展，为高校体育教学模式创造了"持久性"的构建发展理念，"阳光体育运动"的实施方法以及长效的引导机制，已经成为诸多学者研究的热点问题。我们要认真贯彻落实"阳光体育运动"的教学改革，以学生的身心发展为中心，重视学生的主体性地位，不断激发学生运动兴趣，培养学生的体育锻炼习惯和终身体育参与意识，不断充实体育课程内容，加大体育场馆、器材的资金投入和管理力度，丰富课外体育活动的组织形式，将增进学生的健康贯穿于高校体育教学模式改革实施的全过程。

（三）优化体育与健康课程结构体系，不断更新、充实体育教学的组织形式及内容

体育课程设置要注重立足本校的实际，以发展学生的综合素质为基础，从本校的现有资源、条件出发，因时因地制宜，有的放矢，实施分层、分流教学，不断充实、优化体育课程结构，为体育教学模式的实效性运用做好载体功能。针对学生的阶段性发展特点，以及各个学段学生的生理、心理发展水平及对其要求的不同，不断优化和制定各学期的教育教学任务。应根据学生的身心发展特点和对体育的不同兴趣和需求，划分出符合学生身心发展特点的体育课程学段。同时，体育课程内容在分类方法、考核办法等方面应有所不同。在体育教学方法和手段的运用以及体育教学设计上，营造发挥大学生主动参与的教学氛围。在了解学生不同需求的同时，改变以体育教师为中心的教学模式，关注学生的个体差异，尊重学生主体地位，创造出良好体育教学环境，建立融洽的体育情感，等等。在满足学生个性化自主学习和发展需要的前提下，构建多元化、多目标的体育课程教学模式体系。

（四）构建体育教育信息化学习管理平台，拓宽、完善体育文化的学习环境与课程评价模式

网络的飞速发展，促使了体育信息传播的同步化。网络传播是利用计算机网络传递或交流信息的行为和过程，汇集了多种多样传播手段的优势，是更加个性化、透明化、便捷化、自由化，更加平等交流的新的传播方式。体育课程教学评价体系是主导体育教学思路走向和体育教学质量效果的标准，关系着社会人才观的取向性问题。因此，运用现代信息技术手段来构建体育教育信息化学习管理平台，不仅能营造体育学习氛围，还能拓宽、完善体育教学环境与课程评价模式。传统的体育教学评价方式，往往过多地对大学生所掌握的基本运动技术、技能情况和身体基本素质情况进行终结性的评价，对大学生参与运动锻炼的过程及其态度没有纳入考核要求，或者只是很少涉及。现代体育教学思想理念，要求未来体育教育的发展运用现代教育技术手段，建设网络信息化学习与管理平台，对学生的身体素质、技术水平、学习态度、学习能力、进步情况、思想品德、组织能力、课外体育活动情况等进行全面的展现、督促与评价，以便于更好地对学生体育兴趣、体育意识进行评价，让学生更好地学习体育运动健康知识。

第三节　高校体育教学中翻转课堂教学模式的应用

一、翻转课堂概述

（一）翻转课堂概念界定

翻转课堂是指学生在课前利用教师给出的音频、视频、电子教材或共享开放网络资源地址等数字化学习材料，自主学习课程内容，然后在课堂上参与由教师组织的同学间的讨论、探究等互动活动，并完成课程学习任务的一种教学模式。

翻转课堂起源于美国。2007年，乔纳森·伯尔曼和亚伦·萨姆斯两位化学老师开启了真正意义上的翻转课堂，成为翻转课堂的创始人。他们为了给缺课的学生补课，将讲课过程的演示文稿以及上课过程录制成视频，上传至相关教学平台，收到较好的效果。后来，这两位老师又将上课方式改为先让学生在课前看教学视频，之后在课堂上完成作业，并对学习中遇到困难的学生进行针对性讲解。结果发现这种教学模式受到了学生的广泛欢迎。随后翻转课堂在世界各地的各级学校开始应用起来，并于2011年传入我国，引起我国教育界的关注，并将其引入到教学中来。

翻转课堂作为一种基于信息技术的新型教学模式，颠覆了传统教学流程，大力引导学生展开自主学习。然而，翻转课堂并不是在线课程，也不是利用视频来代替教师，而是以一种师生之间互动学习的方式，为学生进行自主学习提供了充分的时间与空间，学生在教师对总体学习进程的控制下获得了个性化发展。

（二）翻转课堂的本质内涵

翻转课堂又称"颠倒课堂"，它的教学过程包括知识传授和知识内化两个阶段。从形式上看，翻转课堂教学形式是对传统课堂教学形式中课下与课上环节的颠倒，即将课上

的知识传递过程与课下的知识内化过程颠倒过来，在课前实现知识的传递，在课上完成知识的内化。从宏观层面上看翻转课堂的本质，发现翻转课堂获得了信息技术的大力支持，在这种支持下，触发了学校教育模式的整体变革。特别是教师和学生之间的关系、地位和作用的本质性转变，翻转课堂将传统教学的以教师为主体变革为以学生为主体，教学流程采用课前在线学习和课上面对面交流、合作的形式。通过课前的知识获取和课上知识的内化，分解知识的难度，增加知识内化的次数，促进学生知识的有意义建构，以实现掌握知识的最终目标。由此，在翻转课堂中，学校和教师由关注课堂教学内容转变为关注学生学习活动的全过程。

（三）翻转课堂的特点

1. 教学视频短小精悍

教学视频共同的特点就是短小精悍。大多数的视频都只有几分钟的时间，比较长的视频也只有十几分钟。每一个视频都针对一个特定的问题，有较强的针对性，查找起来也比较方便；视频的长度控制在学生注意力比较集中的时间范围内，符合学生身心发展特征；视频具有暂停、回放等多种功能，可以进行自我控制，有利于学生的自主学习。

2. 教学信息清晰明确

翻转课堂的教学视频与传统的教学录像的不同之处在于，视频中出现的教师的头像以及教室里的各种物品摆设都会分散学生的注意力，特别是在学生自主学习的情况下。因此，翻转课堂的教学视频强调录像环境不要有干扰因素，应采用一对一的讲解方式，教学信息清晰明确。

3. 师生角色的重新定位

（1）教师的角色转变

翻转课堂教学模式下，教师的角色发生了实质性的转变。教师从传统的作业安排者和评判者向学习的设计者和引导者转变。与以往的教学模式不同，教师不再是上完课之后给学生布置相应的习题作业，让学生自主完成，布置没有明确指导的预习。在翻转课堂教学模式下，教师会精心地设计好适合学生课前学习的材料，同时在课堂上或是线上交流平台给予学生详尽的指导。此外，课堂不再是教师单向对学生进行知识灌输的场所，而是师生平等展开对话交流、探索知识的场所。教师会通过对学生的课前学习情况分析来制订相应的具有针对性的教案，以适应学生的学习，教师从讲台上的讲授者转变为对学生学习的组织者、管理者和辅导者，真正做到教师由讲台上的人移步到旁边的指导者。

（2）学生的角色转变

翻转课堂教学模式对学生的角色进行了重新定位，教学的进展在很大程度上依靠学生的学习状态，学生成了自主学习的管理者，教学过程中学生的主体地位不断显现。在获取知识方面，学生成了主动的、有目的的探究者。在翻转课堂教学模式下，学生带着学习目标，通过课前自主学习来获取自己所需要的知识，学生的学习权利增强。在课前阶段，学生拥有更多对自己学习支配的权利和机会；在课堂上，学生有更多的时间、机会和知识基础对自己的学习进行有效的展示，并且学生需要在课堂学习活动中参与合作与讨论，进行更深层次的认识。同时，学生会作为一个评价者的身份，对同学以及自己的学习进行评价和反思，总结出自己对知识的掌握情况，进而内化与巩固学习。翻转课堂教学模式下的课堂成了构建深度知识的课堂，学生便是这个课堂的主角。总之，翻转课堂教学的整个过程都显现出学生真正由被动学习者过渡到主动学习者。

4. 对信息技术依赖程度的增强

学生在课外学习中如果没有信息技术的支持，就难以得到教师的帮助，影响学习效果。无论是教学课件还是教学视频，都需要信息技术的支持才能方便有效地将学习内容传递给学生。而对于学生课前学习效果的检测，更需要信息技术的支持。这就对教师提出了更高的要求，要不断学习信息知识，提高操作能力。

5. 复习检测方便快捷

关于学生观看了教学视频之后是否理解了学习的内容，视频后面紧跟着的四到五个小问题，可以帮助学生及时进行检测，并对自己的学习情况做出判断。如果发现几个问题回答得不好，学生可以回过头来再看一遍，仔细思考哪些方面出了问题。学生对问题的回答情况，能够及时地通过云平台进行汇总处理，帮助教师了解学生的学习状况。评价技术的跟进，使得学生学习的相关环节能够得到实证性的资料，有利于教师真正了解学生。

二、高校体育翻转课堂教学模式应用的必要性与可行性

（一）必要性分析

1. 时代发展需要

新一代青年学生在网络社会中成长，翻转课堂教学模式更利于新一代学生学习和进步。因此，高校也十分重视翻转课堂教学模式。同时，翻转课堂教学模式的实施，意味着我国高校对体育教师信息技术掌握能力的要求逐步提升。翻转课堂的出现，也使得微课、慕课等一系列先进体育教学手段真正有机会发挥作用。学生也可以通过互联网不断巩固与复习相关体育知识，更利于学生的成长与进步。

2. 教育改革需要

随着教学改革的不断推进，我国开始重视素质教育的发展。利用翻转课堂教学模式展开体育教学，充分利用信息技术拓展教学内容，这不但符合学生个性化特点，而且能为社会培养实践型人才，为学生日后工作和成长奠定基础。教育部十分重视翻转课堂教学模式，也支持高校利用信息技术进行教学，这足以说明翻转课堂对体育教学发展具有重要的推动作用。而且体育教学与其他科目有所不同，其实践性很强，翻转课堂教学模式为体育教学提供更多实践时间，也有利于体育教学质量的提升。

3. 更新传统体育教学模式最佳途径

虽然传统体育教学也会进行一些相关体育训练，但主要以理论教学为主，不利于学生提升实践能力和综合能力。而翻转课堂不仅能有效提升体育教学效果，也能使学生的实践机会增多，为学生提升体育技能提供更多帮助。实践证明，有效的体育教学，不但能促进学生身心健康成长，也能充分锻炼学生强健的体魄，帮助学生正确面对工作与生活压力，有效提升学生抗压能力。

(二) 可行性分析

1. 有信息技术作为支持

通过实践调研发现，在高校展开的体育教学是比较符合大学生特点的。而且高校的信息技术设备一般都比较完善，这也有利于翻转课堂教学模式的开展。在如今智能手机普及的情况下，学生完全可以利用智能手机进行碎片化学习，这也为翻转课堂教学提供了一定的便捷性。信息技术的支持使翻转课堂教学模式发展得越来越快，也越来越受高校与教师学生欢迎。

2. 符合学生特点

新时代的学生具备鲜明的个性特点，他们具有很强的思维判断能力，可以对教学资源进行自主学习，也可以较好地表达自己的课程问题或者是意见。而翻转课堂教学模式是利用先进网络技术进行教学，这不但符合大学生个性特点，而且对促进他们个性化成长具有重要意义。学生可以根据自身薄弱点进行针对性学习，也能在互联网中学习自己感兴趣的体育项目，甚至可以通过互联网与教师进行匿名交流，并通过交流不断提升自身体育素养，促进自身综合全面成长。

3. 有利于学生自我反思

传统教学模式是以教师为主导，学生被动学习，跟随教师思路进行成长。而翻转课堂教学模式，会引导学生进行自主学习，学生不但会提升自学能力，也会逐渐提升学生的实践能力。而且学生在自学过程中会充分认识到自身不足，从而进行自我反思。学生的自我反思，不但能自我提升，也能增加体育学习实效性，从而增加体育素养，强健自身体魄，为其他学科学习奠定基础。

三、高校体育教学中应用翻转课堂教学模式的优势

(一) 体育教学方式更加灵活

翻转课堂是由学生通过自学掌握基础知识后，再由教师进行针对性的讲解。教师不再是课堂的主导和权威，学生在课堂中的主体地位也得以体现。运用翻转课堂教学模式后，学生在学习体育理论和运动技能时不再是单调地听课和模仿，视频等现代信息技术也迎合了学生前卫的思想和兴趣爱好，促使学生更加热情、主动地参与到体育学习和锻炼中，高校体育教学的质量和效率也得到了相应的提高。

(二) 促进师生之间有效沟通

翻转课堂教学模式中，学生先通过视频教学资源进行自学和练习，然后教师根据重点和难点进行有针对性的指导，这样一来，教师和学生之间的交流机会就会大大增加，教师对学生的学习和运动状况也有了更加深入、细致的了解。除此之外，互联网的发展为师生沟通提供了更多的渠道，教师和学生可以通过网络交流平台进行沟通。一方面，可以消除面对面沟通的紧张感；另一方面，交流可以不受时间和空间的限制，保证沟通的及时性和有效性。

(三) 促进课堂时间高效分配

在传统课堂里，课堂大部分时间被教师用来讲授，而真正用来与学生交流的时间仅仅在

课堂的有限时间内。在翻转课堂教学模式下，教师用更多的时间与学生交流和促进学生学习而不是站在讲台上说教，学生在交流中学习。当学生在家遇到学习困难的时候不再感到无助，教师可以利用课堂时间与学生进行有意义的交流，观察、引导和帮助学生。

（四）促进体育教学评价的完善

一方面，翻转课堂教学模式的应用使教师开始将更多的注意力放在学生的学习过程上，而不再一味地关注学生的阶段性测试成绩，对学生学习过程中的态度、方法、问题等有了更深的了解，这样对学生进行评价时也会更加全面、客观；另一方面，翻转课堂教学模式的应用离不开互联网和信息技术，学生通过互联网进行学习和交流时会留下客观的数据记录，这些数据为构建完善的评价体系提供了很好的量化指标，便于更好地进行过程性评价，也可以使综合评价结果更加客观、准确。

四、高校体育翻转课堂教学模式的应用策略

（一）提供良好的外部条件

第一，高校要建立起完善的互联网体系，保证学生在任何时间和地点都能利用互联网通过视频学习体育知识。

第二，提高学生的信息化意识和自主学习意识。当前，高校学生对互联网和信息技术的认识及使用都比较熟练，但是利用互联网开展学习的意识还需要加强。

第三，翻转课堂教学模式对学生自主学习能力要求较高，要注重培养学生自主学习的意识和能力，才能更好地适应翻转课堂教学模式的应用。

第四，提高体育教师的信息技术水平。翻转课堂教学模式的应用离不开信息技术的支持，通过学习培训提高体育教师搜集资料、制作视频、搭建学习平台等方面的技术水平，以保证翻转课堂的顺利进行。

（二）做好充分的课前准备

第一，确定教学目标。教师要科学分析教学大纲和教学计划，对体育教学的总体方向有清晰的认识和理解，然后将总体教学目标分解到每节课中，确定本节课的教学目标，并以此为出发点开展其他教学工作。

第二，确定教学内容。教师在确定教学内容时要深入了解学生的个人水平、兴趣爱好、性格特点等，在教学目标的指引下对教学内容进行科学设计。

第三，制作教学视频。教师确定教学内容后要将其制作成教学视频，视频可以从网络上搜索，也可以自己制作，要保证教学视频清晰明了，知识点和动作要领一目了然，知识难度要循序渐进，适当降低学生学习的难度。

第四，引导学生自学。为了保证学生自学的效率和质量，教师可以列出教学目标和教学任务，让学生有针对性地预习，找出学习中的难点，为课堂探讨和交流做好准备。

（三）构建高效的课堂教学

课堂教学环节的针对性讲解和答疑解惑是翻转课堂教学模式应用的核心步骤。学生通过课前预习已经掌握了基本的知识内容，教师根据学生的反馈梳理教学内容的重点和难点，为

课堂讲解提供依据。因此，教师在讲解过程中要全面分析学生的个人水平和学习深度，然后因材施教，有针对性地采取差别化、分层次的教学方法，引导学生掌握体育教学的内容和运动技能，帮助学生形成良好的体育锻炼习惯。

（四）重视教学评价与巩固环节

翻转课堂教学模式的应用可以有效改善传统的以成绩为主的评价方式，构建更为科学、完善的评价体系。一方面，将学生在学习和锻炼过程中的表现纳入评价环节，过程性评价和结果性评价相结合，更加全面、客观地评价学生的体育学习；另一方面，除教师参与评价外，将学生也纳入评价主体的范围，通过师生互评、生生互评等评价活动提高评价体系的科学性和综合性。除此之外，教师可以通过翻转课堂教学模式应用过程中学生的反馈和自身感受不断总结和完善教学方案，进而提高教学质量。

第四节　高校体育教学中慕课教学模式的应用

一、慕课概述

（一）慕课概念

在"慕课"模式下，整个课堂教学和学生学习成为完整、系统的在线实现。"慕课"是包含讲授、讨论、作业、评价以及回馈的教学过程，不只是纯粹的教学或者自学，是融合教师讲授、学生学习的整个教学过程。课程中，教师的主电脑连接到学生电脑，方便教师观察学生的学习状况。学生如何学习、学习效果如何都会在线呈现，并获得相关的学习反馈。

在参考了大量的学者研究成果的基础上认为，慕课是以互联网为实现手段的开放式在线学习平台，它给世界各地的学习者、领域专家和学习资源创造了学习空间。

（二）慕课的特征

慕课主要具有以下四个方面的特征。

1. 开放性

区别于传统教育的门槛，慕课面向所有人无区别开放。任何人可以在任何时间、任何地点学习慕课中的任何课程，不会严格要求学习者的年龄、种族、学历、语言等。慕课本质上属于一种远程学习，它的开放性意味着无门槛、选择自由、空间充足，这是慕课吸引众多学习者加入并使用的原因，也带来了慕课快速的扩张与发展。

2. 自主性

自主性是行为主体按自己意愿行事的动机、能力或特性。慕课学习者可以不受他人的影响或要求，根据自己的意愿选择课程进行学习，推进课程的学习进度。

3. 多样性

多样性是慕课区别于传统教育模式的一个很显著的特点，也是自主性的自然结果。不同的学习者，其特点和背景千差万别，因此具有不同的学习偏好。为了满足不同学习者的学习偏好，慕课平台承载了不同的课程资源，具体表现为教学者、语言、教学方法、教学手段、教学内容、教学深度等，甚至慕课平台技术方面的教学环境等。多样性使学习者的个性化教育和学习偏好得到满足，进一步吸引学习者选择慕课平台。

4.交互性

教学互动作为一种教学展开方式，是在特定的空间里，教师和学生作为独立的个体，通过在"教"和"学"的过程中互相推动、互相影响，逐渐了解对方的思想、感情和信息。这种教学方式在教学活动中相当重要，而且运用非常频繁。

二、高校体育教学中引入慕课教学模式的可行性分析

在我国传统高校体育教学的过程中，体育课程是我国学校教育中的重要组成部分。但基于传统教学理念以及应试教育制度，学习专业的运动技术以及传统的体育教育理论，是很多高校体育教学课程的主要目标，这在一定程度上忽略了学生个性的发展以及学生主体意识的建立。很多体育教师在体育教学模式上依然采用传统的教师示范讲解，学生模仿练习，然后纠正错误，再重复练习这样的机械式的教学方法，导致很多学生对于体育学习逐渐失去了兴趣。

将慕课教学模式引入高校体育教学中，在一定程度上能够改善传统体育教育模式的弊端。合理地将慕课教学模式与传统的体育教学模式进行有效结合，可以帮助体育教师制作优秀的体育教学课件，并从中进行详细的技术分析，然后让学生通过观看视频，对体育知识进行多角度的分析和研究，体育教师再及时给予正确的引导，从而可以有效提高学生的学习效果，调动学生学习的积极性。

三、高校体育课程慕课教学模式设计的基本原则

（一）利用多媒体呈现教材内容

利用多媒体呈现教材内容，能够把枯燥、乏味、抽象、难以理解的教材知识转化成动态的视频动画，能够为大学生带来更为形象、直观的体会，有助于推动体育教育活动的顺利实行。一般情况下，将许多微课一同创建成完整具体的慕课形式，并且每一堂微课中所相关的教育内容均可根据教育大纲提出的要求制定，但是为了强化教学课件的有趣性与丰富性，可把体育教材中的相关内容利用多媒体的形式进行呈现与教授，此种数字化、信息化的教学方式能够加大课堂学习体育知识的趣味性，亦可把与体育知识点有关的比赛视频与训练视频引进到课堂学习中，利用慢放、重复放与回放等多种方式，对体育运动技术难点进行细讲和精讲，从而使大学生能够更好地认识并掌握体育运动技能。与此同时，利用慕课中所具有的点评测试系统，能对大学生掌握运动技能的总体状况进行评判，再利用多媒体现代科学技术进行全面输出，进而充分发挥慕课身为辅助教育形式的优势和作用，提升体育课堂教学成效与教学质量。

（二）合理选取运动技能要点和知识点

体育运动技能的选取是对高校大学生学习成效与学习质量形成影响的主要因素，根据教育大纲所提出的要求与体育教育的现实状况，根据不同的体育技能点实行排序，并且不用严格遵守专业竞技体育所具有的训练形式实行排序。与此同时，慕课的制作也需要全面考虑到大学生的学习兴趣，给予大学生独立学习探究的空间，进行灵活合理的设计，才可充分激发

大学生学习体育知识的自主性和兴趣，从而获得最佳的学习成效。因此，体育教师需要对体育课程中所有的体育技能点具备综合认识与掌握，深入了解大学生的学习思维及学习习惯，从而在慕课制作过程中更好地掌握教育难度和对学生进行正确引导，协助其迅速寻找到符合自身需求的学习方式，推动教学质量长效、大幅度提高。例如，在篮球教育教学中，诸多女同学对于篮球缺少相应的认知，只有极少的学生接触过篮球并且参加过相关篮球训练，但是传统的篮球课程教育一般是从最基础的运球与传球等体育技能开始教授，学生需要多次进行练习，难以对学习成效做出最正确、最客观的评判，进而会大大影响学生的学习兴趣。利用慕课教学模式，能够对篮球正面投篮及运球的课程进行学习，在这一训练进程中，学生能够在不知不觉中培育出运球以及投篮的灵活手感，并且和其他学生协作练习，加强体育练习的有趣性，有助于充分激发学生学习体育运动的自主性和积极性。

四、高校体育教学中应用慕课教学模式的有效策略

（一）扩大教学平台，增加互动性

在高校体育教学的过程中，应用慕课教学模式的前提条件是，要利用互联网为学生打造相应的慕课体育教学平台，给学生提供一个更广阔的学习媒介，让学生通过这个媒介与体育教师和同学之间有更多的机会进行学习经验的交流和互动，从而提高教师与学生之间、学生与学生之间的互动性。因此，相关的教育机构以及教育者要充分利用互联网和先进的信息技术，从学生的实际情况出发，与学生现有的移动通信终端设备相结合，从而构建完善的慕课学习交流平台，让学生无论是在家、学校或者是其他地方，都能够快速进入学习平台，寻找自己所需要的学习资料以及相关知识，为学生提供更多的学习资源以及更广泛的学习平台。学校应该定期在慕课平台上上传与体育知识相关的微课、视频、音频等，并建立相关的网络链接，以便于学生能够利用自己的移动通信终端设备及时接收到最新的学习知识，从而提高自身的学习效率，提高学生的学习能力和解决实际问题的能力，进而有效提升高校体育教学效果。

（二）帮助课前预习，完善课后评价

我国传统的高校体育教学中，一般体育课课程时间为 45 分钟，而在这 45 分钟里，给学生课前准备以及课后辅导等提供的机会很少。体育教师不仅要注重体育专业知识的教导，还要注重学生心理的发展以及体育专业技能的培养等。而慕课教学模式可以有效地解决传统教学模式在这一方面的问题，慕课可以帮助学生根据所要学习的体育课程进行预习，从而让学生在体育课堂上能够快速进入教学氛围内，以更好的状态进行体育知识的学习，为课堂教学提供良好的基础。慕课不仅可以帮助学生做好体育课程的准备，还可以提高学生自主学习的能力，养成良好的学习习惯。

在体育课程后，体育教师可以通过慕课对学生进行在线的辅导和拓展，了解学生在体育课程中所没有解决的问题及心理诉求，让体育教师与学生之间及时地对问题进行分析和探讨，并及时解决。体育教师通过慕课教学模式及时了解学生对体育知识的学习进度以及对体育专业技能的锻炼和发展的情况，并及时帮助学生解决学习上遇到的阻碍，同时给予科学合理的评价。课前预习、课后辅导，这样的教学模式不仅可以有效地让体育教师对所授班级学生的实际情况进行考察，还能够及时地了解学生在上课后的身心发展动态，进而有效提高学

生的学习效果。

综上所述，慕课作为一种全新的教学模式，充分体现了互联网技术与传统教学模式相结合的优势。慕课丰富了教学内容、教学方法以及给学生提供了更广阔的学习平台，更加多样的互动交流途径。因此，要充分重视对慕课教学模式的有效应用，将其科学合理地运用到高校体育的教学过程中，并不断地进行优化和创新，从而提高我国高校体育教学的效果，让学生在体育学习的过程中得到更好的发展。

第五节　高校体育教学中微课教学模式的应用

一、微课概述

（一）微课概念界定

本书对微课的定义是：在信息技术快速发展的今天和教学改革的要求下，将教学内容中的一个知识点或重难点，制作成 10 分钟左右的视频，来辅助教师教学的一种教学方法。

（二）微课的组成

"微课"的核心组成内容是课堂教学视频（课例片段），还包含与该教学主题相关的配套课件、学习基础（延伸）资料或建议（外链）、学（教）案等要素，它们以一定的组织关系和呈现方式共同"营造"了一个半结构化、主题式的资源单元应用"小环境"。因此，"微课"既有别于传统单一资源类型的教学课例、教学课件、教学设计、教学反思等教学资源，又是在其基础上继承和发展起来的一种新型教学资源。

配套课件是配合微课主体的说明与补充，以备学习者的学习与教师的教学之需。学习基础资源是支撑微课主体的基础资源，方便学习者寻找学习的基础与支撑点。

学习基础延伸资源是微课学习的后续发展指向或进阶学习资源或路径，方便学习者持续学习。

学（教）案则是为学习者提供知识或技能的思维可视化学习路径，或者是提供给教师的教学思维、智慧的可视化路径。

（三）微课的特点

1. 教学时间较短

教学视频是微课的核心组成内容。根据学生的认知特点和学习规律，"微课"的时长一般为 5～8 分钟，最长不宜超过 10 分钟。因此，相对于传统的 40 或 45 分钟的一节课的教学课例来说，"微课"可以称为"课例片段"或"微课例"。

2. 教学内容较少

相对于较宽泛的传统课堂，微课的问题聚集，主题突出，更适合教师的需要：微课主要是为了突出课堂教学中某个学科知识点（如教学中重点、难点、疑点内容）的教学，或是反映课堂中某个教学环节、教学主题的教与学活动，相对于传统一节课要完成的复杂的教学内容，微课的内容更加精简。因此，又可以称为"微课堂"。

3.资源容量较小

从大小上来说，微课视频及配套辅助资源的总容量一般几十兆，视频格式须是支持网络在线播放的流媒体格式，既便于师生流畅地在线观摩课例，查看教案、课件等辅助资源，也可灵活方便地将其下载保存到终端设备（如笔记本电脑、手机等）上实现移动学习、泛在学习，非常适合教师的观摩学习、评课、反思和研究。

4.资源组成、结构、构成情境化，使用方便

微课选取的教学内容一般要求主题突出、指向明确、相对完整。它以教学视频片段为主线"统整"教学设计（包括教案或学案）、课堂教学时使用到的多媒体素材和课件、教师课后的教学反思、学生的反馈意见及学科专家的文字点评等相关教学资源，构成了一个主题鲜明、类型多样、结构紧凑的"主题单元资源包"，营造了一个真实的微教学资源环境。这使得微课资源具有视频教学案例的特征。广大教师和学生在这种真实的、具体的、典型案例化的教学情境下易于实现"隐性知识""默会知识"等高阶思维能力的提高并实现教学观念、技能、风格的迁移，从而迅速提升教师的课堂教学水平、促进教师的成长，提高学生学业水平。就学校教育而言，微课不仅成为教师和学生的重要教育资源，也构成了学校教育教学模式改革的基础。

5.主题突出、内容具体

一堂微课就一个主题，或者说一堂微课一件事，研究的问题来源于教育教学具体实践中的具体问题，或是生活思考，或是教学反思，或是难点突破，或是重点强调，或是学习策略、教学方法、教育教学观点等。

6.成果简化、多样传播

微课因为内容具体、主题突出，所以研究内容容易表达、研究成果容易转化；因为课程容量微小、用时简短，所以传播形式多样（网上视频、手机传播、微博讨论）。

7.反馈及时、针对性强

由于能在较短的时间内集中开展"无生上课"活动，所以参加者能及时听到他人对自己教学行为的评价，获得反馈信息。较之常态的听课、评课活动，"现炒现卖"，具有即时性。由于是课前的组内"预演"，人人参与，互相学习，互相帮助，共同提高，在一定程度上减轻了教师的心理压力，不会担心教学的"失败"，不会顾虑评价的"得罪人"，较之常态化的评课就会更加客观。

微课的第一服务对象是学习者，第二服务对象是教师，第三服务对象是家长或广大市民。对于教师而言，最关键的是要从学生的角度去制作微课，而不是从教师的角度去制作，要体现以学生为主的思想性、思考性的教学内容。

二、微课在高校体育教学中应用的可行性

（一）微课教学时间较短，有利于学生反复学习技术要点

将微课应用于高校体育教学中，需要体育教师结合高校学生的整体学习状况及不同院系学生之间的群体差异，有针对性地录制一些较为精短的教学视频。在录制视频时，教师可针对学生在练习中反馈的问题及教学难点，全方位地向学生展示一些关键动作，并让学生通过

反复观看，逐渐熟悉技术动作、掌握要领。针对当前高校体育课程设置不合理、课时较少的问题，学生难以在限定的时间内完全掌握课堂教学内容，那么他们就可以在课余休息时间观看完整的教学视频。

（二）有助于明确体育教学内容，因材施教

在体育微课教学中，所选取的教学内容主要是课堂教学中涉及的一些难点、疑点，通过微课能有效增强体育教学的针对性。同时，利用微课不仅可为体育课堂教学的有效开展做好前期导入工作，便于课堂教学的顺利实施，还可针对体育课堂教学内容进行合理拓展延伸，以充实体育教学的内容，突出体育课堂教学的主题，确保教学内容的完整、全面。

高校体育教师在微课教学内容设计上，可根据教学要求及学生发展需求来进行微课知识结构的组合，让教学层次顺序变得更为合理，将教学目标更好地融入体育教学中去。

此外，微课教学充分运用了视频、声效、图片等多种方式，让教学内容变得更为生动、有趣，有效避免了以往体育教学中极易出现的沉闷、枯燥氛围，为学生提供了多种感官体验，让学生形成了对体育教学知识更深刻的印象。

（三）提高学生兴趣，激发积极性和自觉性

大学生正处于自我个性张扬、寻求新突破的阶段，敢于尝试新的事物。而微课作为一种新的教学方式，在高校体育教学中的应用，能有效吸引大学生的注意力，能通过微平台便捷、多元化的互动交流方式，更好地调动大学生的学习积极性与主动性。在体育微课教学中，教学的主要载体是教学视频，教师围绕教学视频片段，进行教学素材的选择、教学内容的设计及教学课件的制作，并在此基础上组织教学测试、教学点评、教学反思，师生互动交流，构成一个结构紧凑、内容充实、类型丰富的体育教学主题单元资源包，为大学生营造出具有增强感官体验的情境化体育项目的教学资源环境。

此外，通过微课还可借助网络平台合理设置一些有趣的互动环节，增进体育教师与学生之间的情感交流。帮助师生之间更好地进行学习交流，让学生没有负担地向教师提出自身学习中的疑问。而体育教师则可通过互动及时了解与掌握学生的体育项目练习状况，并有针对性地调整教学内容，改善教学方式，进而提升体育教学质量，促进体育教与学之间良性循环模式的形成。因此，微课在高校体育教学中的应用存在较高的实用价值。

三、高校体育教学中微课教学模式的应用策略

（一）精心解读文本，科学整合教学内容

高校体育教学涉及众多内容，教学任务重、课时紧。但并不是所有学习内容都适合微课教学。因此，教师要认真、全面研读教材，把教材真正读透，在此基础上对教材进行合理整合，将教材内容转化为一个个有机联系的项目。

以足球基本技术教学为例，教学内容可以整合为基本特点、基本技术、基本战术、基本规则四个项目，而每个项目模块包含三个层次：基础篇、提高篇、拓展应用篇。基础篇：运球（脚内侧、正脚背、外脚背）、运球过人、踢球（脚内侧、正脚背）、脚内侧接球、掷界外球、守门员接球。提高篇：无球技术、大腿接球和胸部接球、头顶球、抢

球技术的综合运用、守门员发球。拓展应用篇：组织以阳光健身、快乐足球为主题的班级五人制足球对抗赛。显然，这种知识的整合为微课的制作厘清了方向，确保了微课制作的质量。而学生在学习中也可以根据自身的学习情况进行选择，从而满足了差异化的教学需求。

（二）准确把握微课的设计要点，确保微课质量

1. 凸显课程属性

对许多体育教师来说，微课是一个全新的领域。许多体育教师在制作微课时往往机械照搬其他课程模式，缺乏体育课程特质，从而影响微课教育教学质量。因此，体育教师在制作微课时要遵循"健康第一"的指导思想，把传授知识、技能与促进学生养成终身体育意识和习惯、形成健康人格结合起来，凸显体育课程属性，提升学生未来的生活、生命品质。

2. 简短有趣

微课时长标准不一，但对于体育学科来说能短则短，尽量不要超过5分钟，这样才不会让学生觉得视频冗长，给学生课余学习造成压力。学习兴趣是触发学习动机的主因，所以体育教师在制作微课时还要注意设计的趣味性，以吸引学生点击并反复观看学习。

3. 创新性

学生往往思想活跃，喜欢接触、学习新鲜时尚的事物。因此，体育教师在制作微课时，一方面，要注意内容素材的时代性、生活性，贴近学生生活并时时更新，切忌一个微课用几年；另一方面，对画面、呈现形式等力求创新，如采用故事形式讲述动作分解。

4. 系统性

体育课程教学内容多且繁杂。制作的微课容易碎片化，不利于学生知识网络构建和知识内化。因此，体育教师在制作微课时要注意教材主线的勾勒，按照一定的内在联系进行排列和组合，形成某一类知识点的微课"单元"。

5. 实用性

体育课程以技能教学内容为主。因此，课程教学微课要实用易学、通俗易懂，同时能抓住技能的核心要素，突出重点，让学生容易做到自我检测。

（三）团队紧密协作，推进微课制作

微课不等同于简单的微视频，其本质上是一种浓缩的微课堂教学。而体育课程知识点多，可供借鉴的资源、经验少，为此，学校体育教研组全体教师要分工协作、群策群力，充分利用手机、摄像机等摄制工具，针对基础、提高、拓展中的知识点制作微课视频。为确保规范和质量，在制作之前，教研组应采用集体备课的方式。对每个知识点进行精细剖析和解构，明晰微课的教学思想、课程设计思路和教学特色，确保内容的制作符合学生心理发展的特点。视频应确保图像稳定、构图合理、镜头运用恰当、录制声音清晰。

（四）充分整合信息资源，做好网络平台建设

微课是信息技术的产物，主要供学生课后自主学习之用，因此其信息网络平台建设至关重要。具体可从以下三个方面入手：一是充分利用物质条件优势，积极建设班级学生微信

群、QQ 群、微信公众平台、班级博客；二是充分利用学校信息化建设成果，如覆盖校园的无线网络信号，功能强大的网络教学平台；三是积极实施基于信息技术的教学改革。这些网络信息平台为体育微课学习奠定了良好的基础，学生可以在课余时间或者琐碎时间利用手机或电脑进行自主学习，而教师则通过参与学生学习讨论等途径了解、指导学生新知识的学习。

第七章　高校体育教学环境改革

第一节　高校体育教学环境概述

一、高校体育教学环境的意义

环境是人类生存的最基本条件，人必须在环境中生存，没有适合人类生活的自然环境与社会环境，也就无从谈及人的生存与发展。体育运动是在特定的自然环境下进行的，创造和改善适宜的体育环境，将有助于促进体育运动者的兴趣和身心健康发展。良好的体育环境能够促使学生自觉地、积极地、科学地参加体育运动，有利于学生身体正常生长发育，促进学生体格、体能以及身体素质的不断提高，增加学生对自然环境的适应能力和对疾病的抵抗能力，培养学生运动的兴趣及顽强的意志品质。正常的教学活动离不开一定的教学环境，教学环境的好坏对于教学活动能否顺利开展以及教学质量的高低具有直接的影响。体育教学是在特定的环境下进行的活动，科学合理的教学环境是教学任务完成的基础保证，是体育教学工作能否顺利进行的关键因素之一。

二、高校体育教学环境的特点

（一）身体活动与认识活动相统一

在高校体育教学的过程中，既有身体活动，又有心理活动和认识活动，还能够使学生的身心得到全面发展。这种身心一元、身心统一的实践过程，是体育教学区别于其他学科的特点之一。

（二）户外实施教学

高校体育教学多在室外进行，阳光充足、空气新鲜，许多自然条件本身可以作为锻炼人体的因素，从而更好地提高健康水平，有效地增强体质。

（三）教学组织形式变化多样

高校体育教学是在活动中进行的，其与学生的身心发展水平有着直接的关系。此外，它还受环境的干扰、场地设施等诸多因素的制约，由此决定了体育教学组织的复杂性和组织形式的多样性。

（四）培养意志品质完善自我

在高校体育教学中，通过竞赛可以培养学生所必需的竞争精神；通过规则的学习和运用，可以培养学生诚实、守纪律的品质；通过在运动中克服自身生理负荷和器械、环境、自然条件等带来的困难，可以培养学生吃苦耐劳、勇于拼搏的意志品质。同时，体育活动具有交往多样性的特征，这可以加强人际交往，提高学生的社会交往能力。体育教学内容丰富、形式多样，使得学生的思想和言行在体育教学过程中表现无遗，有利于培养学生的思想品格。可见，高校体育实践活动既可以使学生的身体得到全面、积极的锻炼，又可以使学生在思想、道德、意志、情感、社会交往等方面受到教育。这是体育教学区别于其他学科以智力培养为主的主要特点。

（五）受客观条件的制约性大

体育教学区别于其他学科教学的另一特点是，它会受到多方面客观实际情况的制约。从教学对象来看，在体育教学的过程中不仅在运动基础程度上要注意区别对待，而且必须体现出对学生的年龄、性别、生理和心理特点以及体质强弱等实际情况的区别对待。例如，由于身体发展的性别差异大于智力发展的性别差异，男女生在身体发育的不同时期，在身体形态、机能水平、运动素质、运动功能等方面具有明显的差异，而且男女生在运动中的心理状态也有很大的不同。因此，在教学设计、教材选择、教学组织等方面就要考虑到男女生的性别差异。如果忽视了这些特点，盲目地进行教学，不仅达不到增强体质的教学效果，还有可能损害身体健康。体育教学对客观气候条件和场地、器材设备条件的要求也较高。高校的体育实践课大多是在室外进行的，受气候变化的影响较大，气候突变会给体育教学带来不便。因此，高校体育教学应根据这些客观实际，从学年的教学计划到具体课时计划的教材内容和教学组织方法，都必须考虑季节气候特点进行教学，同时要利用严寒、酷暑等条件培养青少年学生适应环境条件，增强耐寒抗暑的能力。此外，在体育场地、器材设备上，要因地制宜、因陋就简地创造必要的条件上好每一节体育课。

三、高校体育教学环境的构成要素

任何体育教学活动都是在特定的体育教学环境中进行的。体育教学环境是多个因素的构成体，这里将体育教学环境分为物质环境、制度环境和心理环境三个层次来概述。

（一）体育教学的物质环境

体育教学的物质环境是体育教学环境的一个重要组成部分，是学校进行体育教学活动的物质载体或物质基础。体育教学的物质环境是体育教学中各种有形的、静态的硬环境部分。体育教学物质环境的主要内容如下。

1. 校园自然环境

体育自然环境是指与体育这一主体相互联系、相互制约、相互作用的一切自然条件，如山川、河流、大气、土地、噪声、生物等。这里所讲的体育自然环境，并非广阔无垠的自然界，而仅指与体育这一主体产生相关性的自然环境因素。因此，体育自然环境的分类与环境科学中的自然环境的分类方法也有所不同。

体育教学通常在户外环境中进行，户外的阳光、温度、湿度、气味、空气流动、风、降水、声音等构成了体育教学的自然环境。体育教学的自然环境在我国南北方的差异较大，南方多雨、潮湿，植被茂盛；北方少雨、干旱，风沙大，都对体育教学产生了很大的影响。因此，经济条件好的学校应多建室内场馆设施，经济条件差的学校应尽量克服不利的自然条件，因地制宜地开展体育教学。

2. 体育场地

体育教学与其他学科的教学相较，具有一定的特殊性，不仅需要教室进行体育理论课的学习，还需要场地组织学生进行身体练习。其中，我们常见的有田径场、篮球场、足球场、排球场和游泳池等。经济条件好的学校还建设了风雨操场、篮排球馆、游泳馆等；经济条件差的农村中小学的运动场地仅有1~2块篮球场地，甚至于只用一块平整的空旷场地就构成了体育教学场地。

运动场地的地表材料、颜色以及清洁度是构成体育教学场地的第一重要因素。优质、色彩鲜艳和整洁的体育场地不仅会极大地激发学生的运动兴趣，还可以给予学生安全感，甚至可以自然地提高学生的运动强度。此外，场地上清晰和规范的场地线还有利于学生遵守规则。

3. 场地周边物体

运动场地周边的景物色调以及与体育场地的协调感是构成体育教学物质环境的重要因素。漂亮和谐的校舍、树木、草坪、体育围网、栏杆以及可以看到的其他景色会使学生感到安逸和安全，调动学生的学习积极性，消除恐惧感和疲劳感。春夏季节里，足够的树荫还可以使学生感到清凉。

4. 体育设施

体育场地里和周围设置的体育设施的质量、多少、颜色以及清洁度是构成体育教学物质环境的重要因素。排列合理美观、数量适当、色彩鲜艳和整洁的体育设施会对学生的运动产生感召力，形成浓厚的运动氛围，在体育设施周围设置的提醒标志以及对运动方法的解说还能帮助学生进行安全合理的体育锻炼。

5. 体育器具

体育器具的材料、形状、颜色、清洁度、完好度和新旧程度是构成体育教学物质环境的动感性因素。材料优质、形状合理新奇、色彩鲜艳和完好的体育场地会极大地激发学生的运动兴趣，可以潜移默化地提高运动的强度，同时给予学生运动的安全感。

6. 体育教具

体育教具是指体育教师带到体育课堂上的挂图、模型、黑板、多媒体设备等教学工具。这些教具的质量和科技含量构成了体育教学环境的文化性因素。加工精美并蕴含知识的教具会提高体育教学的文化氛围，提高体育教学的学术性色彩，激发学生的提问意识和思考主动性，有利于学生的探究性学习和创新性学习。

7. 班级规模

班级规模是指一个班学生人数的多少，它对体育教学效果有较大的影响。体育教学不同于室内理论教学，学生多数时间并不是坐在教室内学习。体育教学需要学生具有一定的活动空间，班级规模大必然会产生教师管理困难、冲撞伤害事故增加、人均占有场地器材率低、学习效率不高等问题。因此，体育课的班级人数规模应适度，一般保持在20~40人为宜，但目前国内很多中小学班级人数规模都在50~80人，这种矛盾在短时间内确实无法解决，可以通过加大场地设施建设和分组教学的形式加以缓解。

8. 运动服装

教师和学生的运动服装也是构成体育教学物质环境的重要因素。优质、色彩鲜艳、合身和整齐划一的运动服装会使学生感到与集体的统一性，还会增强学生的自信；符合运动特点的服装能增强运动强度和运动的安全性；体育教师的良好穿着更是潜移默化的教育因素。

(二) 体育教学的制度环境

制度环境是指一系列与政治、经济和文化有关的法律、法规和习俗，有广义与狭义之分。广义的制度包括体制、机制、律法、规章条例、行为规范、习俗等，狭义的制度主要是指规章条例。体育教学的制度环境是形成好的教学效果的制度保证，有些是以文字形式说明的规章制度，有些是在师生头脑中形成的口头的共同约定。体育教学的制度环境通常包括课堂常规、行为规范等部分。

1. 体育课堂常规

体育课是必修课，教学常规是为了保证体育教学工作的正常进行，要求师生共同实施，以使得教学有序有效。体育课堂常规是在体育教学中为了完成课程的教学任务对体育教师和学生所提出的共同要求，如上课时体育教师和学生都应该穿运动服和运动鞋，课程开始时师生之间相互问好，课程结束时师生之间相互道别等。这些表面上看起来微不足道的小细节，其实隐含着巨大的教育作用，对师生的课堂行为具有极强的规范和约束作用。特别是如果体育教师能长期坚持不懈地贯彻课堂常规并能以身作则，将对学生的体育态度、体育行为乃至思想品德产生不可估量的影响。

2. 行为规范

行为规范是教师和学生在扮演个人角色时的行为准则。对每个个体行为规范的明确规定也是体育教学制度环境中不可缺少的因素。文明、友善和具有集体性的个人行为可以使集体形成良好的风气，能使个别不良的行为受到约束和批评，能提高教学质量并使教学的氛围富有教育意义。

3. 组织纪律

组织纪律是维护集体活动有效率地进行、维系正常人际关系及构成体育教学制度环境的重要因素。合理而适度的规定能使集体活动富有效率，能使集体具有良好的风气，能使不良的行为受到约束和批评，能提高教学质量。

4. 运动规则

运动规则是体育教学中特有的制度，是体育教学制度环境中鲜明的特征性因素。合理的运动规则可使体育比赛具有公平性，使体育学习和竞赛充满乐趣。制订一些特殊的规则还可以照顾学生的个体差异，使每个学生不会因不可抗拒的先天身体条件而被排除在竞争与合作之外，合理的运动规则还能提高教学质量，并使教学氛围富有教育意义。

5. 作息制度

一个学校的作息制度，大致规定了学生每天在学校的各种活动内容、时间顺序等。体育教学的时间安排也是由其所决定的，作息制度的安排应该充分考虑学生一天内生理、心理活动变化的基本规律，因为学生的生理、心理活动能力在一天每个时段的表现是不同的。研究表明，人体运动能力最佳的时间是下午，因此，体育课安排在下午是比较合理的。当然，这还要考虑到各个学校具体的实际情况。

6. 体育成绩评价方法

体育课成绩评价包括了评价指标、评价指标权重和评价标准等三个方面，它是对学生体育学业成绩的一种衡量。体育成绩的评价方法对体育教师的教和学生的学都有一定的导向和激励作用。评价方法运用得恰当，可以调动学生学习的积极性，并能使体育教师及时获得学生学习的有关反馈信息，为体育教师改进教学提供依据。

（三）体育教学的心理环境

体育教学过程中，教师、教材、学生、教学手段等因素之间存在着紧密的联系，它们之间既有物质的联系，又有心理的相互作用，这种心理的相互作用就构成了一定的体育教学心理环境。良好的体育教学心理环境对体育教学活动有重要的影响。首先，它有利于沟通体育教学信息，交流思想，促进教师与学生、学生与学生之间产生心理相容和情感交流。其次，它有利于克服和消除学生的生理和心理疲劳，提高体育教学效果。最后，它还有助于维护正常的体育教学秩序，使学生和教师顺利地完成体育教学任务。

1. 校风、班风

校风是一所学校所特有的并占主导地位的行为习惯和群体风尚，体现为一种独特的心理环境，它是稳定且具有导向性的。校风是一种无形的环境因素，也是一种巨大的教育力量，一所学校的学风、教风、体育教学的开展情况无不与校风有关。校风是以心理气氛的形式出现的，这种心理气氛一旦成为影响整个群体生活的规范力量，它就是一种具有心理制约作用的行为风尚，并依靠群体规范、舆论、内聚力来发挥作用。

班风即一个班级的风气，是由班级成员共同营造的一种集体氛围。班风反映了班级成员的整体精神风貌与个性特点，体现出班级的内在品格与外部形象，引领着班级的未来发展方向，对班级建设具有重要的导向作用。班风是经过长期、细致的教育和严格的训练，在全班逐步形成的一种行为风气。良好的班风将为班级学生的成长、发展提供一种有效的动力和压力，使班级里具有亲切、和睦和互相帮助的关系和勤奋进取、文明礼貌的氛围以及遵守班集体行为规范和维护集体荣誉的精神状态。

2. 学校的传统与风气

学校体育传统与风气是校风的有机组成部分，它指一个学校在体育方面养成的带有普遍性和相对稳定的一种集体行为风尚。良好的学校体育传统与风气，会对学生产生潜移默化的影响，对帮助学生形成正确的体育态度、兴趣、爱好，养成良好的体育锻炼习惯，以及提高学生的体育文化素养等都有着非常重要的作用。

3. 体育课堂教学气氛

课堂教学气氛指班级集体在课堂教学过程中形成的一种情绪、情感状态，包括师生的心境、态度、情绪活动以及课堂秩序等。支持型氛围就是在体育教学中教师和学生，学生与学生之间形成和谐、民主、平等的关系，这样学生就会产生满足、愉快、合作、互动和互助等积极的情感状态；而防御型氛围则表现为体育教师有绝对的权威，形成"家长制"的教学气氛，师生之间的关系既紧张又对立，加上同学之间的不和睦，从而极大地阻碍了教师与学生之间的交流。因此，在教学的过程中，体育教师与学生之间应保持平等、互助的关系，体育教师是教学与认知的促进者，而不应以管理者自居。

4. 体育教学中的人际关系

师生关系是构成体育教学集体心理的第一重要因素，平等温暖和尊师爱生的师生关系会极大地激发学生的学习愿望，教师的知识储备和人格魅力也会使学生喜爱体育课，增加学习动力。同时，良好的师生关系会使学生更积极地进行探究性和创新性学习，还会给予学生安全感。

教学中的人际关系还包括学生与学生之间的关系，这种关系也在很大程度上影响着学生个体的发展，良好的同学之间的关系有助于学生个体自由地、快活地、自信地学习与活动；而不良的人际关系则会使学生个体防御心理加重，随之出现忧虑、焦躁等不良情绪，而教师在其中所起的调节作用也是很重要的。因此，师生共同创建健康、和谐、融洽、信任的心理环境，将为学生积极情感的形成和发展提供良好的基础和背景，从而促进学生的和谐发展。

第二节　高校体育教学环境对体育教学的影响

一、体育教学硬件环境对体育教学的影响

（一）体育教学班级规模对体育教学的影响

学术界关于班级规模对教学能否产生影响的研究从没有终止过。在对班级规模进行研究的早期，体育教师、家长、教学行政管理者从各自的立场出发得出不一致的结论，概括起来有"无影响或影响不大""有影响"两种结论。

环境心理学家认为每个人都有一个个人的活动空间，人与人之间都保持着一定的距离。当这种距离不适合时，人们的行为要随之发生一系列变化。

（二）体育教学设施对体育教学的影响

体育教学设施是构成高校体育教学硬件环境的主要物化因素，是体育教学活动进行的物质基础。它具体包括体育馆、田径场、球类场地、游泳池、图书资料、体育器材等。

体育教学设备、设施是体育教学活动赖以进行的物质环境，且对体育教学产生一定的影响。一个学校的物质环境不仅能够影响体育教师和学生的行为，还能影响他们对教与学的态度。安利明确说明了体育教学设备、设施等物质环境对体育教学的影响。

作为高校体育教学硬件环境的重要组成部分，体育教学设施通过自身完善程度制约着体育教学活动的内容和水平以及体育教学的设计与安排等，并能够通过自身的外部特征影响体育教师和学生的行为。因此，以满足体育教学需要为目的，设置、安排符合教学规律，符合学生身心发展规律的体育教学设施，可以有力地推动体育教学的展开。

（三）体育图书、期刊、教材对体育教学的影响

体育图书、期刊、教材是学生获得体育学科知识，并将学到的知识转化为体育技能的工具。通过对体育图书、期刊的阅读，体育教师、学生可以了解体育学科发展的趋势、现状、体育教学研究的热点问题、体育教学的前沿性知识，体育教材是体育教师上课的依据，也是学生上课借助的工具，体育教师可以根据教材选择学生喜欢的教学内容，进而影响其选择教学方法、手段等一系列的教学行为，而体育教师的教学行为及对体育学科知识传授的过程，又进一步影响学生的学习行为。因此，从某程度上说体育教材影响着体育教学的质量。体育教材、体育图书、体育期刊对学生而言，是学生提升自己起点能力的必备条件，学生通过对其的研究，可以提升自己的起点能力，提高学习的态度、信心等，进而影响学生的学习行为，影响体育教师的教学行为，最终影响体育教学的质量。因此，我们可以说，体育图书、

体育期刊及教材是体育教师和学生的食粮，可以直接或间接影响体育教学的质量。

（四）师生比对体育教学环境的影响

师生比，即体育教师与学生之间的比例，合理的师生比可以有效地促进体育教学。师生比是本科教学评估的重要指标，表明师生比例对体育教学的重要影响，国家以及学校已经开始关注体育教学中的师生比对体育教学的影响。体育学科的特点决定了体育教师的教学行为。与其他学科的教师相比，体育教学对体育教师提出了更多的要求。体育教学是一个开放的系统，每一个学生都是体育教学中活跃的因子，在体育教学中能够实现学生之间、体育教师与学生之间的亲密联系。因此，体育教师要具备良好的管理能力，以保证正常的教学需要。当体育教学活动已经超出体育教师的管理和控制能力的时候，就会对体育教学产生负面影响。因此，合理的师生比是体育教学顺利进行的基础。

二、体育教学软件环境对体育教学的影响

（一）体育教师对体育教学产生的影响

体育教师是体育教学系统要素之一，是体育教学活动的要素之一，也是体育教学软件环境的要素之一。从体育教学环境的定义看，体育教师是学生的他人环境，属于体育教学软件环境的范畴。体育教师是体育中不可或缺的因素，其自身的性格、教学态度、风格等能直接影响体育教学。而根据"教学对"理论，我们知道教师的教与学生的学共生共存，体育教学中教师教的行为会无时无刻地影响学生的学习，进而影响体育教学的成效。因此，我们可以说体育教师对体育教学产生直接或间接的影响。同时，体育教师是体育教学活动的主体之一，本身具有主观能动性，体育教师能通过自己行为的改变，影响体育教学软件环境的建设，而教学软件环境对体育教学产生着潜移默化的影响。因此，教师的力量是伟大的，不仅能影响学生的学习，影响体育教学环境的建设，还能影响体育教学。

（二）学生对体育教学产生的影响

学生是体育教学的主体。所有的体育课程都是为学生设置的，学生的学习结果则能反映体育教学的效果。而学生自身的发展以及学生的学习表现是影响学生学习成绩的重要因素，因此，学生会对体育教学产生一定的影响。

（三）体育传统与风气对体育教学的影响

体育传统与风气是校风的有机组成部分，是一个学校在体育方面养成并流行的一种集体行为风尚。它一旦形成便具有了普遍性、重复性、相对稳定性的特点。大量的高校体育教学实践证明，优良的校风或班风，不仅会对良好集体心理气氛的形成产生巨大的推力，而且有利于激发学生的学习动机。良好的学校体育传统与风气是激发体育教师形成良好的体育态度、兴趣，养成良好的体育锻炼和学习习惯，以及提高体育教师、学生的体育文化素养等的催化剂。因此，良好的体育传统与风气会对体育教师、学生乃至体育教学产生潜移默化的影响。从以上的体育教学实践、学者们的观点不难看出，高校体育传统与风气对学校集体、学生个体产生的积极作用，也体现出其对体育教学产生的重要影响。

（四）课堂教学气氛对体育教学的影响

体育课堂教学气氛的形成是一个长期的过程，是班集体反映出来的一种情绪或情感状态。它能充分地反映出体育教学中体育教师的教学表现以及学生学习的表现，还能反映出体育教师与学生的关系状态等，即良好的体育教学气氛应该是良好的体育教师表现、学生学习表现以及良好的师生互动等的有机结合。既然课堂教学气氛能促进体育教学成绩的提高，那么良好的体育教学气氛是有效促进体育教学成效提高的关键因素。

积极的体育课堂教学气氛有利于师生关系的培养，能引发、调动学生学习的积极性、自觉性，并且对学生的学习产生积极的影响；能具体地实现师生之间的信息交流与反馈，有利于形成有效的教学行为，即体育教师可以根据教学情境相应地调整教学内容、教学方法、教学策略等，以促进有效体育教学的形成；能促进学生有效学习的形成，提高体育教学的有效性，为取得理想的教学效果打下基础。在具体的教学实践中，体育教师和学生要努力创造一种良好的体育课堂教学气氛，学生能在这种教学气氛下努力学习，体育教师能认真教学，体育教师和学生能感情融洽，具有良好的沟通、良好的师生互动等，进而提高体育课堂教学的有效性。

（五）体育教学中的人际关系对体育教学的影响

教学即交往，体育教学也不例外，体育教学中也存在着交往，只要存在着交往，就会产生人际关系。人际关系由体育教师之间、体育教师与学生之间、学生与学生之间、学生个体与学生群体之间等一系列关系交织而成。而这些人际关系就是体育教学软件环境的关系因素。体育教学中的人际关系是指体育教师和学生在体育教学过程中所形成的各种各样的关系的综合。有学者将高校的体育教学环境关系要素分为三大类，即个体之间的关系、个体与团体之间的关系、团体与团体之间的关系。这三种类型的人际关系是高校体育教学中人际互动的基础，也是体育教学中人际关系的具体反映。体育教学是教与学的双边活动，也是交往的过程，离开了交往，人际关系也就不存在了，而离开了人际关系，体育教学也就不存在了，足以看出交往或人际关系的重要性。人际关系是实现体育教师和学生良好交流的中介，是体育教师与学生在交往中产生的关系，它是直接实现良好体育课堂教学气氛、学生课堂参与程度和积极性的催化剂。因此，它能从一定程度上直接或间接影响体育教学的效果。

（六）体育教学中的信息交流对体育教学的影响

信息论认为，高校体育课堂教学过程是一个信息交流的过程。体育课堂信息的交流直接影响体育教学的成败。体育课堂教学信息主要包括体育知识信息、体育教学状态信息、师生双方交流的中介信息三类，而只有后两类信息属于体育教学软件环境的范畴，我们只介绍后两种。第二类信息是体育教学状态信息。在体育教学实践中，体育教师、学生通过自身在体育教学中的情绪、态度、动机等具体行动给对方信息，而双方经过自己不断的反馈，进行着多次交流。第三类信息是师生双方交流的中介信息。在具体的教学实践过程中，无时无刻不存在着体育教学和学生的体育知识和状态信息的传递和交流，而第三类信息就是促进以上两种信息交流得以进行的中介，能对以上两种信息交流产生保障或者干扰作用。因此，在体育教学中，要处理好后两类信息与第一种信息的关系，才能保证体育教学信息的畅通，保证体育教学的顺利进行。

总之，教学环境对体育教学的影响虽然具有间接性、外在性，但又是巨大的、多方面的。

第三节　高校体育教学环境的优化

体育教学环境是一个多层次的复杂系统，同任何环境一样，它时刻在潜移默化地影响教师的教和学生的学，学生对体育的兴趣、爱好、态度、锻炼习惯、能力以及身心发展水平无不受到体育教学环境的影响。毫无疑问，体育教学环境是影响体育教学质量的重要因素之一，应引起我们的关注。如何优化体育教学环境，是值得研究的一个课题。

一、体育教学物质环境的优化

（一）开发自然环境为体育教学所用

一般来说，不同地区、不同学校在自然环境条件上是有差异的，任何学校在自然环境方面都有自己的特点和优势，充分挖掘和利用自己现有的自然环境优势，最大限度地减少、避免和弥补现有自然环境的不足，才可能推动体育教学环境的整体改观。如山区学校平地面积小，则应建造一些小型多样的运动场地，适当地开展登山、越野等体育运动项目；临海、临湖则可多开展一些水上运动；北方多冰雪，则可多开展水上或冰上运动。

重视体育教学自然环境的改善，还应当有计划地建造风雨操场、室内练习馆，以减少风雨、强烈阳光对体育教学的影响。要提高体育场地的自然环境保护意识，可在户外体育场地旁多种植树木和绿草，因为绿色植物不仅能吸收、过滤有害物质，净化空气、改善空气质量，减少体育场所的大气污染，还能降低噪声污染，起到遮挡阳光、散热及挡风的作用，从而为师生创造一个令人心旷神怡的自然环境。

教师还可以根据自然环境的变化，灵活机动地选择体育教学的内容、方法、组织形式。例如，夏天较热，可降低练习要求及难度，改变运动形式，尽量避开过冷或过热的锻炼环境。注重以人为本，而不是一味要求学生"夏练三伏，冬练三九"，要使学生真正热爱体育，充分享受体育学习。

（二）加大经费投入，完善体育教学设施

体育设施、器械、场地等体育教学硬件环境的完善情况是使得高校体育教学得以顺利实施的重要保障，是造成我国目前高校体育教学环境存在差异性的主要原因。而目前体育教学硬件环境的不完善主要是投入经费不足所引起的。因此，要想完善我国普通高校体育教学硬件环境，改善体育教学参差不齐的现状，首先就要加大体育教学经费的投入。对政府来说，要在坚持区域教育均衡发展的基础上，给予各院校体育教学独立发展的空间，使其能够根据院校本身的实际情况来自由发展本院校的体育教学事业，并在对体育教育经费的分配过程中，努力做到分配主体的均衡、合理、公平。同时，要鼓励院校通过引进外资、校企联合等多种形式来筹措体育教育资金，并给予一定的政策支持。对学校来说，要在各级政府的领导下，不断拓宽体育教学经费的来源，通过实行校企联合、场馆运营等形式来多方筹措体育教学经费，加大对体育设施、场地的建设力度，对陈旧、破损的体育器械进行必要的维修和更新换代。对教师来说，不仅要通过对体育教学设计的优化来提高对现有硬件体育教学环境的

利用率，使现有体育教学硬件元素的功能得以充分发挥，满足日常体育教学需要；还要充分发挥自身的创造力和想象力，通过自制体育器材来改善体育硬件环境不完善的现状。

（三）优化体育教学设施，定期维护、清洁

显而易见，符合教学规律的、符合学生身心发展规律的多种体育教学设施的设置、安排不仅会促进体育教学，使学生的心理、生理产生变化，也是培养学生拥有健康的体魄、健全的人格、养成终身体育锻炼习惯的有力支撑。例如，体育课堂场地器材的布置可以给学生直观的感觉，如果体育场地布置整洁、器材齐备、场地上线条美观清晰、环境井然有序，则可激发学生的学习兴趣而使他们跃跃欲试；但如果运动场地上的排球网、篮球网、羽毛球网破破烂烂，则将大大降低学生心理上对练习的兴趣。再如，在游泳教学中，完善辅助器材、救护器材，不仅能使初学者克服恐惧心理，产生安全感，并较快地掌握游泳技术，还可起到保护学生、加强安全防护的作用。

另外，体育器材长期使用，会出现磨损、老化、螺丝松动、安装不牢固等现象，存在不同程度上的安全隐患，一些运动场地年久失修，地面坑坑洼洼，易发生学生关节扭伤、肌肉韧带拉伤等事故。因此，学校应该优化美化场地设施、器材设备，定期检查、维修、保养体育场地器材设备，同时，教师在课前应对体育器材、场地进行合理布置及严格检查，消除事故隐患，防患于未然。

学校体育场地和设施的维护主要是依靠建立体育场地的使用制度来实现，如不能穿可能损坏场地的鞋进入场地，不能进行可能损坏场地和设施的运动，等等。维护要体现安全性的要求，要最大限度地避免环境对学生身体的伤害和对健康的不利影响，要让所有体育教学的场所和设施都不存在安全隐患，要对其进行经常性的检查和清理，如清理运动场上的砖头、石块，检查运动器械是否松动，等等。

从优化学生健康环境的角度出发，必须认真对待体育设施和器具的卫生问题，如将体育教学设施打扫干净、游泳池经常换水和消毒等。学校体育场地和设施的清洁主要是依靠日常的清洁值班制度，可以让学生在课后进行体育场地和设施的清洁工作，融卫生和教育于一体。另外，便利和充足的清洁工具也是搞好体育场地和设施清洁工作的重要因素。

（四）营造体育场地设施的色调环境

当前我国的学校体育场地的颜色主要以红色的跑道为主要色彩，而最近出现了彩色跑道和彩色场地，因此体育教学场地也有色彩选择的问题。要根据色彩学原理和场地周围景物的色调来设计体育教学场地的颜色，如学体育馆的墙面和体育场地的地面颜色可采用比较温暖的颜色，如柔和的黄色、珊瑚色和桃红色等，因为暖色调可使学生在视觉和情感上的兴趣趋向外界，提高中枢神经的兴奋性，符合学生的心理特点。

二、体育教学制度环境的优化

（一）建立合理明确的教学制度

营造一个良好的体育教学制度环境是取得良好教学效果的保证。在体育课堂如果没有良好的教学制度保障，每个学生都各行其是，课堂就会变得一片混乱，无法进行有效的学习，甚至出现课堂失控的现象。构成体育教学制度环境的各种制度与规定见表7-1。

表 7-1 构成体育教学制度环境的各种制度与规定

制度	规定
师生关系制度	向教师问好以及师生互相问候的用语规定、姿态规定，教师不得体罚学生的规定，教师不得吼骂学生的规定
考勤制度	课前点名制度、请假制度、对无故缺勤的处罚规定等
上课服装规定	必须穿运动服装上课、必须穿运动鞋上课、不得佩戴危险物品等
教师课中行为规定	服装规定、语言规定、行为举止规定、安全责任规定等
学生课中行为规定	不得打闹、不得在场地中乱跑、不得大声喧哗、不得使用不文明语言等
保障安全规定	体操练习必须在他人保护下进行、不得在游泳池边跳水和跑动、不得任意穿行跑道等
集体学习规定	要服从班集体和小组集体的决定、要完成小组交给的工作、要服从干部的领导、要积极参加集体的活动等
使用场地器材规定	不得故意损坏器材、严格执行课后收拾体育器材的规定、轮流清洁场地和器材制度等

（二）建立正确的舆论与规范

舆论与规范可以形成群体压力，对学生的心理和行为会产生极大的影响。在群体的压力下，成员有可能放弃自己的意见而采取与大多数一致的行为，即从众。正确的舆论与规范促使人积极向上并做出有益的行为，而不健康的舆论和规范则诱迫人产生有害的行为。因此，要想形成良好的体育教学的制度环境，体育教师必须注意在班级中形成良好的舆论与规范。

一方面，体育教师要考虑舆论与规范对群体成员的适应性，争取班级中大多数成员的意见，尽量使群体舆论和规范与成员的个人价值趋同。另一方面，要考虑群体舆论和规范与社会规范的一致性，使每个学生都能正确地处理自己与群体的关系。在教学中，体育教师还要注意结合体育教学内容的特点，随时对班级舆论与规范进行正面引导和培养。

（三）加强体育课堂教学管理

实践证明，严格的课堂教学管理可以对学生产生一种潜移默化的影响，对体育教学制度环境的形成有积极的促进作用。如果体育教师能长期坚持不懈地贯彻课堂常规并能以身作则，则对学生的体育态度与行为乃至思想品德都会产生不可估量的影响。

（四）严肃执行体育教学常规

严肃、有意义和仪式感很强的体育课堂教学常规会调动学生的积极性，并能使学生尊重课堂、尊重老师、快速进入上课状态。因此，在体育课上课之前，应特别强调体育委员集合整队时口令的规范及师生相互问好的精、气、神。在一些对礼仪要求较强的项目教学中，体育课教学常规还应随项目特点有所变化。例如，在武术、跆拳道项目的教学中，师生问好的方式、学生之间的交往方式等都应体现武术、跆拳道项目的特殊要求。

（五）灵活创编运动规则

运动规则是体育教学活动特有的行为规范。在具体的动作技术练习过程中，遵守规则与遵守课堂纪律合二为一。不过，"成人化"的正式运动规则对练习者的技术和体能要求都非常高，往往不适合青少年学生对技术动作的学习。在这种情况下，体育教师应发挥自己的聪明才智，以充分调动学生的练习兴趣为出发点，对一些运动项目的规则进行适当改变，以此来达到促进学生积极练习的目的。例如，在初中女生的篮球课中，成人高度的篮圈对女生而言很难投中，且女生怕碰撞，练习积极性不高，因此，可以采用"三分制"篮球比赛的方法；在一些学校，标准的乒乓球场地很少，但往往有1～2块相对规范的水泥篮球场，为了让广大学生体会到乒乓球运动的乐趣，体育教师可以把篮球场用彩色粉笔划分为若干个地面乒乓台，用来开展"地面乒乓球"比赛；在跳远教学及比赛中，针对学生身体素质存在个体性差异的现状，要尽可能地调动每个学生参与练习及比赛的积极性，我们可以采用"起点不同"的"目标跳远"的教学与比赛方法，力求使每个学生都可以达成与自身条件相符的目标。

三、体育教学心理环境的优化

优化体育教学心理环境，就是体育教师根据体育教学目标和对学生心理特点的了解，通过把握和调整自己的教学行为，来优化体育教学中各因素之间的关系，使学生产生积极的心理状态和体育学习行为，以便营造良好体育教学气氛的过程。

体育教师对自己的教学行为调整是优化体育教学心理环境过程中的操作变量，在这一变量的作用下，发生了师生之间、学生与学生之间的互动关系，这种互动关系的结果就形成了积极健康的体育教学心理环境。在教师主导作用下营造的积极健康的体育教学心理环境，既包含了教师自身的因素，也包括学生的因素。它相对于学生原有的心理环境来说是一种新的外在环境，学生在这种外在环境的作用下产生了新的内在心理环境。而正是这种学生的内在心理环境持续反复地发生，使学生的心理结构得到了重组和优化，塑造了学生良好的心理品质。

在体育教学过程中，运用心理学原理，以良好的师生关系为核心，以情感沟通为桥梁，自觉贯彻心理教育的原则，是营造积极健康的体育教学心理环境的基本途径。

(一) 创造良好的风气

良好的校园体育风气的形成，并非一朝一夕的事情。要形成持久而稳定的体育文化风气，有赖于高校教育者的精心设计。

(1) 争取和依靠学校领导的支持，这是做好学校体育工作和创建良好传统和体育风气的组织和保证。凡是体育工作开展得较好，并形成良好体育传统与风气的学校，无一例外的都是学校领导高度重视体育，在认识上到位，并在制度措施上得到很好的落实。

(2) 加强体育教师素质水平的提高。体育教师是学校体育工作的组织者和实施者，是做好体育工作的关键，体育教师的精神面貌和行为方式以及教学水平对学生的影响是持久而深刻的，对学生的体育兴趣、爱好的培养及能否养成锻炼习惯至关重要。所以，在学校体育风气的形成过程中，教师起着决定性的作用，只有提高教师的素质水平，切实做好教书育人的工作，才能促进学校体育风气的形成与发展。

(3) 加强舆论宣传，培养学生对体育的自觉意识。可通过黑板报、广播、校园网等媒介，以及举办体育节、体育周、体育日、体育知识讲座、观摩体育比赛、体育知识竞赛等方式，使学生了解体育，认识体育的价值，培养学生热爱运动、追求健康、把锻炼身体作为日常生活习惯的良好品德。

(二) 构建新型和谐的师生关系

寓情于教、以情动人是教学中体育教师经常采用的教学方法。体育教学是教师教与学生学的双向活动，也是师生之间进行情感、兴趣、能力的心理交流过程。

爱是建立和谐师生关系的桥梁，只有师生关系处在关爱、平等的和谐氛围之中，学生才能直面教师，大胆地投入学习之中，去体验、去完成教学任务。在教学中形成和谐的师生关系，就必须采用多种方法进行交流，如在教学中善于运用表扬和批评的手段，经常和学生谈心、体贴和关爱学生。同时，要充分发挥体育教学中直观情感的优势，如合理运用形体语言，形体语言在建立和谐的师生关系中有着"润物无声"的效果。眼睛是心灵的窗口，眼神的运用可以使师生在无声的交流中达到"心有灵犀一点通"的境界，是建立和维持和谐的师生关系的桥梁和纽带。手势既可以传递思想，又可以表达感情，可以增加教师有声语言的说服力和感染力。教师只有情绪饱满、和蔼可亲，才会给学生一种自然、明朗的感觉，有利于学生体育知识和技能的形成。只要我们在教学中多些微笑，多些表扬，表现出教师爱的真情，就可以以自身的人格力量去感染和教育学生。只要建立起一种新型的、相互尊重、平等的师生关系，就一定会在师生的心灵深处碰撞出和谐而愉快的火花，建立起一种长久而和谐的体育情感，只有在这种和谐的氛围之下，学生才能够自觉而愉快地接受教师的教学，才能够激起学生自觉学习、乐于学习的愿望，从而达到使他们热爱体育、追求体育目标、全面健身发展的目的。

(三) 提升学生关系

体育教学环境同样会对学生的人际交往产生一定的影响。教师和学生之间，学生与学生之间的关系，这些人际关系交织在一起，就形成了教育环境的人际环境，它影响着师生的情绪和认知行为。建立良好的人际关系，形成积极健康的集体舆论，有利于促进学生体育能力的发展以及体育意识的提高，能有效地提高体育教学的质量。

体育教学中，由于学生体育素质的差异，很容易形成特定的心理场。体育素质好的洋洋得意，体育素质弱的自卑自弃。由于体育教学的现场效应以及结果的公众效应，很多学生尤其是女生，随着年级的升高，对体育学习会产生畏惧心理。作为体育教师，尤其要把握好教育教学的整体性和特殊性，在宽阔的操场上营造一种相互欣赏、彼此肯定的评价氛围，让每一个学生的发展都能得到鼓励。

另外，由于体育固有的竞技性，"竞争"和"挑战"在体育教学中无不让每一位学生激动心跳。每周数节体育课，学生会经历无数次活生生的挑战与竞争，有个体的，有集体的。如何鼓励每一个个体永不言败，如何帮助学生形成互帮互助、互相勉励的集体氛围，培养团队精神，是体育教师在每一节体育课堂教学中都拥有的挑战机会。另外，小组合作是体育教学中常用的组织方式，如接力、游戏、运球等。作为体育教师，可以巧妙地利用这种组织形式，在教育教学中既培养学生的合作意识、合作能力，又培养学生为了共同的目标不甘落后的拼搏精神。

(四) 营造宽松、和谐、民主的体育课堂氛围

体育课堂氛围是体育教学心理环境的重要组成部分，学生对体育的兴趣、爱好、动机等总是在一定的体育课堂情境和气氛中产生的。要充分利用其积极的个性品质和教学风格去创

造良好的班集体气氛。体育教师是教学心理气氛中最有影响力的感染者，良好的体育课堂氛围一旦形成，往往具有很强的感染力，可以催人奋进。因此，营造宽松、和谐、民主的体育课堂氛围对实现体育教学目标具有非常重要的意义，可以采用以下对策：

（1）要注意培养学生主动参与体育学习的态度和习惯，学生只有主动参与课堂学习，才有可能营造出积极的课堂氛围。

（2）教师在体育课堂教学过程中要做到眼观六路、耳听八方，善于把握各种稍纵即逝的积极的即时情境，并能够充分利用它们来调节和改善体育课堂教学气氛，提高课堂教学的环境质量，也要注意及时合理地处理好教学过程中出现的各种消极的偶发事件，以防止这些消极因素对正常教学气氛的干扰。

（3）要注重课堂教学活动中的人际情感交流，使教师与学生、学生与学生之间产生情感的共鸣。教学中教师要关爱学生、主动帮助学生，以激发学生积极主动的学习热情，形成教师与学生互相激励、互相鼓舞的良好情感气氛。

（4）教师要转变角色，改变过去那种"我讲你听，我说你做"的居高临下式的角色，鼓励学生大胆质疑、大胆求异、大胆创新，积极创设一种"不唯上，只唯真"的平等、民主的课堂学习氛围。此外，体育教师还要引导和鼓励学生之间的合作与交往，并且采取适当的教学组织形式为学生之间的交往创造机会和氛围。

第八章　高校体育教学评价改革

第一节　高校体育教学评价概述

一、体育教学评价的概念

简单来说，体育教学评价就是对体育教学活动价值及优缺点做出评价。在评价时，必须以一定的教学目标和相应的标准作为判断的依据。体育教学评价是在系统的调查和分析的基础上进行的，学校和体育教师以教学评价结果为依据，合理调整体育教学过程的各个环节。有学者将体育教学评价定义为，按照一定的教学目标，运用科学的教学方法，依据相应的评价标准，对体育教学的过程和结果等给予价值评判，其目的在于为改进体育教学的质量提供相应的信息和依据，最终实现学生的全面发展。还有的学者认为，体育教学评价是依据体育教学目标和评价原则，对"教"和"学"两个方面进行的价值判断和测评。

通过上述定义可知，体育教学评价是对结果和过程的价值判断，既包括对体育教师的评价，也包括对学生的评价；对教学活动的目标、内容、手段、方法等方面也要进行相应的评价。评价的重点在于体育教学的质量和学生的学业成就方面。

总而言之，体育教学评价既包括对体育教师的各方面工作、能力和态度的评价，也包括对学生的学习能力、学习效果和学习态度等方面的评价。

二、体育教学评价的类型

除了过程评价和结果评价之外，按照不同的分类标准，可以将体育教学评价分为多种类型。

（一）以评价分析方法为依据进行划分

1. 定性评价

定性评价侧重于对"质"的分析，是对优劣程度的评判，一般用评语或符号表达。

2. 定量评价

定量评价，是指从"量"的角度进行的分析，通过采用多种方法获得相应的资料和数据，然后做出客观、精确的评判。

（二）以评价功能为依据进行划分

1. 诊断性评价

诊断性评价是指以了解学生学习基础及查明制约学生学习进步的原因为目的而进行的有针对性的检测和评判。它包括验明问题和缺陷，确定学生在学习中是否存在困难，造成困难的原因有哪些，以及对各种优点、禀赋、特殊才能等的识别。

2. 形成性评价

形成性评价是指为了使体育教学效果更好而对学生学习过程与阶段性结果进行的检查和评判。它在一个新的体育教学方法实施后，或一个新的体育教学内容初步完成后，或一些新的身体锻炼手段使用后进行。

3. 总结性评价

总结性评价是在一学期或教学阶段结束后对学生的学习结果进行的检查和评判。检查和评判学生的体育知识、身体活动能力和技术技能取得了哪些进展。总结性评价注重的是教与学的结果。

三、体育教学评价的特点

体育教学评价在总体上，以及目标、方法、主题等方面都有鲜明的特点，具体包括以下五个方面。

（一）体育教学评价的动态性

体育教学改革处于不断的更新与发展中，体育教学评价对结果较为重视，对体育教学过程的重视程度也相对较高。一切体育教学活动都服务于体育教学目的，体育教学评价也不例外。具体来说，在评价过程中，要看这一过程是否有利于达到预定的教学目的，能否取得良好的效果。在评价结果时则要对取得这一结果的方式、手段与过程进行全面的、充分的考虑。

（二）体育教学评价目标的发展性

体育教学活动以体育教学目标为根本出发点和落脚点。教学目标将体育教学主体的价值观念集中体现了出来，它也是评价体育教学活动成效的基本依据。传统的体育课程评价体系是以运动技能为核心的教育价值观，即一切体育教学活动的出发点和归宿就是对运动技能的掌握。这种认识上的误区会对课堂教学训练化的结果产生直接的影响，从而使体育教师在课堂上只重视运动技能的传授，而将学生的健康、体育兴趣、态度、能力、情感等其他方面的发展忽略掉。当前，已逐步确立起以人格和谐发展为核心理念的文化价值观，这种价值观渐渐发展为全社会普遍关注的、有前景的文化价值理念。这一理念使得体育教学评价的目标开始注重以人为本，在关注学生当下表现的同时，也开始高度重视学生未来的发展，将学生的长远发展与综合素质的提高视为体育教学评价的主要目的。

（三）体育教学评价主体的多元性

随着课程的深入改革，作为体育教学评价主体的学生不再处于消极的被动状态，他们都在积极主动地参与体育教学活动，这充分体现了学生在教学评价中的主体地位。把体育教学评价变为学生积极参与、自我反思和逐步发展的过程，使教师与学生相互理解和支持，并形成平等、积极的评价关系，这对被评价者和评价的过程进行有效监控及被评价者认同评价结果都将是较为有利的，并能促使评价主体不断改进，从而获得积极主动的发展。学生、家长积极参与体育教学评价活动，使教学评价变为多主体共同参与的教学活动，会更加突出体育教学评价工作的效果。在体育教学评价中，只有重视评价主体的多元化，才能将学生的发展状况更加全面、准确地反映出来，也才能对学生综合素质的发展起到更好的促进作用。

以往的体育教学评价采用的大都是以管理者为主的单一评价模式。对于评价，学生的态度只是消极被动地接受，因此，评价在一定程度上给学生的心理造成相当大的压力，从而导致其畏惧评价，甚至产生逃避评价的心理。正是由于被评价者没有积极参与，所以导致评价者往往不能准确地发现问题，使评价的发现和改进功能不能得到很好的发挥。由此可以得出，教师、学生、家长、管理者共同参与的评价才是科学的、正确的评价。被评价者成为评价主体中的一员，这对评价者和被评价者之间互动的加强、被评价者主体地位的提高都是较为有利的。

（四）体育教学评价方法的过程性

体育课程的改革发展使得体育教学评价开始重视体育教学过程和教学结果。体育教学评价以对学生体育学习全过程的考察为重心。教师对学生在学习过程中所表现出来的缺点进行分析和科学的指导，对其所表现出来的优点予以肯定，也要为学生制订和改进计划提供一定的帮助，并督促其实施，使学生在体育学习过程中不断发展与完善自己。

教师要对学生学习过程中的点滴进步和变化给予密切关注，对学生日常的学习与发展要高度的重视，还要及时给予相应的评价。教师不断通过口头评价的方式及时评价学生在学习和参与体育锻炼的过程中所表现出来的具体状况，能够将学生对体育学习的积极性有效激发出来，这有利于教师与学生加强交流，使学生能够及时了解自己的进步与不足，从而更有效地达到体育课程的要求。

通过记录体育学习过程，学生能够对自己的进步过程有更加详细的了解和认识，及时发现自己的缺点与不足。通过记录的方式进行自我评价，能促进学生评价能力的有效增强。将学生的平时成绩与期末成绩相结合，使其在体育教学评价中各占一定的比例，可以使学生和家长不再只关注期末考试成绩。这种做法很好地将体育教学评价精神体现了出来，并且真正做到了"以评促学，以评促教，评教结合，教学相长"。

（五）体育教学评价方法的多样性

在体育教学实践中，由于在评价技术和评价方法方面受到一定的局限，以及其他因素的制约，每一种评价方法都有长处和不足，也都有特定的适用范围，所以说，没有一种体育教学评价方法是万能的。这就要求教师在体育教学评价过程中以实际需要为主要依据，合理使用评价方法或采用多种方法进行综合评价，从而达到公正、客观评价的目的。比如，教师可以通过成长资料袋对学生潜在的发展状况有一个持续的了解，可以通过仔细观察对学生思想观点的变化进行了解，等等，从而将各种评价优势充分发挥出来，使学生的积极主动性得到激发，使体育教学评价实现公正化与客观化。

四、体育教学评价的标准

体育教学评价标准是对体育教学质量要求的具体规定。标准定得是否恰当，对评价工作的效果有很大影响，关系到整个体育教学评价工作的科学性和方向性。为了使教学评价达成预期目标，对体育教学活动起到应有的作用，进行评价工作时必须确定恰当的评价标准。

(一) 制定体育教学评价标准的依据

1. 教学评价标准的设计要考虑社会对体育教学的要求

体育教学是一种社会现象，受社会的制约，并通过培养身心健全的人来推动社会的发展与进步。社会对体育教学的要求具体体现在体育与健康课程标准及体育与健康教学大纲中，它们对人才的标准和体育教学都做出了规定，这是制定体育教学评价标准的依据。因此，深入研究体育与健康课程标准和体育与健康教学大纲，尤其是研究体育教学目标是制定体育教学评价标准的前提。

2. 教学评价标准的制定要以相关教育学科知识为基础

教育学科是揭示教育教学规律的科学，体育教学活动只有以教育学科为指导才能收到好的教学效果。体育教学评价是理论与实际相结合的活动，没有相关的理论知识，评价活动就不能很好地进行，更不能很好地指导体育教学实践。例如，不掌握教学的本质、教学原则、教学规律、教学方法等理论，就不能制定出科学的评价标准，更不能指导体育教学实践。

3. 评价标准要考虑被评价总体的状态和水平

教学评价本身并不是目的，而是使教学达成预期目标的手段，要通过评价发现教学中存在的问题，并提出解决方案。因此，制定评价标准时，要考虑到被评价总体的状态和水平，评价工作才具有有效性。如果评价标准过高，则可能使被评价者认为无法达成目标从而丧失前进的勇气和信心；如果评价标准过低，则可能导致被评价者因自满情绪而止步不前。

(二) 体育教学评价标准的结构

体育教学评价标准的结构是指体育教学质量评价标准的构成体系，包括组成部分和层次，又称为"指标体系"。一般来讲，教学评价标准由以下三部分构成。

1. 效能标准

效能标准包括效果标准和效率标准两部分。效果标准是从工作效果的角度确定的教学评价标准。体育教学效果标准一般从以下三个方面来考虑：一是体育基本知识、基本技术、基本技能掌握标准，主要考查学生在体育教学中掌握体育基本知识、基本技术的数量与质量；二是能力发展标准，在体育教学中，要把发展学生智力、个性，培养学生参加体育锻炼的能力、习惯放在重要的位置；三是思想品德教育标准，即寓思想品德教育于体育教学中。

效率标准一般根据产出与投入的比例来衡量工作成果。在体育教学评价方面，效率标准是指评价活动要考虑教和学的时间因素，即在规定的时间内，体育教师是否根据教学大纲要求完成了教学任务，学生在思想、体育知识、技术、技能的掌握、促进健康等方面是否达到了应有的水平。

效果标准与效率标准有相近之处，但二者又有区别。效果标准是根据预定的目的考查工作的成果，不考虑投入的人力、物力和时间。效率标准教学评价的最根本的标准是把人力、物力、时间的消耗与成果联系起来考察，可以使体育教师关心、重视工作效率，提高教学效果。在体育教学评价中，应把效果标准和效率标准结合起来。

2. 职责标准

职责标准主要根据评价对象所承担的责任和完成任务的情况进行评价。评价体育教师的教学工作时，首先，要看其备课的质量，即对体育教学大纲钻研的程度，对学生是否了解，对教材的重点、难点是否明确，教案的编写、场地器材的布置是否合理，等等。其次，要看其上课的质量，主要看授课内容是否科学，教学目的是否明确，重点是否突出，方法、手段是否有效，语言是否清晰，示范动作是否正确、优美，等等。最后，要看其教学过程是否贯彻了体育教学原则的各项要求。如果贯彻了正确的体育教学原则，则教学过程必然生动、活泼、效果好；反之则效果差。

职责标准可以使被评价者增强事业心和责任感，关心教或学的全过程。但这方面在评价过程中不能过于偏重，应与教学工作成果结合起来，防止形式主义。

3. 素质标准

素质标准是从承担各种职责或完成各项任务应具备的条件的角度提出的标准。例如，作为一名合格的体育教师应该有比较渊博的体育专业知识，懂得教育教学规律，有科学的世界观和高尚的道德品质，热爱体育教育事业并有强烈的事业心和责任感。这些都是一名体育教师应该具备的基本素质。素质是被评价者的基础和条件，是一种长期起作用并能决定今后发展方向的因素。

体育教学活动是复杂的教学过程。评价的素质标准反映了对体育教学系统中各部分素质的要求，对创新体育教学起着决定性的作用；职责标准反映了体育教学系统中各部分的职责要求，主要是促进体育教学活动的创新；效能标准是对体育教学系统运转效果和效率的要求，是素质标准和职责标准功能的反映。三个部分既相互独立又统一，其中核心是效能标准，特别是效果标准。具体的评价标准有时偏重效能标准，有时偏重素质标准，有时偏重职责标准，究竟属于哪种情况，要根据实际情况来确定。

五、体育教学评价的结构和内容

将"评价什么"和"谁来评价"这两个体育教学评价的主要要素作为横轴和纵轴做一个象限，可以得出"体育教学评价的结构和内容图"，如图8-1所示。

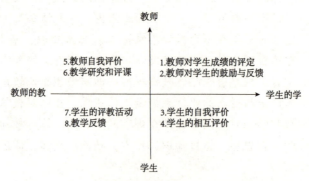

图 8-1 体育教学评价的结构和内容图

教学评价主要由四大类（八小类）组成，如果加上其他非主要性评价（如家长对学生的评价）等，应有九类教学评价。

1. 教师对学习过程的评价

教师对学习过程的评价是体育教学评价中传统的评价方式，由于评价的主体是最有经验的教师，而评价的对象又是最反映教学效果和教学过程的学生，因此，这种评价一直受到人们的重视。这种评价包括"教师在学习过程中对学生的激励评价"和"教师在学习过程结束时对学生的体育成绩评定"两种评价形式。

2. 学生对学习过程的评价

学生对学习过程的评价是新的教育理念和新的体育与健康课程标准非常提倡和重视的评价。这种评价包括教学过程和教学效果两个方面，主要形式有学生的自我评价和学生间的相互评价两种。这两种评价有利于培养学生的自我反省和客观评价的态度，具有特殊的教育力量。它还有助于提高学生的民主素养水平，有助于培养学生正确地行使自己的民主权利的能力，还可以使学生在评价实践中不断提高观察事物和分析问题的能力。

3. 学生对教学过程的评价

学生对教学过程的评价也是现代教育理念非常提倡和重视的评价方式。这种评价包括对教学过程和教学效果两个方面的评价。评价形式包括"学生在学习过程中对教学的随时反馈"和"有学生参加的评教活动"两类，前者往往是非正式的评价活动，而后者往往是正式的评价活动。

4. 体育教师对教学过程的评价

体育教师对教学过程进行评价是为了不断提高教学质量。评价的形式包括两类：一类是教师对自己教学情况的自我评价，另一类是教师之间的相互评课活动，前者和后者都有正式和非正式的形式，在人员方面有个人的、体育组内的、校内督导的和校际的形式，在时间上有平时的和集中性的形式等。

5. 其他评价

其他评价是指非教师和学生对体育教学的评价，如家长对学生体育学习的评价、国外的家长教师联合会对体育教学的评价等就属于这种评价。由于这种评价的主体既不是体育专业人员又没有参与体育教学过程，因此只能作为一种辅助性和参考性的评价。

第二节 高校体育教学评价现状与创新策略

一、高校体育教学评价现状分析

（一）传统评价观念不适合现代体育教学理念

在传统的教学评价中，学生的期末考试结果在评价中占有很大的比例，是衡量教师教学质量的重要标准。但是，体育教学的目标是促进学生的身心健康，增强学生的体质，如果仅仅用期末考试的结果作为衡量教师教学质量与学生学习质量的标准，则无疑具有很强的片面性。在这样的评价中，如果期末考试的成绩不合格，那么教学质量是不合格的，学生的学习也是不合格的，这与当前体育教学观念中强调提高学生身心健康的理念不相适应。

（二）对体育教学评价目的认识不足

各个高校建立的体育教学评价都有着共同的目的：更好地了解和掌握学生在体育教学中的学习情况，使体育教师能够更好地进行教学工作；发现具有不同潜质的学生，使他们能够找到更适合自己能力提升与发展的教学课程；不断提升学生的自我认识能力和教育能力；使师生在教学中进行有效沟通，达到共同进步的目的。但是，在各个高校的体育教学的实践中，部分体育教师仅仅把体育教学当成一种不会对学生产生任何影响的课程，在教学过程中得过且过，不认真教学，对学校教学评价的重视程度不够，而且部分学校的学生对体育教师教学质量的评价是在体育课程结束之前进行的，此种情况无疑会使评价结果的公正性受到影响。

（三）体育教学内容评价简单、不科学

当前的高校体育教学评价工作受到传统教学思维的束缚较大，因而评价的内容相对落后，限制性较为明显。在当前高校体育教学的评价过程中，内部小学科的联系性不强，除了对学生的体能素质进行评判之外，缺少对学生情感的锻炼和提升，也没有重视对学生的意志力及学生的个性品质的培养等，这就使高校的体育教学评价工作出现了"重过程，轻结果"的现象，给高校体育教学评价工作的开展带来阻碍。

（四）传统评价方法已经不适合现代体育课程

1. 缺乏科学性

各个高校普遍采取的体育教学评价方法是定量评价，超过一定的标准就可以得到及格、良好、优秀的学习成果的评价。但是，这样简单的评价方法很可能会对学生产生一些不利的影响，而且忽视了教学过程中学生的表现，也不利于教师的教学工作，不能对出现的问题进行有效处理。

2. 评价标准使用范围较小

普遍被各个高校在体育教学中采用的评价标准，一般只是在本校的范围内使用。省内各个高校的体育评价标准各不相同，更不用说在全国范围内所采用的评价标准了。这就造成各个高校之间很难进行横向比较，对分析全国范围内的学生的身心素质情况产生了不利影响。

3. 忽视影响体育教学的相关因素

评价方法缺乏科学性，忽视了广大学生能力与情感方面的影响因素。在广大学生走向工作岗位的时候，其特长和对工作的情感态度等，都会对其以后的人生发展产生很大的影响。因此，评价体系应该适当考虑此方面的相关因素，做出综合的评价。

4. 评价方法简单

各个高校的体育教学评价主要采取的是定量考核评价，通过量化的指标对学生进行一次性评价，并没有采取多样化的评价方法。重视结果性评价，会对不同学生的个性与兴趣爱好产生负面作用，不利于发展国家倡导的素质教育。因此，各个高校对于体育教学评价的构建应采取多样化的评价方法。

（五）评价主体不够清晰

对高校体育教学工作进行评判的主体主要是高校的领导、体育教师或是学生。在当前高校体育发展形势下，立足于高校学生的角度去进行高校体育教学工作的评判，这是至关重要的。在当代教学工作中，我们已经逐步发现和认识到：学生才是教学活动的主体和参与者，让学生角色在体育教学评价中发挥作用，能够很好地促进高校教学工作的发展和进步。

二、高校体育教学评价的创新原则

(一) 科学性原则

要对高校体育教学评价进行创新，就必须建立一个完备的整体评价指标体系，使评价体系可以将评价目标的要求全面反映出来。指标的选择应遵循教育的一般规律，确保指标体系内的各个指标之间能够保持相互独立，同一层次的各项指标之间既不存在因果关系，也不存在重叠关系（包含和被包含）。

(二) 客观性原则

对现阶段高校体育教学评价进行创新，离不开相应的评价理论的科学指导，而且要以我国高校的现实状况为基本依据，对评价中存在的诸多因素进行全面、系统、客观分析，使评价体系的结构要素具有一定的客观性，从而更好地促进体育教学效果的提高。在进行体育教学评价的过程中，要特别注重贯彻客观、公正、合理的原则，客观、实事求是地评价教师的"教"和学生的"学"。

(三) 可行性原则

体育教学评价的各项指标都要与体育学科的特点和学生的身心发展特征相符合，所制定的标准需要满足基本的可行性要求。在对评价目标和指标体系进行制定之前，应系统地调查与分析我国学校体育教学的现状，深入了解当前我国体育教学评价的现状，并对存在的问题与不足进行分析。此外，对于体育教学评价中的优势也要予以积极的肯定。在此基础上，对评价体系进行科学构建，制定的评价指标要能够将体育教学的效果反映出来。

(四) 可比性原则

体育教学评价的各项指标都必须能够反映评价对象的共同属性，并具有可测性，即每项指标都应作为具体目标，要用具体可操作的语言对其进行界定，通过使用一定的评价方法对其进行观测和了解，并得出明确的结果。还要注意的是，应尽量简明地设置评价指标，确保指标的可操作性和可比性。

(五) 导向性原则

对体育教学评价标准进行制定，要使其能够对体育教学发展的方向进行指导，并对开展体育教学活动有积极的影响；要能将体育教学评价的导向功能充分发挥出来，及时反馈信息，以便进一步促进教学质量的提高。教育评价是为了提高教育质量而开展的工作，而教育质量的提高主要目的在于促进学生的全面发展。通过评价，要能够将体育教学活动中存在的合理之处和不合理之处揭示出来，从而进行相应的肯定和否定，为教师教学工作的开展与改进提供科学的意见，为学生的学习提供积极的指导。

(六) 全面性原则

开展体育教学评价工作时，要全面考查与描述评价对象的各个方面，要综合评价与全面考查被评价者。因此，要收集评价指标中各个指标的信息，然后对各个信息与要素都进行全面的分析，并做出相应的评价。

三、高校体育教学评价的创新策略

（一）树立新的体育教学评价指导思想

现阶段，在素质教育的实施过程中，体育教育改革与发展的实现离不开科学的体育教学评价，体育教学质量的提高也离不开体育教学评价工作的开展。

新的体育课堂教学评价标准应对学生在体育课堂教学评价中的主体作用进行重点强调。

首先，对学生的学习予以关注，促进学生的全面发展。

其次，强调教学内容与学生生活之间的联系以及现代社会和科技发展之间的联系。

再次，积极倡导主动、合作、探究的学习方式，使学生充分发挥自己的主观能动性，形成科学的价值观。

最后，注重对学生创新精神与实践能力的培养。

（二）建立全方位的评价内容

传统的体育教学评价内容相对单一，不能适应当今体育教学评价的内涵与要求，所以在新型体育教学评价中，体育教学评价的内容应该反映时代的精神与要求，并且必须从当代素质教育对教学的需要出发。教学评价内容在原有的基础上还应该包括教学过程中教师的授课模式、应用现代教学设施的情况、课堂的管理等方面，还要依据各个因素在教学评价体系中的不同重要程度设置不同的权重，以达到最佳的综合评价效果。在此基础上，体育教学评价的内容要从传统的教学模式向多元化的方向发展，不仅需要技术考核，还需要对学生的学习态度、协作精神、对体育运动的认知情况做出评判、分析和教导，使学生的身心得到全方位的锻炼。

（三）构建多样化的评价方法

1. 教师评价与学生评价相结合

传统的体育教学评价只是单一地采用教师对学生的外在评价，即教师对照锻炼标准、体育课的评分标准，对学生进行测试和评分。而较科学、合理、公正的体育教学评价形式应是：在对学生的学习成绩进行评定时，既要有教师从外在对学生进行的评价，还要有学生对自己的学习情况进行的评价，以及学生间的相互评价。因此，应该把评价的主动权交给学生，采取教师评价、学生互相评价和自我评价相结合的方法，根据不同的教材内容，灵活地选择不同的评价方法。

一方面，学生是教学目标的实践者，对于他们亲身体验的内容，他们自己最有发言权，特别是那些无法定量表现的内容，包括情感、意志、态度、兴趣等，都是外在且不易显露的心理倾向，只有学生自己才能获得真实的评价。另一方面，学生只有真正地掌握自己、驾驭自己，才能提高自己。所以，学生相互评价和自我评价的过程还是学生对自己学习行为负责、自我调控的过程，能让学生在评价中学会技能，学会学习的方法。

2. 能力评价与情感评价相结合

体育课堂教学评价的功能表明，合理的评价方式可以把体育知识、能力、情感和动作技能的形成评价有机地融为一体，并有效地改善教学活动，丰富课堂教学内容，提高课堂教学效率。传统的教学评价模式忽视了学生丰富的思想和情感，只重视评价学生的体育能力，如动作掌握情况、成绩标准、等级状况、道德行为表现等，而忽视了情感领域的评价。学生的体育能力和成绩是可见的、可测的，这方面的评价容易操作，但对学生思想和情感进行评价却要复杂得多。大量的教学实践表明，积极的情感评价和沟通能促进学生体育知识的掌握和运动技能的形成与提高，促进学生身心健康发展。因此，在体育课堂教学中，要尝试建立态度、情感、能力、成绩并重的多维立体评价体系、评价方法和评价标准，科学地评价学生体育学习的表现和所取得的进步，把评价的焦点从学生能力扩大到参与状态、交往状态和情绪状态等。教师在教学评价中要以人为本，将能力评价与情感评价相结合，以鼓励性评价为主，通过情感领域的评价，调动、发挥非智力因素和体力因素的作用，促进体育课堂教学效率和质量的提高。

3. 整体评价和个别评价相结合

由于学生客观上存在个体差异，有些学生单凭身体条件优势就能取得优异的体育成绩，而有些学生主观和行动上再努力也达不到理想的成绩，永远也感受不到成功的喜悦，久而久之，就失去了对体育的兴趣。所以，在整体评价的基础上，还要考虑到不同学生的差异性，根据每一个学生的特点进行评价，改变"千人一面"的评价方法，使不同的学生都"各有所长"。例如，可以把成绩的提高量作为评价的一个重要标准。学期初，设立原始成绩；学期末，测定成绩，计算学生成绩提高的幅度，结合其他方面的评价得出最终的体育成绩。或者根据学生的身体素质、运动能力、体质状况和自我要求等要素，综合分析后将学生分类编成A、B、C三组；将三组的难度从整体上分为难、较难和适中，要求A组、B组、C组难度依此降低。这样，表面上三组之间差距较大，但由于评价的尺度有差别，各层次的学生完成的学习任务在难度上基本处于同一水平，使得教学评价更加科学合理。每个学生无论身体条件优劣或身体素质好坏，只要通过努力，成绩就会有一定程度的提高，就有机会获得成功。体育教师要引导学生注重努力提高，使学生树立正确的体育意识。

4. 过程性评价和终结性评价相结合

终结性评价是我国各级学校体育教学普遍采用的成绩评价方法。由于这种"一锤定音"的评价方式往往是在阶段学习或学期、学年结束时进行的，因而在很大程度上失去了评价的反馈功能，对激励学生学习、帮助改进教与学的方法、提高教学效果成效不大。过程性评价着眼于学习的整个过程，通过各种评价方法和工具，经常对学生的学习态度、情意表现、技能掌握程度、体能锻炼效果等方面进行评定，并将结果及时反馈给学生，以便这些方面能及时得到强化。从教育心理学的角度来看，大量研究结果表明，学生及时了解学习的结果，包括看到所学知识在实际应用中的成效、进步的幅度等，均可激发其进一步努力学习的动机。对学习结果的肯定本身就是一种鼓励，能产生或加强学习动机。学生了解自己的学习成效，看到了自己的进步，能够使自己的学习的态度和手段得到加强，激起自己进一步学好的愿望，同时通过不断的反馈能看到自己的缺点，激发自己的上进心，并采取有效的措施解决存在的问题。终结性评价简便易行，而过程性评价比较烦琐，不易操作，但更有助于学生有效的学习和进步。在体育教学中，应该将过程性评价和终结性评价有机结合起来。

5. 量性评价与质性评价、行为评价与心理评价有机结合

量性评价固然有很多优点，但在体育课堂教学中使用该评价方法，容易把复杂且又丰富

的体育课堂教学过程弄得过于简单化和格式化。而采用质性评价进行评价，对于复杂且丰富的课堂教学过程而言更为有益，该评价方式对体育教学过程中完整而真实的表现（如原有基础、个体差异、参与程度、提高幅度等）有突出的强调，不仅对认知层面进行考查，同时考查表现等行为层面。从发展性评价的角度而言，结合量性评价与质性评价两种方式对于提高体育教学评价效果更有意义。结合这两种评价方式，能够给质性评价提供一种数量化、趋势性的参考，可以采取等级评定的方式来说明体育课堂教学评价的结果。

在体育教学评价实践中，不仅要对容易量化的内容的定量测评（体能、技能的测试）予以重视，更要对难以量化的内容的定性评价（实践能力、创新能力等指标的评价）重视起来，这也是体育教学评价的一大难点。此外，还要重视对行为评价与心理评价的综合采用。体育教学评价是一个价值判断的过程，其较为复杂，不仅存在具体、直观、外在等方面的特性，还具有一定的抽象性、间接性、内在性。只通过某个指标（或量表）难以在对行为表现方面进行观测判断的同时，又对心理倾向和行为特征方面进行客观评价。虽然将心理评价内容加到评价体系中使得评价的难度增加了，但在实践中进行心理评价有很重要的意义。

（四）充分发挥学生的作用

在体育教学评价中，无论是对教师进行评价还是对学生进行评价，都应充分发挥学生的主体作用。教师进行相互听课、评价时，基于同事之间的情感，可能无法将一些存在的问题直接提出来，这样并不利于教学质量的提高。此时，学生就能很好地发挥作用了。高校体育由于教学体制的原因，每个年级都会由不同的教师任教；即便由相同的教师任教，但是由于选择的多样性，存在的不同学期都由一位教师任教的情况可以忽略，此时学生在评价时没有心理负担，所做出的评价更具有公正性。

（五）重视激励的作用

各个高校的运动场上都有众多参与运动的人员，这无疑证明了人们对体育运动的喜爱。但是，当对体育课程喜爱程度进行调查时，却出现了相反的结果，很多热爱运动的学生并不喜欢学校的体育课。分析发现，在体育教学评价中，教师很少会对表现优异的学生进行表扬，也就是很少激励，这使学生渐渐失去了对所学课程的兴趣。在篮球运动场上，一个进球会带来欢呼声和呐喊声，而课堂中的良好表现却无任何激励，这会使学生产生得过且过、无须认真的认知，这无疑会降低教学质量。因此，新型体育教学评价要重视激励的作用，要善于发现学生身上的亮点，对其良好的表现进行鼓励。当对学生进行评价时，要将其进步的幅度作为一项重要的参考数据。

第三节 高校体育教学评价多元化模式的建设

教学评价就是以教学目标为衡量标准，对教学过程与教学结果进行价值判断的过程。这一过程不仅是教育的重要环节，也是推动教育发展的关键因素。随着我国高等教育改革的不断深入，高校体育教学改革也逐渐步入科学化、规范化的轨道。在这一背景下，不断推进高校体育教学评价的改革，建立多元化体育教学评价的模式，能够有效地推动高校体育教学改革工作的顺利开展，在当前已经显现出势在必行的重要性。

长期以来，高校体育教学评价存在着评价内容单一、评价手段死板、评价结果无法真正体现学生学习情况等问题，这些问题不仅极大地影响了体育教学评价的公正性，而且可能会造成学生学习积极性的挫伤。传统的体育教学评价模式不关注学生是否已经"会学"，而只关注学生是否已经"学会"，重视"授人以鱼"而轻视"授人以渔"。从这个角度来看，高校体育教学的改革必须重视体育教学评价模式的改革，而高校体育教学模式的改革又必须着眼于调动学生的自主性与积极性，从而实现既让学生"学会"，又让学生"会学"的目的。

一、高校体育教学评价多元化模式的特点

（一）主体多元化

在传统体育教学评价中，教师是评价的主体，而在体育教学评价多元化模式中，教师评价仅占较小的比例，更多的权利留给了学生自己，通过学生自评、互评等方式改变原有片面的视角，充分体现学习、交流的体育内涵。

（二）过程动态化

相较于传统体育教学评价以期末考试等为手段的考核形式，体育教学评价多元化模式更加注重动态评价，也就是说评价不仅仅局限于考试，学生所有上课的过程都被纳入了评价体系，这样可以使教师对学生的学习过程与态度有一个更加清晰的认识。

（三）评价标准多元化

我国体育教学评价标准的单一化，不仅难以全面反映课程的目标要求，还难以反映学生学习的结果，无法发挥促进学生学习的积极作用。而体育教学评价多元化模式采用多元化的评价标准，充分考虑了学生的实际情况，提升了评价结果的可信度，也增加了评价结果的效度。

二、高校体育教学多元化评价的作用

在高校体育教学改革的过程中，推进体育教学评价模式多元化的改革如箭在弦上不得不发，而多元化的体育教学评价模式相较于传统的体育教学模式来说，有着十分鲜明的作用。

（一）有利于促进学生的全面发展

高校体育教学评价的改革归根结底是为了促进学生的全面发展，而多元化的评价体系能够有效地促进学生在体育评价中获得体育知识、运动技能、体育锻炼意识、健康心理素质、合作配合精神等，从而促进学生身心的全面发展。与此同时，多元化的教学评价模式能够推动学生的创新意识与创新能力的提升，通过积极引导学生参与不同类型的体育运动，激发学生对于体育运动的兴趣，从而调动学生参与体育运动的积极性。

（二）有利于推动学生的个性发展

与传统体育教学评价单一标准不同的是，多元化的体育教学评价模式充分尊重学生的个性，注重学生的个体差异性，从而有利于推动学生的个性发展。学生的个性有着相对较强的差异性，而促进学生从"学会"到"会学"的转变正是体现学生个性发展的重要环节。在高校体育课程的期中或期末考试中，通过多元化的评价内容充分展现学生的不同个性，能够有

效促进学生身心的健康成长。

三、构建多元化高校体育教学评价的途径

构建多元化的高校体育教学评价模式需要充分贯彻落实以人为本的教学理念，在教学改革的过程中充分重视教学评价的作用，同时根据不同的评价主体采用多元化的评价方法。

（一）构建多元一体的评价模式

从体育教学评价的主体来看，高校体育教师、大学生都可以成为评价的主体，教师承担评价的主要功能，学生根据自身表现进行自我评价，同学间进行互相评价。教师评价、学生自评、学生互评具体情况如下：

（1）教师评价应该分为对学生运动技能与体育理论知识两方面的评价，教师对学生运动技能的评价要充分考虑学生的个体差异，根据学生入学时的体检结果，结合学生在课堂教学与课后运动的情况进行多元化评价，并将学生的进步幅度、课堂表现等通过评价结果充分展现出来，从而对那些上课认真、进步快的学生给予一定程度的肯定与鼓励。

（2）学生自评主要是以学生自身为主体，对个人的意志品质、运动观念、学习成绩等进行自我评价，从而使学生能更深刻地认识到自身问题。

（3）学生互评则要充分体现学生之间的取长补短，在互评的过程中培养学生互相帮助、合作共赢的理念。

从体育教学评价的项目来看，多元化的体育教学评价必须兼顾学生的全面发展。因此，学生的学习态度、档案、合作精神、全面评价等都应该纳入多元化的评价体系内容中。

（1）学习态度评价。需要课堂表现与出勤情况相互结合来评价学生的学习态度。出勤是一个硬性指标，出勤次数少的，教师可以直接判不合格，而在课堂表现上，就可以从学习认真程度、反应能力、自学能力、课堂纪律等多方面进行综合评定，这也是对学生进行的比较客观公平的评价。

（2）档案评价。对学生在不同时期进行不同的评价并且为学生记录档案，根据《国家学生体质健康标准》对学生每个时期的成绩做成量化表格，通过对标准的评判看最终结果如何，通过这样的数据也可以看出学生的进步情况，是对学生学习效果最直接的评价。

（3）合作精神评价。评价时，注重合作精神评价，提高学生之间的合作意识和合作能力，也通过相互配合让学生共同进步。

（4）全面评价学生，帮助其全面发展。在《国家体育与健康课程标准》中包含五大领域的目标，包括"运动参与、运动技能、身体健康、心理健康、社会适应"，这五大目标都是前辈实践的总结。因此，在体育教学运用多元化评价，注重对学生理论学习同运动技能相互结合进行综合评价，同时要对学生认知、情感、态度等多方面进行综合评价，通过制定出相应评价内容，对学生进行多方面评价，最后取得综合体育成绩，在保证学生对体育学习具有积极性的前提下，使学生身心获得全面、协调发展。

（二）制定符合学生现状的评价标准

教学评价必须本着"标准统一"的原则进行。因此，在建设高校体育教学多元化评价模式之前必须制定明确的评价标准，且评价标准必须体现出学生的现实情况。教师根据学生的个人情况，本着"因材施教"的理念帮助每一名学生制订符合其自身特点的进步目标，让学

生在体育运动和体育学习的过程中能够充分感受到进步。在此基础上，教师要积极引导学生进行自我评价与自我目标的设定，从而推动学生在"学会"的基础上达到"会学"的目的。

制定的评价标准在充分体现并尊重学生个体差异性的同时还要充分体现客观性、公正性、合理性与可操作性。

（三）充分利用现代科学技术

针对当前学生人数众多、情况复杂、信息量大的情况，高校在构建多元化的体育教学评价的过程中必须充分结合并利用现代科学技术成果，特别是计算机技术，力求评价体系工作的准确、便捷。众多的评价项目与繁杂的评价种类、长时间的评价过程与多等级的换算工作量要求借助计算机技术，对各种表格数据进行分类整理和计算，从而为建立多元化、高效率的教学评价模式提供坚实的基础。

（四）保证学生自评、互评的公正、客观

推动学生的自评、互评能够丰富体育教学评价的内涵，体现教学评价的多元化，但是必须保证学生自评、互评的公正性与客观性。学生由于身心发展尚未完全成熟，在开展涉及自身乃至他人利益的评价环节时可能会产生从众心理、以自我为中心、附和权威、以偏概全等问题，从而影响评价结果的客观性与公正性。因此，教师必须充分扮演好自身的引导角色，合理运用自身权威，准确控制评价顺序并重点关注弱势群体，从而避免学生自评、互评流于形式。

综上所述，推动高校体育教学评价模式改革在当前高等教育改革背景下刻不容缓，改革体育教学评价模式必须遵循多元化的原则，从评价主体、评价标准、评价内容、评价手段等多个领域综合着手，共同发力。

四、推行高校体育教学评价多元化模式应注意的事项

（一）评价必须有明确的内容和标准

教师需要根据学生的个人情况设定不同的评价和进步目标，这样能够帮助学生在每次参加体育活动的时候有进步目标，引导学生进行自我评价，使学生看到自己的进步，帮助学生树立学习自信，关注自身的优点和长处。

（二）合理制定评价标准

制定客观、合理的操作标准，建立正确的评价体系和机制，帮助教师在反复的实验之中，确定出最科学的量化表格，从而帮助学生更科学地提升素质与能力。

（三）引导学生，力求自评、互评客观公正

在评价过程中，学生的评价并不是特别准确，在这个过程中会出现一些附和心理、从众心理等。所以，教师在评价的过程中一定要对学生进行引导，给学生传递正确评价的重要性，并且为学生创造出民主、和谐的评价氛围，关注个体差异性，让学生在评价时也能够客观、公平，发挥评价的重要性，使评价不只是形式上的，而是对学生最正确的评价，防止对学生的成长造成负面影响。

（四）利用计算机，力求准确、快捷

实施教学评价多元化模式会出现较多的数据，会在成绩汇总中遇到很多烦琐枯燥的内容。因此，要借助计算机对数据进行科学的管理，通过对数据的分析得出最准确的结果，这样的方式更加准确、快捷。

第四节　依托大数据推进高校体育教学评价改进策略

近年来，我国高校对体育教育的重视日益增强，其中较为明显的体现是我国高校逐步将体育测试纳入考核标准，更有高校以此作为毕业必备的条件之一。高校体育教学评价作为高校体育教学的一环，有助于促进体育教学成果以客观可见的形式呈现，便于对教学效果进行检验评估，为下一阶段的教学做出反馈与调整参考。高校体育教学评价在高校体育教育中的重要性与必要性毋庸置疑，但仍需要改进和完善。大数据具有数据体量大、数据类型多、处理速度快、价值密度低等优势，将其运用到高校体育教学评价中，可以全面提升高校体育教学评价质量与效率，能够最大化地延伸课堂教学效果。

一、大数据手段在高校体育教学评价中的意义

大数据具有覆盖广、容量大、可操作等特点，近年来被广泛运用于各行业的发展。大数据在教学评价，尤其是高校体育教学评价中具有积极的意义。

一方面，大数据的运用能为高校体育教学评价提供理论指导。目前，高校体育教学评价缺乏科学指标体系、评价方法、评价保障与反馈等，部分源于从事一线体育教学的教师。他们大多数是体育专业出身，受自身教育成长环境的影响，在体育教学过程中过于注重体能与动作训练，在理论研究与探索上较为薄弱。同时，从事体育理论研究的科研人员对高校一线体育教育教学了解得不够深入细致，导致当下的体育教学评价现状不容乐观。而大数据为解决这一系列困境提供了便捷有利的工具。

另一方面，大数据的运用为高校体育教学评价提供实践参考。在体育教学与评价中，教师常常凭借自身的经验对学生进行动作指导和主观评价，却忽视了身体素质的个体性差异以及专业群体与非专业群体间的水平与目标差异。单一的体育教学评价方法可能导致教师评价的宽严标准不一、对学生的身体素质了解不够等情况。通过大数据有助于了解大样本下的体育教学评价现状及多维度下的评价，有助于提升体育教学评价的客观性。

二、运用大数据手段改进高校体育教学评价策略的研究

（一）运用大数据构建体育评价指标体系

1. 收集指标

一是要运用大数据通过派发问卷等方式广泛收集业内相关的做法，了解评价指标的分布。

二是通过对数据的编码及整合提取具有普适性和适用性的评价指标。例如，在高校使用频次与频率较高的指标，虽然表述方式上可能存在一定差异，但通过大数据进行提取后会具有较高的推广适用意义。

2. 构建体系

通过大数据提炼了体育教学评价指标后，需要对指标进行分类，使同类指标指向体育教学评价的具体维度。例如，动作类体育活动的评分除了传统的动作完成效果外，还应包括动作准备、过程性动作的准确度等。同时，通过大数据分析，还能为体育教学评价指标构建模型，了解同类指标下当代大学生的平均水平，为客观评价提供科学依据。此外，各类指标下的细分项分值占比不平均，通过大数据的整合与分析，能够对指标进行长效观察，进而了解不同指标的影响力与重要性，构建合理的指标比例体系。

3. 完善指标

由于身体素质的变化与体育教学调整，指标体系在设置后并非一成不变。通过大数据的检测能够及时预警过分偏离指标常模的情况，进而及时进行教学干预或指标体系调整。同时，通过大数据手段完善高校体育教学评价指标，能最大限度地避免"牵一发而动全身"的窘境，规避传统教学指标体系调整过程中的征集意见、试行等步骤中印发纸质文件的烦琐过程，通过大数据使指标的调整和呈现一目了然。

（二）运用大数据改进体育教学评价方法

一是改进评价过程。一方面，大数据能够从横向角度为过程性评价方法的改进提供参考。通过大数据能够掌握更大范围的评价方法，有助于拓宽体育教学评价的可选范围。另一方面，大数据能够从纵向的角度完善过程性评价方法。随着体育教学的深入，个体在体育动作技能和身体素质上都可能产生改变，大数据能够通过提供更全面的检测方法，从动作过程、体脂率、心率等指标全面了解个体的提升情况，了解个体的改变是仅停留在表面动作操作，还是真正达到身体机能改进，进而调整下一阶段的体育教学目标。

二是改进评价工具。一方面，评价工具的改进有助于增强教学评价的说服力。以常见的体育教学项目跳远的评价为例，传统评价中教师通过观察，运用皮尺等工具测量学生一次或若干次跳远的距离，容易产生角度偏移、尺子松动甚至记录失误等。运用大数据手段，可以通过红外划线等工具自动监测距离，并能够即时与学生以往的练习数据比对，最大限度避免了测量误差以及意外因素下的发挥失常。另一方面，大数据手段下评价工具的改进，使评价方法有更大的可创新空间。可以通过运动手环、运动轨迹检测仪等科技工具收集体育教学活动中的大数据，为轨迹评价、定频评价等评价方法的科学实现带来可能。

（三）运用大数据扩大体育教学评价主体

首先，评价主体可以转变为学生互评。运用大数据手段，使学生的矩阵式互评成为可能，且能够通过数据程序扩大矩阵范围。

其次，运用大数据可以促进学生自评。自评有助于激活学生的主观能动性，大数据手段有助于学生实时上报运动状态、体育活动中的感受等，为教学评价提供多方面的参考。

最后，运用大数据拓宽教师评价的外延范畴。传统高校体育教学评价中，评价主体中的教师常狭义地局限为体育教学的教师，而在新时代教育中，常提倡大教学、大思政的理念，各教育教学主体也应该纳入广义的体育教学队伍中，从而参与到高校体育教学评价中。运用大数据手段，能够通过视频录制等形式记录典型性体育活动过程，进而通过系统连接、数据比对等方式将各方评价进行有机整合，使体育教学评价不再局限于现场观摩，有效提升了体育教学评价的全面性与科学性。

（四）运用大数据做好体育教学评价保障及反馈

1. 运用大数据做好教学评价保障

一是落实评价结果应用。大数据手段下的高校体育教学评价结果应用能够得到最大限度的保障。我国高校普遍存在严进宽出的取向，高校体育教学评价结果也未能得到有效运用。通过大数据手段，能够建立学生体育学习档案、高校学生体育档案库，杜绝部分体测不达标、不参加体育学习学生的侥幸心理，有助于确保体育教学评价结果的有效应用以及阳光体育的推行。

二是建立长效保障机制。目前高校将体育教学评价结果作为整体评价的参照指标之一，如此"一刀切"的体育教学评价，不利于对学生身体素质乃至体育精神的长效培养。通过大数据手段，有助于打通家校沟通渠道，甚至发挥社会影响力，实现全方位教育因素的有效互动，促进体育教育评价长效保障机制的形成。

2. 运用大数据做好教学评价反馈

一是提高反馈效率。通过大数据手段收集的体育教学评价数据，应及时在后台系统进行整合。一方面，及时形成系统性报告反馈给学生个人。大数据的应用使信息反馈不仅局限于单一的分数，还能细致化地展现评价指标乃至学生个人的分布水平，促进学生对体育学习的改进与提升。另一方面，大数据手段的反馈结果应及时在教师中呈现。在下一阶段或其他体育项目的学习中，学生很有可能更换体育教师，而通过大数据平台的搭建，下一任教师也能及时有效地提前了解学生的基础，以便因材施教。

二是加强反馈保护。一方面，体育教学评价数据会涉及学生身体机能乃至身体健康等隐私数据，通过大数据手段进行针对性反馈有助于信息保护。另一方面，学生可能会对体育教师或体育教学的情况提出主观性的意见，通过建立大数据手段匿名反馈机制，有助于促进学生真实意见与建议的表达。

总之，大数据手段是改进高校体育教学评价的利器，有效运用大数据手段，能从评价指标、评价方法、评价保障、评价反馈等维度改进高校体育教学评价。只有如此，才能够真正发挥大数据的数据体量大、数据类型多、处理速度快、价值密度低的优势，实现更加科学化、全面化、精准化的高校体育教学评价，推动高校体育教学改革目标的顺利实现。

第九章　高校体育教学管理分析

第一节　高校体育教学管理的内涵与特点

一、高校体育教学管理的内涵

高校体育教学管理是指高校体育管理者对高校体育教学进行科学管理，使整个高校体育教学流程更加制度化和规范化的过程。其目的是提高高校体育教学质量，顺利完成高校体育教学的教学任务，最终实现高校体育教学的教学目标。

高校体育教学管理不但具有管理性的特点，而且担当了相当重要的体育课堂实施的辅助角色，所以高校体育教学管理者不但要积极学习最先进的体育教学理念和管理方法，而且要积极进行创新性融合。当然，高校体育教师也应当积极配合体育教学管理人员，积极采用先进的教学思路和模式，适应时代的发展，只有这样才能共同完成高校体育教学的目标和任务。

二、高校体育教学管理的基本特点

（一）高校体育教学管理具有很强的综合性

高校体育教学管理要对教学要素中的教师、学生、教学场地、教学器材、教学文件及教学进度等进行综合管理，因此具有极强的综合性。如果以上教学管理中的任何一个要素管理不善，都有可能直接影响整个高校体育教学的顺利开展，从而影响教学质量。

（二）高校体育教学管理的过程有着极强的连贯性

高校体育教学管理的过程本身是一个完整连贯的体系，所以管理要循序渐进，不能脱节，否则很难保证有较好的教学秩序，更不能保证有良好的教学过程。

（三）高校体育教学管理具有及时的反馈性

及时的反馈性是高校体育教学管理的一个显著特点，因为高校体育教学环节基本在室外进行，涉及的各种教学要素又比较多，这样的教学活动受到各类因素影响较多，所以在整个高校体育教学实施的过程中，教师和管理者都必须及时获取来自各方面的反馈信息，然后根据实际情况及时调整，这样才能保证高校体育教学的顺利开展，从而大大提高人力、物力、财力及体育场地和体育器材等的利用效率。

第二节 高校体育教学管理的具体内容

一、教学管理

体育教学管理是指按照体育教学规律和特点，对体育教学工作进行的计划、组织、控制的过程。它以不断提高教学质量为目的，实行全过程性管理。

（一）制订体育教学计划

开展学校体育教学工作源于教学计划的制订。制订教学计划的主要依据是：第一，教育部颁布的《体育与健康课程教学指导纲要》和体育与健康课程标准；第二，现有体育师资状况；第三，学校的现有场馆器材条件；第四，以往的学生体育教学测评统计资料。

在分析制订教学计划依据的基础上，还要注意制订教学计划的程序。否则就会产生带有先天缺陷的主观产物，这种计划不仅难于顺利实施，还会直接影响到组织目标的实现。为此，要分析现有因素，进行科学预测；区分教学层次，确立各种教学目标（普修学生的教学目标、选项学生的教学目标、保健学生的教学目标）；拟订多个为达成教学目标可供选择的行动方案，而不是单一的方案；科学决策，优选、优编最佳方案；正式编制教学计划。

（二）组织体育教学

管理的组织职能贯穿于体育教学的全过程。没有科学、严密的组织工作，就无法实现体育教学预定的目标任务。体育教学的组织过程，就是围绕教学目标对人、财、物、时间、信息等因素的配置和调整。根据管理组织职能所包含的内容，首先，要按照学校类型、规模大小，建立类似于高校现行组织管理模式的体育教学部（教研室）、教研组、专项组以及与之相配套的场馆器材室等学校体育组织管理机构；其次，要对每一层次人员进行职权分工，确定职责范围，明确各层次或横向间的协调关系；再次，优化配置各层次组织管理人员，做到人尽其才，如哪位教师可以做室主任、哪位教师可担任健美操课程教学工作、哪位教师可做某一项目的学科带头人等；最后，建立各层次体育教学管理规定，做到有规可循、有章可依，如制定体育教学考勤规定、教法研究规定、体育课考试管理规定、器材借用规定、教案检查评比规定等。

在体育教学组织管理层次中，体育教师是实践体育教学组织管理的最基层成员。他们所从事的每堂体育课教学都离不开组织管理职能的发挥，否则就无法组织一堂成功的体育课，但在以往的组织教学管理中，体育教师经常把自己视为一名被管理者。

（三）控制体育教学

体育教学目标能否实现，体育教学计划能否执行，关键是对体育教学过程进行针对性、适时性、客观性、灵活性、经济性和特殊性的控制。

在现实教学过程中，原有的教学计划往往与现实情况发生矛盾。比如，体育课某一考试标准可能定得过高，大部分学生完成困难，也有可能出现教学过程中的场馆器材条件不能满足教学需要，还有可能因客观原因造成某一个单元的体育课多次连续缺课，使该教学计划无法按原课时数完成，等等。如果以上教学过程中所出现的与计划不符的问题，不能被及时发现和反馈信息，就无法发现偏差，找出原因，采取措施，消除问题，进而影响教学目标的实现。

控制的职能发挥同样需要建立在一定的机构基础上，仅在体育教学的控制过程中，控制机构可与体育教学部、教研组、器材室等组织机构合二为一，即赋予同一组织机构多项管理职能。但控制职责必须明确，责任到人。学校课外体育活动作为学校体育课的延伸，在完成课外体育竞赛任务和达标测试工作中，完全可以仿照体育教学管理的方式运营，或者可直接依托于体育教学管理组织机构，但需制定学校课外体育活动管理规定。

二、训练竞赛管理

学校课余训练竞赛是学校体育工作的有机组成部分。它不仅能为国家培养和发现优秀体育后备人才，还能活跃学校的课余文化生活，培养出一大批体育骨干积极分子，达到提高普及体育运动的目的，对推动校园精神文明建设也将产生积极影响。为此，重视和加强学校课余训练竞赛工作，是提高学校体育工作整体水平的重要内容之一。

（一）选择运动训练竞赛项目

在一所学校选择哪一项或几项运动竞赛项目，既要受到该学校举办运动会客观条件的限制（如场馆设施、教练员情况、资金情况），也受到学校所在地区项目生源的影响（某一项目的选材有无资源和基础）。遵循学校教育规律和运动训练竞赛规律，根据学校的运动训练竞赛发展目标的要求，从众多竞赛项目中做出选择和取舍。这一过程也叫作对竞赛项目的选择或决策。

（二）建立训练竞赛管理体制

学校课余训练竞赛管理，既要遵循运动训练竞赛规律，又要符合学校教育规律的要求。所以，建立学校课余训练竞赛管理体制，是发展学校运动训练竞赛工作的基础。首先，要建立学校课余训练竞赛管理机构。其次，明确学校课余训练竞赛管理结构各层次、各部门的职责要求，如教务处负责运动员的招生和学籍的管理，体育部负责运动员的训练与竞赛以及场馆器材保证，团委（学生处）负责运动员的思想政治工作，财务处负责运动队经费问题，校医院负责运动员的伤病治疗和康复，等等。最后，制定严格的学校课余训练竞赛管理规定，如学籍管理规定、招生管理规定、训练竞赛补助规定、运动服装管理规定、竞赛奖励规定、教练员训练竞赛要求等。

（三）制订训练竞赛计划

学校课余训练计划要围绕实现竞赛目标而制订。其主要依据是：遵循学生不同年龄段的生长发育规律；遵循不同年龄组教学训练大纲的要求，注意素质敏感期的基本能力发展，科学地安排运动负荷；课余训练总体上类似于基础训练，不与职业训练、专业化训练一致；课余训练的受训对象必须接受国家规定的学校教育，而且有间断性。在充分认识课余训练计划制订依据的基础上，编制多年训练计划、全年训练计划、学期训练计划、周训练计划，每位教练员还要写好每次课的训练课教案。

学校体育竞赛计划是一所学校体育竞赛管理活动的起点和依据。其主要制订根据是：统筹兼顾，既要考虑校内竞赛计划日程，又要考虑地区竞赛计划日程，还要考虑省市乃至全国竞赛计划日程；从实际出发，制订校内竞赛计划，要充分考虑学校的规模、场馆器材设备条件、传统项目特点，区别对待，制订学校竞赛计划要清楚，重点突出，不可将每项竞赛活动均统一规模、统一要求；平衡安排，制订学校竞赛计划要考虑每学期都能有竞赛活动，并且使大小活动均衡分开。

学校年度体育竞赛日程计划是对学校学年、学期的竞赛活动所做的统一规划安排。学校年度体育竞赛日程计划的内容一般囊括了体育竞赛的项目、种类、时间、地点、参赛单位、参赛人数和主办单位等。

学校年度体育竞赛日程计划是在校领导的领导下，由体育教学部（室）根据有关部门的竞赛计划和规定，按照本校教育工作计划的安排和实际情况，经与有关单位或部门协商后制订，报校领导审查批准后执行。

三、体育科研管理

学校体育科学研究的管理范围较广，涉及组织机构、目标、人、财、物、效果等许多因素。加强学校体育科研管理的目的在于有效地组织开展学校体育科研活动。提高科研管理水平，对实现上述因素的整体优化，调动广大体育教师从事科研的积极性，提高科研效率，获得最佳研究效果，提高体育教师的素质，都会产生积极的作用。

学校体育科研管理的内容主要包括：制定体育科学技术政策；选择制订体育科研计划；科学地组织学校体育科研队伍，并按科研工作需要和个人能力组织科研人员；建设相应的研究室、实验室、课题组；为学校体育科研工作提供必要的物资条件；提供体育科研工作所需要的图书与情报资料；加强研究人员的培训工作；组织成果鉴定、推广和评奖；等等。

（一）制订学校体育科研计划

学校体育科研工作由于长期受认识限制、条件限制，而呈现出滞后于体育教学实践工作的现象，尤其是我国普通学校更为明显，即便是我国体育院校也未能成为我国体育科学研究的主力军。从宏观方面讲，实施"科技兴体"战略，围绕科技工程重点，加强基础研究和应用研究工作固然重要，但是作为学校体育科研计划的重点，还应该瞄准学校体育课题的研究与分析，探究新时期中国学校体育教育的教育思想，研究体育教育与素质教育的关系，探讨改进教学方法与教学手段对提高体育教学质量的影响，等等。鉴于目前学校体育科研工作所处的状态，我们应该有针对性地启动和指导广大普通学校体育工作者在从事体育教学实践工作的同时，开展学校体育科研工作。重点围绕如何制订学校体育科研计划以及在制订计划时应主要抓好哪些环节进行叙述。

（1）搞好学校体育科研计划与体育科研规划的衔接。任何科研计划不可能孤立地产生和存在，它势必纵向、横向地与其他体育科研规划交织在一起。这就使得每一项科研选题要紧扣国家、省部、地区及协会组织的科研选题纲目。此外，还要使规划的战略目标与计划的阶段性指标协调统一。

（2）客观真实地分析单位或相关研究范围内（课题组）的科研人员力量、人员结构层次和人员知识结构状况，其是组织制订学校体育科研计划的基础。计划可以从小到大、从局部到整体。

（3）实事求是地分析完成某些体育科研计划，看学校是否具有相应的科研仪器、设备等条件。

（二）加强学校体育科研组织

学校体育科研工作，不像学校体育教学管理、行政事务管理、场馆器材管理等工作那样经常化。但是，完成学校体育科研工作的同时，又必须加强对学校体育科研组织的管理。

1. 设立学校体育科研机构

学校体育科研机构的设立因科研项目、课题的来源不同而不同。一般应由科研项目、课题批准部门作为最高管理部门，学校科技处（社科处）和体育教学部（室）均应根据学校有关科研管理政策加以管理，项目、课题负责人为具体管理者。

2. 明确学校体育科研职责

学校体育科研职责权限，同样因项目、课题的来源不同而不同。但主要职责应由项目、课题负责人承担，并对研究成员进行具体分工。但是任何体育科研课题都需要划分为课题前期管理、中期管理和后期管理三个阶段。各阶段的管理要求也有所区别：前期管理要准，中期管理要紧，后期管理要狠。

3. 建立学校体育科研管理制度

制定学校体育科研工作管理规定，既是为了保证项目、课题任务的顺利完成，也是鼓励和约束广大体育教师自觉主动地参加体育科研工作的需要。除了按照国家、地方科研管理部门颁布实施的有关科技法规，制定本单位的相应规定之外，还可以结合学校人事分配制度改革（岗位津贴）制定体育教师岗位职责和体育科研工作任务，明确科研奖惩管理规定。

（三）加强学校体育科研控制

体育科学研究是探索未知的开拓性工作，在科技发展和科学研究的过程中不确定因素较多，因此在执行科研计划的过程中，应根据具体情况及其变化，及时向上级申请修改与调整计划。对项目、课题在研究过程中出现的新情况要进行及时的人员调整和重组。对经费的分配也应根据项目、课题进展中的新情况进行及时的调拨和再分配。对科研仪器设备也应根据需要进行更换或配备。

在整个科研控制中，尤其要重视对项目、课题研究进度的监管；针对阶段性研究成果，要及时与项目、课题研究目标进行分析、比较和对照，及时发现问题，分析原因，尽早采取措施，确保项目、课题研究工作顺利完成。

在科研控制过程中，项目、课题负责人负有重大责任。

四、体育师资管理

体育教育目标能否实现、体育教学质量能否保证的关键在教师。是否拥有一支思想作风过硬、业务素质精良的体育师资队伍，是决定学校体育工作成败的关键。因此，加强学校体育师资队伍管理，是保证学校体育工作顺利开展的重要环节。加强体育师资队伍建设应做好以下几方面工作。

（一）制订体育师资队伍建设计划

1. 科学制订体育教师编制计划

体育教师编制计划能否科学地制订，是决定学校体育能否顺利开展的基础性工作。编制富余，将造成工作量不能满负荷；编制紧缺，将带来学校体育工作质量难以保证。科学制定体育教师编制的依据是：第一，1990 年，原国家教委颁布的《学校体育工作条例》；第二，随着我国教育事业改革的不断发展，目前各院校普遍采用的师生比，以及由此而出现的各院校根据教学工作量制定的定编办法；第三，体育教师所承担的体育课教学、课外群体活动、课余训练竞赛等教学工作量总和。

2. 制订学校体育科室工作量计划

落实学校体育工作计划所需要的人力支出，是构成学校体育课时工作量的基础，是进行体育教师定编的重要依据。由于现实运行过程中，学校往往没有将开展学校体育工作的工作量完全纳入学校体育课时工作量计算范畴，导致学校体育教学工作量的实际计算有出入。制订科学的学校体育课时工作量计划，一方面使学校体育工作全年任务能够合理安排到每位体育教师，另一方面使得不同的体育工作量任务能够具备公平的价值体现。制订学校体育课时工作量计划的依据是：第一，全日制在校学生必修体育课、选修体育课；第二，继续教育学生的必修体育课、选修体育课；第三，课外群体活动指导；第四，课余训练工作；第五，校内外体育竞赛活动；第六，学生各种达标测试等。

3. 制订体育教师培训计划

制订体育教师培训计划包括攻读学位和各种短期培训。根据现有体育师资的学历状况，结合我国不同学校教育层次对教师的学历达标要求和学校学科建设需要等，选拔、培养部分优秀中青年体育教师进行学位修读是十分必要的。另外，根据学校体育课程建设的需要，尤其为满足广大学生对不同体育项目的兴趣需要，选拔推荐部分体育教师进行新知识的学习和补充，也是学校体育教学改革发展的要求。为了实现运动训练竞赛工作对体育教师训练工作和裁判工作的要求，安排承担运动训练竞赛任务的教练员和学有专长的裁判员外出学习交流，将会促进学校运动训练竞赛水平的提高。

4. 制订体育教师引进计划

体育教师学历结构较其他学科偏低的现象，在我国学校体育教师队伍中普遍存在。应根据学校体育教师的定编情况、老教师的自然离退休情况、某一项目或某一课程的需要情况等，有计划地引进高层次的体育专业教师。

5. 制订体育学术交流计划

积极主动地参加各级各类体育学术交流活动，对提高体育教师的科研水平和综合素质是非常重要的。因此，可以根据本单位制定的体育学术交流有关规定，合理安排经费情况，鼓励体育教师参加学术交流活动。

(二) 加强体育教师组织管理

学校对教师组织管理形成的一整套完备的管理机构设置（人事处、教务处、体育部）是保证对体育教师进行组织管理的客观因素。加强和落实各职能部门的职责分工，制定完善的体育教师管理规定，尤其注重在加强对体育教师使用管理的同时，强化培训工作，是对体育教师实施组织管理的主观因素所在。

学校体育师资管理方法除了通常采用的一般行政管理方法、法律管理方法、经济管理方法、教育管理方法以外，结合学校现行的专业技术人员职称评审办法和人事分配制度改革中的"岗位津贴"评审、考核、奖惩等办法，制定具有鼓励与约束并存的管理规定，就显得尤为重要。

制定和实施此类管理规定，首先，指导思想要定位于鼓励"能者上，平者让，庸者下"和多劳多得；其次，将体育教师所应承担的教学工作量和科研工作量，能量化的应量化，建立量化评审指标体系；最后，坚持方案制订民主、量化结果公开、评聘结果公布，广泛接受每位成员的监督。

五、体育经费管理

学校体育经费是开展学校体育工作的最基本的物质保障。《学校体育工作条例》明确规定学校体育经费应纳入核定的年度教育经费预算内，予以妥善安排。地方各级人民政府当安排一定数额的体育经费，以保证学校体育工作的开展。国家和地方各级政府部门在经费上应当尽可能地对学校体育工作给予支持。国家鼓励各种社会力量以及个人自愿捐资支援学校体育工作。这是学校体育教育经费管理的主要依据。

（一）学校体育经费的收入渠道

学校体育经费的收入来源主要有事业拨款、学校筹措、社会集资和自行创收等。事业拨款是指从教育行政部门按学生人数下拨的教育事业经费中用于体育的比例部分，它包括用于维持正常学校体育工作开展的体育维持费和用于购置大型体育设备所用的体育设备费以及学校体育场馆建设专项经费等；学校筹措是指学校内部从创收、校办产业等方面划拨给体育教师的获奖经费，一般用于体育教师的课时酬金补贴；社会集资是学校或体育教学部因举办重大比赛、参加重大比赛、体育场馆建设等向社会各界募集得到的赞助费；自行创收则是由体育教学部通过合法的手段向师生和社会人员提供有偿服务而获得的收入。

（二）学校体育经费的支出内容

学校体育经费的支出一般包括维持正常体育教学、课外群体活动、运动队训练竞赛、场馆器材维护、图书资料添置的体育维持费，购置大型体育器材设备的体育设备购置费，建设体育场馆的专项建设费，用于体育教师和行政后勤人员的奖励经费和后勤经费，用于体育管理机构的日常办公经费，等等。

（三）学校体育经费预算

学校体育经费的预算，一般是按年度对体育教育的各项经费进行收支预算。学校体育经费预算的依据是：①国家和学校的有关财政法规制度；②当年度学校经费预算的指导思想；③学校对经费预算的内容要求；④上年度收支指标完成情况分析和决算财务分析；⑤本年度开展学校体育工作所需要的经费预测或者与上年度相比主要增减项目；⑥本年度学校体育自我创收经费估计；⑦熟悉预算科目和预算表格。

体育教学部（室）在体育经费的使用和管理中，应当严格执行国家和学校制定的财务制度与经费使用办法，应本着勤俭节约的原则依据财务管理的规定和权限，履行相应的报批手续。

六、体育器材管理

学校体育工作的开展必须依赖于体育场馆设施和器材设备的物质条件。根据学校各自的实际情况，实施学校体育器材管理包括以下内容。

（一）制定体育器材管理规定

根据国家有关规定，要求学校将体育场馆建设纳入学校的建设规划，将体育器材设备添置纳入学校教学仪器供应计划。制定各种体育器材管理规定，包括体育场馆的使用管理规定、体育器材设备的购置管理规定、体育器材的报废处理管理规定、体育器材的借用管理办法、体育场馆器材设备维护管理规定等，努力提高体育场馆的使用率。

（二）体育器材应由专人管理

体育器材是学校进行体育教学，开展体育活动和比赛的必备设备，应由专人负责管理。

（三）各类体育器材分类科学管理

各类体育器材应按统一账目要求分类登记入册，增减应及时记账。室内体育器材要分类科学存放。

（四）师生借用体育器材时应严格按规定办理借用手续

师生需要使用体育器材时，必须遵守学校的借用制度。体育教师因教学工作需要长期保管使用的器材要按规定办理借用手续。

（五）体育器材定期检修

学校应指定有关教师，对体育器材经常检查松动件和损坏处，如发现问题，应该及时修理。为延长室外固定器材寿命，学校要定期油漆，经常维护保养。

（六）管理人员信息应完善

管理人员更换时，要按规定办理好交接手续，由总务主任监督交换。

七、体育宣传管理

加强学校体育宣传工作，不仅可以提高全体同学的体育认识，增强其自觉锻炼的积极性，以便他们及时了解国内外所发生的重要体育新闻，烘托校园体育文化氛围，也可使他们通过及时了解学校代表队、国家运动队所取得的优异竞赛成绩，增强热爱学校、热爱祖国的向心力和凝聚力，进而激发学习热情。

为加强学校体育宣传教育工作的管理，要建立一定的组织和制度。高校可以利用优越的学校宣传媒体，发挥校园网、校报、校内广播电视和体育专栏的作用，形成以学校宣传部、团委、学生会、学生记者为主线的校内宣传体系，加大对学校体育工作的宣传力度。高校可在体育教师的指导下，协调党支部、学生会，成立体育宣传小组，各班级设置宣传员，形成宣传网；同时通过场报、黑板报、广播、体育图片、摄影展览等手段进行宣传和教育活动。

体育宣传工作要注意计划性、及时性、鼓动性的统一。

八、体育档案管理

体育情报资料和档案资料是开展学校体育工作的主要信息来源，也是进行体育科学研究的重要参考依据。

（一）制订体育情报资料和档案管理计划

像其他工作一样，学校体育情报资料和档案管理工作也应该有计划性。制订体育情报资料和档案管理计划的依据是：第一，学校对各类情报资料和档案管理的规定要求；第二，了解体育情报资料的专业性内容、相关学科情报资料的有关内容；第三，区分体育情报和档案材料的类别，预算年度体育情报经费。在充分考虑以上有关依据的前提下，编制体育情报资料和档案管理计划。

（二）建立体育情报和档案资料管理内容

在学校图书馆和档案室的业务指导下，体育教学部（室）要成立体育资料室，配备专职资料员或兼职资料员，明确工作职责。制定体育情报和档案资料管理规定，制定体育资料借用办法。

（三）体育情报和档案资料管理内容

（1）体育图书资料：包括选定的各种中外文期刊、报纸、各种图书，并对其做好采编、建卡、借阅、保管和咨询等工作。

（2）体育教学档案：包括各级体育教学文件、单位体育教学计划、教材、大纲、教案、学生体育课成绩、教学获奖、教师考核情况等。

（3）学生体质健康档案：包括对学生进行的《国家学生体质健康标准》测试统计结果、学校和年级学生达标率及有关分析资料。

（4）体育竞赛档案：包括各种体育竞赛规程和文件、竞赛秩序册和成绩册、竞赛记录统计情况等。

（5）行政文件汇编：包括学校和上一级行政体育主管部门下发的各种文件（分类建档）、单位的各种管理规定、年度各种考核评估资料、年度或学期总结、各种重要会议的记录、各种重大活动的材料等。

第三节　高校体育教学管理存在的问题与创新策略

一、高校体育教学管理存在的问题

（一）高校体育教学管理理念滞后

近些年，我国高校体育获得了长足的发展，高校体育发展理念也在不断适应社会需要的过程中不断革新。然而，在高校体育快速发展和教育理念不断更新的大背景下，高校体育教学理念严重滞后于高校体育发展理念，在一定程度上制约了高校体育事业的整体进步，影响高校体育教学的改革和发展，使高校体育教学管理工作效率非常低。

（二）体育教学管理缺乏整体协调能力

现阶段，我国高校体育教学管理过程存在诸多问题，如管理机制设置不够科学合理，各机制之间未能很好地协调运作，场地设施管理、教师管理、学生管理、教学考核评估、教学经费投入等环节存在不同程度的缺陷。尤其是在体育教学评估考核体系中，未能确定符合实际情况的指标，大部分指标的确定是对学校教育教学管理制度的回应，指标构建不够系统。针对学生管理与教育，许多教师停留于传统的管理模式和教学方式。在动作技能的学习方面，学生常常因对教学重难点的把握不准确而影响学习效率。此外，体育教师教学活动、赛事组织、奖励机制等也是教学管理中应完善与精细化的重要部分。

（三）体育教学管理制度和体系不健全

作为一项综合性和实践性比较强的工作，公共体育教学管理工作对学校的综合实力以及管理水平是一个较大的挑战。一些学校尽管坚持围绕国家教育教学方针主动调整了工作思路，但在教学管理上还没有构建完善的管理制度和管理体系，忽视不同管理环节之间的联系以及互动，工作中出现了管理遗漏和管理偏差等问题。体育活动中学生的参与能动性不足，整体的教育管理质量不够理想，严重束缚了学生的个性化成长。很少有教师着眼于教学改革、教学实践以及教学管理工作的相关要求，在全面调整以及改进的过程中进行明确的界定以及分析，整体管理水平不高，与预期目标之间的差距非常明显。

（四）高校体育教学管理队伍建设缺失

高校的决策层如果对教学管理不够重视，相关的建设就会十分落后，管理队伍质量得不到保障，管理工作的效果也会大打折扣。高校教学管理队伍的构成不完全是专业管理人员，还包括一些承担教学任务的教师。他们的管理专业能力相对较低，没有接受过系统化培训与锻炼，也没有足够的时间和精力投入到管理工作，这势必影响教学管理的质量。此外，高校体育教学管理队伍的结构不合理，职称偏低、年龄偏大、男性偏多等问题明显，亟须优化管理队伍。高校缺乏对体育教师的激励机制，会极大影响体育教师的工作热情，长久来看不利于体育教学的研究与发展。

（五）管理方法和手段固化，缺少灵活性

体育教学管理包括课堂教学、体育教学质量评价、课程改革等。传统教学忽视过程和方法分析，而新时代的教学要求培养学生的顽强意志和坚忍品格。在对目前的高校体育教学管理工作进行分析和研究时发现，部分学校出现了走极端的问题，要么直接放任自流，让学生自由发挥；要么直接以控制式教学为主体，对学生进行简单的命令及苛责。这两种教学管理方式都不利于学生的自主实践，无法真正满足学生的个性化发展需求。学校和教师若不能够站在学生的角度去了解学生的真正发展需求，着眼于学生的兴趣爱好，就难以在调整管理方法和管理手段的过程中给予学生更多参与体验式学习的机会。很多学生缺乏内驱力，难以意识到体育参与的乐趣以及对个人发展的重要性，因此疲于应付、消极对待。

二、高校体育教学管理的创新策略

（一）更新高校体育教学管理理念

要积极更新高校体育教学管理理念，结合高校体育教学实际改革教学管理模式，以适应高校体育发展的需要，为高校体育发展服务。高校体育教学管理工作要最大限度地挖掘和发

挥传统教学管理的优势，也要不断吸收先进的教学理念和工作方法，学习和掌握新时期体育教学管理的手段和方法，与新时期高校体育教学的新发展相适应。要借鉴国内外高校体育教学管理模式的成功经验，大胆创新和实践体育教学管理模式，形成符合学校特点的体育教学管理模式。

（二）构建适应现代高校体育教学管理规律的运行机制

高校体育事业的发展离不开科学的体育管理。要提高学生的身体素质，提高学校的体育教育水平，就必须建立完善的体育管理模式。因此，应构建完善的教学管理机制，各机制间相互协同管理，责任与分工更加细化；建设相关制度，大力推进高校体育管理的规范化、法制化，通过制度来管理，从而反映出体育教师的教学任务完成情况。制度管理能够监测教师的教学质量与效果，评判学生的学习效果，对运动硬件设施进行有效监控，从而保证体育教学的顺利进行。

（三）创新高校体育教学管理方法和手段

在完成前期的主体教学管理工作后，教师需要进行后期的总结及反思，了解前一阶段教学管理工作中存在的各类不足，积极创新管理策略和管理手段。高校体育教师要突破互联网信息教育技术的短板，掌握现代化教育教学手段，结合国家课程思政教学改革理念，在体育课中融入课程思政教学元素。高校应重视教师教学能力的培养，充分利用教研活动和教学创新大赛等形式不断提升教师的教学探索能力。

（四）推进高校体育教学管理信息化、科学化、高效化进程

"互联网＋"时代的到来，使我国信息技术有了质的飞跃。推进高校体育管理的信息化，对我国高校体育管理有重要的意义。高校是科技发展的摇篮，高校体育管理信息化有先天优势。在已有条件下建立全面、专业的体育管理体系，积极创新，灵活变通，才能使体育管理工作既遵守原则又具有灵活性。我国高校的体育管理者应提高自身的科学化管理水平，并根据实际能力促进体育管理的信息化、科学化，加大对体育事业的投入，使我国的高校体育管理更系统、科学、灵活，与当代社会衔接。

（五）优化高校体育教学管理环境

高校领导要提倡体育教育革新理念，将体育教育管理作为提高大学生综合素质的重要手段，加强对体育教育管理工作的重视。首先，要从思想上重视体育教育管理，将其纳入整个学校的重要发展方向。其次，应通过各种渠道加大对"大体育节""体育竞赛活动"等体育课外活动的投入。最后，学校还应注重体育活动的举办，争取社会团体的赞助，再以赞助资金反哺学校的体育活动或教学发展。学校要使体育建设经费的管理更加科学化，应使每笔体育建设经费都用到实处。

（六）强化体育教师的体育教学管理意识和能力

体育教师在课中不仅要把教学内容教好、把教学计划执行到位，还需在教学过程中提高对学生的课堂管理。没有规范化的管理，就没有严格的课堂纪律，纪律差必然会影响教学质量和教学效果。体育教师在教学训练中发现学生偷懒时，必须给予相应惩罚，并进行思想教

育，培养学生端正的学习态度。因此，体育教师在教学过程中要提高课堂管理意识，充分发挥学生学习的主体性，激发学生的参与意识，树立终身体育锻炼的良好习惯。

第四节　高校体育教学管理中融入"互联网＋"模式的策略

一、在高校体育管理中融入"互联网＋"模式的背景

体育是增强个体体质、锻炼机体能力的重要途径，在当前素质教育背景下，"全民健身""阳光体育"等一系列思想对高校体育管理做出了详细的指导与建议。令人担忧的是，伴随生活品质的提升，物质资源越发充实，高校人才的平均身体素质、机能指标却呈现出大幅下滑的趋势，大学生肥胖率逐年上升，视力不良者占比不断升高，等等。在此背景下，一些高校却并没有及时做出管理变革措施，体育教学模式较为老套，资源传递范围有限，无法满足学生课余锻炼需求；体质监测数据管理薄弱，存在错记、漏记等混乱现象，难以起到监控引导作用；在体育场馆的应用上，同样存在着申请流程烦琐、缺乏人性化的现象；体育行政管理中，通知较为滞后、人员信息不全的问题也十分常见，给高校体育事业的发展带来了较大阻碍。互联网的出现为这些问题的解决提供了新思路，其隶属于信息技术范畴，是伴随着计算机技术发展而逐渐成熟和完善起来的，能够打破时空限制，在不同设备节点之间建立连接，扩宽了信息获取通道，同时加快了资源传递速度。它的普及和推广改变了时代面貌，深化了人们对信息价值的认知，引进"互联网＋"模式，可以有效降低大数据整合难度，为教学资源共享打通渠道，简化管理流程，是高校体育管理现代化转型的重要手段。

二、在高校体育管理中融入"互联网＋"模式的策略

（一）用"互联网＋"革新体育教学管理

在高校人才体育素质的培育过程中，教学处于中心环节，教育者、受教育者以及教育影响是这一双边活动的重点要素，三要素之间应当保持良好的交互、沟通关系，教学活动才能真正进入动态平衡，从而达成教育目标。"互联网＋"模式下，高校应当建立起开放性的信息化管理平台，根据实际需求进行模块划分，对教学制度、文件等进行公示。

通过该平台，教师可以上传阶段性体育教学计划，组织学生参与课堂教学，布置课堂练习作业，还可以对体育教学资源进行数字化处理，以文字、视频等多媒体形式发布在平台当中，方便学生下载观看，当学生完成课堂学习后，将体育动作录制成影像资料进行上传，收集教师及同伴点评、建议，及时纠正错误姿势，实现教育者与被教育者之间的良性互动，增强课程安排的灵活性。在线下课堂教学中，教师同样可以引入计算机辅助教学技术，体育教学中注入跳远、铅球等的技巧相对较多，稍纵即逝的变化难以捕捉，教学效果很难保障。而计算机辅助教学技术与机械演示、重复的传统教学不同，主要借助 Flash 等软件进行理论传授，可以将连贯的动作进行分解，并以慢动作展示给学生，让学生在趣味、生动的课堂氛围中，熟练掌握动作要领，同时计算机辅助下动作规范变得更加容易，有助于培养学生的自学能力。除高校专用平台外，微信公众号、手机 App 也是不错的教学通道，教师可以就体育教学中的重点、难点问题录制微课，发挥"互联网＋"的作用。

平台中设置有学业成绩公示栏，除体育理论、考勤、技能成绩外，还有阳光活动、体质测试等相关记录，学生通过手机、电脑等终端设备就能便捷查询，方便其及时发现不足，从而自发地增强体质锻炼。从课程角度来看，普通高校体育教育中涉及了众多选修课程，借助互联网平台，管理者可以详细罗列课程信息，设置上下限人数，方便学生查看场地、教师等资讯，选择自己感兴趣的课程，从而提升体育教学的管理效率。

(二) 用"互联网＋"优化体育科研条件

科研是高校教师重要的工作内容之一。在体育学科领域，科研主要是指为了探索体育运动本质、发掘体育规律而开展的一系列研究活动，内容涵盖了运动训练理论、运动医学、心理等，能够为体育教学的革新提供方向和依据。体育研究方法较为多样，如文献法、调查法等，涉及自然科学的相关问题时，还需要借助实验室进行检测、观察。现阶段高校体育科研进展中，科研资料匮乏、信息不畅通等问题仍旧较为棘手，无法为科研项目的推进提供大量、有效的数据支撑，相关实验器材、设施也存在较大缺口，阻碍了高校体育科研的进步。

现阶段各高校虽然也配备有科研网站，但大多功能只局限于统计科研成果、公布科研进展，但信息支撑的作用并不明显。在"互联网＋"模式中，高校应当从校内外两个层面入手，建立信息共享机制，为体育科研筑牢基础，从校内角度来看，主要是做好制度建设，将图书馆、实验室、阳光操场等体育科研支撑部门整合起来，规划好开放信息范围，指派专人进行上传和更新，科研主体凭借账号密码就可登录相关平台进行数据获取，从而提升数据流通速度，促进本校体育科研的进步，过程中要注意结合防火墙等技术做好安全管理。从校外角度来看，则要加快共享格局的建成，以教育主管部门为中心，联合专家小组建设科研数据共享平台，整合区域内的体育科研资源，促成体育科研成果的诞生。

(三) 用"互联网＋"提升体育活动质量

高校体育活动具有形式多样、趣味性强的特征，是对体育课堂的有益补充，在"互联网＋"模式下，可从以下四种不同类型入手促成融合发展。

第一，课余锻炼。此类型组织主体较为灵活，校方可以结合实际情况，安排早操、课间操等活动，还可以邀请体育专家举办体育培训讲座，并通过互联网平台发布相关讯息，号召学生积极参加。对于学生自发组织的课余锻炼活动，高校则应给予充分支持，以互联网平台为基础，及时公布和更新相关场馆的开放时间、管理条例等。

第二，体育社团。该模块可采用论坛模式，以社团管理员为领导，在校园范围内建立开放性的交流平台，不同社团成员可以在论坛中自由发表观点，沟通体育技巧，社团开展的活动、竞赛也可以制成录像上传至论坛中，供成员观看借鉴，过程中注意交流秩序的维护，及时剔除违规言论。

第三，竞赛管理。对于校运动队来说，管理对象主要为队组教练、队员、训练经费等，互联网平台搭建可以以此为依据，设置训练计划公示模块、经费公示模块、迎新宣传模块等，提升队内信息流转水平，实现民主监督。对于校运动竞赛来说，则要立足于实际需要，设置宣传板块、项目公示与报名板块、运动员检录、成绩公示板块等，提升体育赛事的透明度，发挥互联网的号召作用。

第四，"阳光长跑"。这是由教育部、体育总局牵头组织的全国性体育活动，其主要目的是响应中央指示，锻炼高校学生耐力素质，提升其运动能力。传统管理模式下该项目执行难度较大，很难准确衡量学生完成情况，而在"互联网＋"模式下，体育管理智能化水平提升，高校可以借助地理信息系统规划长跑路线，并结合 GPS 技术收集学生的长跑信息，自动生成阳光长跑纪录。移动终端上不仅可以显示历史路线、全国排名，还能提示消耗卡路里数等，让学生对自身身体素质的变化有直观感受，激发其体育锻炼动力。管理者在接收到交通安排、气象状况等信息后，也可以及时更新资讯，方便学生调整长跑安排，推动阳光长跑项目的落地实行。

（四）用"互联网＋"加强学生体质监控

体质是用于衡量人体身心健康状况的概念，主要指在功能活动、形态结构等方面表现出来的特质，具有相对稳定性和独特性，它与先天素质、遗传基因等有一定关联，但同时受生长环境、后天锻炼的制约，适当的体育活动能够改善个体体质，提升其身心健康水平。由于高校学生总数较多，体质监测项目又相对较多，管理过程中数据收集、存储等环节工作量往往较大，依靠人工梳理又很容易发生错记、漏记等问题，监测压力较大。在"互联网＋"管理模式下，高校体育部门可以积极借鉴大数据处理技术，畅通校园局域网络，以院系、班级等为单位进行数据采集，所有测试成绩通过移动终端实时录入，汇总至控制中心，建设分布式数据库，提升非结构性数据存储的安全性和便捷性。数据在满足上传需求的同时，也支持对外开放，教师、学生均可通过校园账号登录查看。校方要加强大数据人才的引进，提升大数据系统处理功能，达到依据检测结果给出膳食、运动优化建议，匹配训练方案的目的，充分发挥体质监测的作用。

（五）用"互联网＋"完善体育场馆管理

体育馆、操场等是高校实施体育教学的主要场所，也是高校学生参与体育竞赛、开展体育活动的基础。受多种因素影响，当前各高校体育场馆管理模式存在着较大差异，部分院校沿用自体管理，由学校后勤部门或场馆中心统一承担管理任务，还有部分院校采用委托经营模式，由外部合作企业承担管理任务。在这些管理模式中，或多或少存在着一些不足，前者主要集中在造血功能匮乏上，体育场馆运行依赖性较为明显，维护、清洁费用全部由学校财政支付，负担较大；后者则主要表现在开放性不足，学生无法及时了解到场馆信息，使用较为不便。在"互联网＋"模式下，高校可以从以下几方面着手完善体育场馆的管理。首先，积极完善组织架构，建立专门的体育场馆管理团队，面向 App、PC 端搭建信息公开平台，闲置场馆数量、预约情况等一目了然，室外场馆夜晚照明情况也能直观反馈，方便学生合理规划运动时间。

其次，发挥自身优势，与区域内高校建立良好联系，以体育场馆为对象展开资源共享，通过该平台，各校区场馆管理人员也能及时交流经验，提升体育管理综合水平。

再次，以"互联网＋"平台为依托，建立有偿社会服务模式，面向周边居民更新场馆使用信息，开放体育运动场地，实现经济创收。过程中要注意做好长期数据统计，科学分配场馆资源，规避人员拥挤、踩踏等风险。

最后，推动"智能体育场馆"的建设，提升场馆服务水平。比如，在人工管理的基础上，增添门禁打卡装置，对入场人数、高峰时间进行统计，并以此为依据发布公告提示；在特定的运动场所配备电子提醒设备，循环播放有关运动的注意事项、健身常识、热身要点等，丰富使用体验。

（六）用"互联网＋"改进体育行政管理

高校办学规模通常较大，因此行政管理的管理对象众多，工作常常兼备繁重性与复杂性，主要集中在人员信息管理、日常办公管理等方面，还要承载体育赛事展示、宣传等任务，传统模式下由于信息上传下达速度较慢，流程又较为烦琐，存在着办事效率低、管理滞后等种种弊端。在"互联网＋"模式下，体育行政部门应当对各要素进行重新梳理，在板块划分的基础上，运用网络技术进行管理。首先是人员模块，对于教师群体来说，要做好信息收集、科研成果公示等，为部门宣传提供素材，为学生选课提供参考；学生群体的管理中，则要与辅导员建立联系，以学院、班级为单位加快电子档案转化脚步，同时加强社团、俱乐部等成员的梳理。其次是办公模块，应当建立开放性、综合性的查询机制，面向学生本人、教师开放查询平台，提供体育成绩、体质监测数据等信息，同时对阳光长跑统计情况进行展示，提升体育资讯获取畅通度，要配备好实时下载功能，可以直接将电子版成绩单、通知公告、信息表格等存储至设备终端，方便后续打印、使用。场馆申请、费用报销等具体办公活动也可以直接在网络平台处理，简化审批流程的同时也能提升公开性和透明度，为监督管理创造条件。最后是互动交流模块，传统体育行政管理中，办事流程较为封闭，学生、教师无法实时跟踪办理进度，一些有关高校体育政策、安排的疑惑也无人解答，因此在"互联网＋"模式中，应当突出其高交互性的典型特征，建立实时应答平台，配合留言讨论功能，由行政人员负责专门管理，解决在校师生的疑难问题，收集有关体育建设的意见，提升师生作为主体的参与感，推动校园体育氛围的营造。

综上所述，"互联网＋"思维具有鲜明的共享性、融合性特征，能够为体育管理的优化提供新途径和新方向，各高校应当正视该模式的优越性，从体育教学、科研、活动等方面对管理方式进行优化，用信息化理念武装头脑，不断完善体育管理制度，加强技术人才培育，在共享共建机制中，提升资源互通效率，为高校人才综合素养的培育奠定扎实的基础。

第十章　高校体育教学信息化建设与管理

第一节　信息化教学概述

一、信息化教学的基本理念

自 20 世纪中叶以来，以电子计算机和通信技术为代表的现代信息技术的出现带来了"信息技术革命"，它使当今世界发生了人类有史以来最为迅速、广泛、深刻的变化，促使人类社会迅速进入了信息社会。信息技术的飞速发展，对社会的各个领域，对人类生活的各个方面都产生了巨大影响。信息技术在教育中的应用，引起了教育教学的深刻变革，信息化教育就是随着"信息高速公路"的发展被提出来的，它是以现代信息技术在教育教学中的广泛应用为特征的新的教育形态，是教育适应信息社会发展的必然结果。

正如教学是教育的主体与核心一样，信息化教学也是信息化教育的主体和核心，它是与传统教学相对而言的一种教学形式，它注重现代教学媒体在教育中的应用。

所谓信息化教学，就是指教育者和学习者借助现代教育媒体、教育信息资源和方法进行的双边活动。它既是师生运用现代教育媒体进行的教学活动，也是基于信息技术在师生间开展的教学活动。

信息化教学是与传统教学相对而言的现代教学的一种表现形态，它是在现代教学理念的指导下，重视现代信息技术，如现代网络技术、计算机及多媒体技术、卫星通信技术等在教学中的作用，充分利用现代教育技术手段，应用现代教学方法，调动多种教学媒体、信息资源，构建良好的教学与学习环境，并在教师的组织和指导下，充分发挥学生的主动性、积极性、创造性，使学生能够真正成为知识、信息的主动建构者，从而达到良好的教学效果。

在信息化教学中，教师利用多样化的教学环境、丰富的教学资源，在先进的教学理念的指导下组织教学内容，设计并开展形式多样的教学活动。学生则在信息化环境中利用丰富的资源和多样化的交互工具开展合作学习、探究学习，主动对知识进行意义建构，从而促进个人的全面发展。现代教学倡导的"以人为本、以学生为本"的教学理念。主要表现在以下六个方面。

（一）强调学生的主体地位

建构主义理论认为，学生是教学活动的积极参与者和知识的建构者，教学应当以学生的"学"为主要任务，学生是教学过程的主体，一切教学活动都要围绕学生的"学"来展开。在现代教学中，学生是具体的、有丰富个性的、不断发展的认识主体，是具有主观能动性的独立个体和群体。教学是学生在教师指导下，有目的地去获取对客观世界认识的知识，发展社会适应性的能动过程。学生的主体性在教学过程中具体表现为自主性、主动性和创造性。

（二）从强调知识的积累和技能的训练转变为学生主动建构

建构主义学习理论认为，知识不是通过教师传授得到的，而是学习者在一定的情境，即社会文化背景下，借助其他人（包括教师和学习伙伴）的帮助，利用必要的学习资料，通过意义建构的方式而获得的。因此，近年来，学习者由过去被动地接受知识向主动建构知识的方向转变。

（三）学生改变以往接受式的学习，转变为自主、探究、合作式的学习

新课改明确指出，要改变课程实施过于强调接受学习、死记硬背、机械训练的现状，倡导学生主动参与、乐于探究、勤于动手，培养学生搜集和处理信息的能力、获取新知识的能力、分析和解决问题的能力以及交流与合作的能力。因此，教师应当首先改变以往的教学方式，运用信息化教学方式培养学生的自主学习、探究学习、合作学习的能力，其次，从各个方面培养学生主动探究、合作学习的意识，最后让学生意识到只有积极主动地学习才能够适应信息化社会的需求。

（四）强调活动的重要性

传统的教学活动主要是知识的"授—受"活动。现代的教学活动观念要求在教学中充分认识到活动的重要性和多样性，教师要为学生设计多种性质的活动，组织学生在活动中进行不同形式的学习，在活动中充分发挥学生的主动性、自觉性，培养学生的创新意识、创新精神、创新能力，促使学生的知识、能力和个性全面发展。

（五）强调学生的主观能动性

在教学过程中要激发学生学习的兴趣和探究的激情，尊重学生的个性和特长，注重学生在学习中的积极参与，最大限度地挖掘学生的潜能。教师应当利用多媒体技术有效地激发学生的学习兴趣，利用多样化的教学方式促进学生积极主动地对知识进行自主探究。

（六）强调师生积极主动地互动交流

多样的师生互动交流，有助于缩短师生的心理距离，增强学生的学习兴趣；有助于学生在学习中共享生活经验，完善知识结构，促进社会性学习，发展社会性素质。对于教师来说，师生之间的互动交流可以使教师放下权威的架子，与学生平等交往，有助于教师与学生相互学习，共同提高。

二、信息化教学与传统教学的差异

信息化教学与传统教学没有本质的区别，它也是教师的教和学生的学的双向共同活动。但是信息技术的出现和多媒体在教学中的应用，使得信息化教学在教学手段、教学资源、教学环境以及教学模式等方面有了新的特点，并与传统教学相比有了很大的差异性。

（一）教学手段的差异性

从广义来讲，教学手段就是为了实现预期教学目的，教师和学生用来进行教学活动，作用于对象的信息的、精神的、物质的形态和力量的总和。在这里教学手段主要表现为某种具体的教学媒体。传统的教学媒体主要有黑板、教科书、标本、模型、图表等。因此，传统的

教学手段是指教师针对教学内容，运用简单的媒体，单向传播教学信息的方式。信息化教学手段主要是随着多媒体技术在教学中的应用，教师将原来以教材形式存在的各种文字、图像、数据、表格转化为数字化的教学资源，利用多媒体呈现的方式进行教学。同时，多媒体资源能够快速方便地通过网络传递、共享，提高教学效率。传统教学手段与信息化教学手段的差异见表 10-1。

表 10-1 传统教学手段与信息化教学手段的差异

教学手段 项目	传统教学手段	信息化教学手段
表现形式	单一化	多样化
媒体特征	传统媒体	多媒体
讲授方式	灌输式讲授	交互式指导
信息传递	单向传递	双向、多向传递

传统教学的形式单一，主要是以课堂教学为主，教师传授知识、学生接受知识是主要的教学活动。信息化教学的形式多样化，在各种类型的教学环境中开展多样化的教学，如自主学习、协作学习、探究学习等。传统教学主要借助单一化的媒体开展教学活动，教学媒体承载教学信息的能力比较低，传递教学信息的功能比较简单、机械。信息化教学手段具有丰富的教学功能，通过大屏幕投影清晰地传授知识，通过网络开展小组讨论、师生答疑、作业提交、网上学习和测试等，加强了师生之间的交流，培养了学生的自主学习能力。信息化教学能够提高学习效果，信息化手段集声音、图像、文字等多种信息于一体，极大程度地满足了学生视听等感官需求，激发了学生的学习兴趣。传统教学大多数采用灌输式的讲授方式，教学信息是从教师到学生的单向传递，没有考虑到每个学生的特点，不能做到因材施教，从而使教学比较枯燥乏味，不利于学生认知能力的发展。信息化教学采用的讲授方式是交互式指导，教师与学生之间互动交流，教学信息可以双向或多向传递，既可以从教师到学生，也可以从学生到教师，从而使师生之间形成平等的地位，有利于教学活动的有效实施。

同时，信息化教学具有直观性，它可使形、声、色浑然一体，把一些传统教学手段无法表现的复杂的过程、一些不易观察和捕捉的现象、一些无法现场呈现的场景，都真实、鲜活地呈现在课堂上，创设生动、形象、具有强烈感染力的情境，调动学生学习的积极性，使学生更好地掌握知识，从而提高教学效果。它具有传统教学手段所没有的趣味性、直观性，可以充分调动师生的积极性、主动性和创造性，突破教学的重难点，从而更加容易达到教学目的，使学生在愉快、轻松的环境中获得知识。

尽管传统教学手段和信息化教学手段有一定的差别，但是它们都有各自的优点，在教学过程中，它们是相互补充、取长补短的关系。我们应当将传统教学手段与信息化教学手段结合起来，实现优势互补，才能最大限度地提高教学质量。

（二）教学资源的差异性

教学资源是支持整个教学过程达到一定教学目的，实现一定教学功能的各种资源总和，是教学系统中的一切物化资源和非物化资源，主要包括教学资料、支持系统、教学环境等。传统教学资源与信息化教学资源的差异见表 10-2。

表 10-2　传统教学资源与信息化教学资源的差异

项目 ＼ 教学资源	传统教学资源	信息化教学资源
教学材料	书本、教科书、挂图、教学器具、课件、教学电视等	数字化素材、教学软件、补充材料等
支持系统	教师和同伴对学习者的指导与帮助	现代媒体和学习工具对教与学过程的参与，网络信息对学习内容的补充
教学环境	以教室为主，以课堂教学为主要教学形式	以信息技术的应用为特征，多样化的教学环境和教学形式

　　教学材料蕴含了大量的教育信息，是能创造出一定教育价值的各类信息资源。传统教学材料包括书本、教科书、挂图、教学器具、课件、教学电视等。信息化教学材料指的是以数字形态存在的教学材料，包括学生和教师在学习与教学过程中所需的各种数字化的素材、教学软件、补充材料等，具体形式有：文本、图形/图像、音频、视频等素材类教学资源、虚拟实验室、教育游戏类、电子期刊类、教学模拟类、教育专题网站等集成型教学资源以及网络课程。

　　支持系统主要指支持教师有效开展教学活动以及学习者有效学习的内外部条件，包括学习能量的支持、设备的支持、信息的支持、人员的支持等。传统的支持系统主要是指教师和同伴对学习者学习的指导与帮助，以及工具书对学习者学习的帮助等。

　　信息化教学资源的支持系统主要指现代媒体和学习工具对教与学过程的参与，以及海量的网络信息对学习内容的补充等。

　　教学环境不只是指教学过程发生的地点，更重要的是指学习者与教学材料、支持系统之间在进行交流的过程中所形成的氛围。传统的教学环境以教室为主，以课堂教学作为主要的教学形式。信息化教学环境以信息技术的应用为特征，包括校园网、多媒体教室、电子网络教室、电子阅览室、语音实验室、网络教学平台等，教师可以利用多样化的教学环境开展课堂教学，组织学生协作学习、探究学习，指导学生自主学习。

（三）教学模式的差异性

　　教学模式是依据教学思想和教学规律而形成的在教学过程中比较稳固的教学程序及其方法的策略体系。它包括教学过程中诸要素的组合方式、教学程序及其相应的策略等。传统教学模式与信息化教学模式的差异见表 10-3。

表 10-3　传统教学模式和信息化教学模式的差异

项目 ＼ 教学模式	传统教学模式	信息化教学模式
教师的地位	知识的灌输者	学习的指导者、帮助者
学生的地位	被动接受知识	主动构建知识

续表

教学模式 项目	传统教学模式	信息化教学模式
媒体的作用	教师向学生传授知识的工具	教师教的工具、学生学的工具以及交互工具
教学内容的主要来源	课本、教材	课本、教材、网络资源

在传统教学模式中教师是知识的主动施教者，学生是被动接受的对象，媒体是辅助教师向学生传授知识的工具，作为认知主体的学生在整个教学过程中处于被动的地位，扼杀了学生的主动精神和创新能力的培养和发挥。这种模式的优点是有利于教师主导作用的发挥，有利于教师对课堂教学的组织、管理与控制；但它存在一个很大的缺陷，就是忽略了学生的主动性、创造性，不能很好地体现学生的认知主体作用。不难想象，作为认知主体的学生如果在整个教学过程中处于比较被动的地位，肯定难以达到比较理想的教学效果，更难以培养出创造型人才。

随着现代信息技术在教育领域的应用，特别是网络教学的广泛应用，师生都处于一个信息来源极为丰富和多样的环境中，两者获得信息的机会几乎是均等的。教师不再以信息的传播者或组织良好知识体系的呈现者出现，而应由原来处于中心地位的知识权威转变为学生学习的指导者和合作伙伴。学生的学习不应该是被动接受信息刺激的过程，而是主动构建知识意义的过程。这需要学习者根据自己的知识背景，对外部进行主动选择、加工和处理，从而获得知识的意义。因此，信息化教学模式是根据现代教学环境中信息的传递方式和学生对知识信息加工的心理过程，充分利用现代教育技术手段（主要指多媒体计算机、教学网络、校园网和因特网）的支持，调动尽可能多的教学媒体、信息资源，构建一个良好的学习环境。在教师的组织和指导下，充分发挥学生的主动性、积极性、创造性，使学生能够真正成为知识信息的主动建构者，从而达到良好的教学效果。在这种模式下，教师成为课堂教学的组织者、指导者，是学生建构意义的帮助者、促进者，而不是知识的灌输者和课堂的主宰者。

总之，知识不能通过教师简单地传递给学生，需要学生自己与学习环境进行交互从而完成知识建构，这种建构无法由他人替代。教学不是知识的传递而是知识的处理和转换，教学由向学生传递知识转变为发展学生的能力，培养学生的主体意识、主体性、个性、创造性和实践能力。在教学过程中应关注动机的激发和维持以及提供学生自主学习的工具性支持。

三、信息化教学的要素

在信息化教学系统中，教师、学习者、教学内容、媒体是非常重要的四个核心要素。它们在一定的教学环境中相互作用，产生了良好的教学效果，其关系如图 10-1 所示。

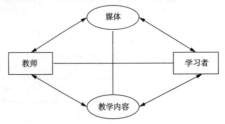

图 10-1　信息化教学四要素结构图

（一）信息化教学中的媒体

信息化教学过程中的媒体主要指现代教学媒体，现代教学媒体是近一个世纪以来利用科技成果发展起来并被引入教学领域的电子传播媒体，主要包括幻灯、投影、录音、录像、电视、计算机等教学媒体，以及由它们组合成的教学媒体系统，如语言实验室、多媒体综合教室、计算机网络教室、视听阅览室、微格教学训练系统、闭路电视系统、校园计算机网络系统等。

从电化教育走向信息化教育，媒体观在不断改变。媒体观是指人们对媒体总的认识和看法，也是我们对媒体本质及其价值的根本看法和态度。在不同的发展阶段，我们对媒体关注的视角和态度的不同导致我们对媒体的认识和看法不同。在电化教育阶段，教学媒体在传统课堂教学中主要是传递教学信息，以生动形象的方式展示教学中的重点、难点内容，解决传统教学手段难以解决的问题。在信息化教育的初期，行为主义学习理论作为主要的理论支撑，电视、录音、计算机辅助教学系统等教学媒体进入教学，这一阶段人们利用计算机进行教学，将教学媒体视为教师的教学工具、学生的认知工具和学习工具。随着多媒体计算机、校园网、Internet 等进入教学，建构主义学习理论作为主要的指导理论，人们将教学媒体看作是教育教学发生的物质基础和平台，媒体技术为学生和教师提供了一个数字化教学环境。

（二）信息化教学中的教师

在传统的教学过程中，教师处于主导地位，主要工作是收集、处理、传送信息，对学习者进行教育，实现教育的目标。现代教育理念的不断更新，促使教师转变了教学观念，现代信息技术的发展以及现代教育媒体在教学中的应用使得教师的角色发生了变化。信息时代对教师提出了新的挑战，要求教师具备在信息化教学环境中开展教学的能力。

1. 掌握现代教学理念

信息化教学中的教师要明确现代教学理念，掌握信息化教学的基本理论和方法，以更好地改善教学，提高教学效率。

现代教学理念是指在建构主义、人本主义等理论指导下的现代教育教学思想和观念，主要包括指导学生主动建构知识；促进师生之间、学生之间的交往以及社会关系的交往；重视学生的主体性；在信息化教学过程中重视活动的重要性；等等。

2. 具备信息化教学能力

信息化教学能力是指教师在现代教学理念的指导下，利用现代信息技术和丰富的教育资源，运用多种信息化教学方法开展教学活动，解决教学问题，优化教学过程的能力。信息化教学能力是教师在信息化教学中所具备的最重要的能力之一，是教师有效地利用信息技术开展教学的能力。信息化教学能力主要包括良好的信息素养和信息化教学设计能力。

（1）信息素养

教师的信息素养主要包括信息意识、信息知识、信息能力和信息道德。首先，教师应当具有敏锐的信息意识，要对"信息""教育信息化""信息社会"等概念和内涵有一个基本正确的理解，只有很好地理解这些概念，才能更好地开展信息化教学。其次，教师要具备一定的信息知识，知道与信息技术、信息化教学相关的理论、知识和方法。再次，教师要具备信息能力，即利用信息技术开展教学的能力，包括资源的获取、利用、加工、评价、创新的能力，还包括常用教学软件的使用、简单课件的制作，如演示文稿的制作、文字处理、网页制作等能力。最后，教师应当具备良好的信息道德，具有一定的信息安全意识。

（2）信息化教学设计能力

教师应当明确信息化教学设计的内涵，知道信息化教学设计的特点，理解信息化教学设计的原则，掌握信息化教学设计的方法，通过信息化教学设计，教师将信息技术、信息资源和课程内容进行有机整合，构建新型的教学方式。在信息化教学环境的支持下，组织学生自主学习以及应用网络交互工具开展互动交流，培养学生主动学习的能力与创新学习的能力。

3. 集多种角色、多重身份于一体

信息化教学过程中的教师由传统的课本知识传授者转变成教学内容的设计者、学习者、学习的指导者、学习活动的组织者与参与者。同时，教师不仅可以作为学生的导师，还可以成为学生生活中的朋友，学习过程中的同伴，等等。

（三）信息化教学中的学习者

当前，以学习者为主体的教育思想已成为教育教学的主导思想，在信息化教学过程中，学习者是教学活动的对象，是学习的主体，教师的一切教学活动都是围绕学生来开展的，没有学习者就不存在教学活动。因此，学习者是教学活动的根本要素。信息化教学环境为学习者提供了丰富的网络信息资源和灵活的学习平台，使学习者的学习方式和学习行为发生了变化。信息技术为学习者的学习带来更多便利的同时，也对学习者提出了更高的要求。

1. 学习方式多样化

信息技术的出现，使得学习者的学习行为和学习方式发生了变化，学习者不仅要在课堂中接受教师的讲授、指导，还可以通过现代教育媒体获取更多的教学信息资源。学习者的学习由被动地简单接受和吸收，转变为积极主动的意义建构。在信息技术和现代教育媒体的支持下，学习者的学习方式逐渐由接受式学习转向自主学习、合作学习、探究学习等信息化学习方式。

2. 较高的信息素养

在信息化教学中，学习者要具备较高的信息素养，能够从大量的信息资源中找寻所需的信息，并对信息进行加工、整理、保存，能够使用常用的软件进行学习并与他人交流，学会有效地反省、评价和监督自己的学习过程。

3. 集多种能力于一身

信息时代的学习者要具备自主学习的能力，要能够自己确定学习目标、选择学习方法、监控学习过程、评价学习结果。自主学习能力包括：①确定学习内容的能力；②获取有关信息与资料的能力（知道从何处获取以及如何去获取所需的信息与资料）；③利用、评价有关信息与资料的能力。

同时，学习者要学会与他人共事，具备合作与协作的能力，将自身的学习行为有机融合到小组或团队的集体学习活动之中，树立团队精神和集体观念。

信息化教学要求学习者具有创新精神和创造能力。创造能力是信息化时代人才所具备的最重要的能力之一。创造能力是指能够积极主动地、创造性地发现新问题，提出新见解的一种认知能力。创造能力能够使学习者在学习过程中突破已有的思维定式，提出新的见解，独立解决自己过去从未遇到的问题，或者是将学到的知识正确地运用到全新的情境中去。

（四）信息化教学中的教学内容

教学内容是指教学过程中师生之间传递知识、方法和技能等内容。现代信息技术的出现和现代教育媒体在教学中的应用，使得教学内容具有新的特征，主要表现在以下五个方面。

1. 表现形态多媒体化

可以用文本、图形、图表、声音、动画、视频以及模拟三维景象等形式来呈现教学内容，利用多媒体方式呈现的教学内容能够将抽象的知识形象生动地表现出来，使学习者能够更好地掌握知识，从而提高教学效率。

2. 处理数字化

将文本、声音、图形、图像、动画、视频等教学内容信息由模拟信号转换成数字信号，其可靠性更高，更容易存储与处理。

3. 传输网络化

信息化的教学内容可以通过网络实现远距离传输，学习者可以在任何一台能够上网的计算机上获取自己所需的信息。

4. 超媒体线性组织

信息化教学内容采用超媒体技术构建，支持文本、音频、视频、图形、图像、动画等多媒体信息，并采用网状结构非线性地组织、管理信息的超文本方式，对教学信息进行有效的组织，适合人脑的认知思维方式，也有利于有效地组织教学信息，促进知识的迁移。

5. 综合化

信息化社会知识呈现高度的综合化，信息时代需要具备各方面知识的"全才"。在信息化社会中，学生学习的内容不仅仅局限于某一门独立的学科，特别是随着网络时代的到来，学生的学习和生活中出现了许多新的课题，这些课题不是仅靠某一门或几门学科的知识就能够完成的，而是需要学生把所有学科的知识整合起来并运用到学习之中，才能够很好地解决问题。这与信息化社会要求人才具有多方面的知识这一特征是紧密联系的。

信息化教学系统的四要素之间存在着错综复杂的关系，各个要素之间的不同结合方式会产生不同类型的教学系统。

第二节　高校体育教学信息化应用

一、高校体育教学信息化的特征

高校体育信息化既有技术的属性，也有教育的属性。

从技术属性看，高校体育信息化的基本特征是数字化、智能化和多媒体化。数字化使得教育信息技术系统的设备简单、性能可靠和标准统一，智能化使得系统能够做到体育教学行为人性化、人机通信自然化和繁杂任务代理化，多媒体化使得信息媒体设备一体化、信息表征多元化和复杂现象虚拟化。

从教育属性来看，高校体育信息化的基本特征具有开放性、共享性、交互性和协作性。开放性打破了现有的学校体育教育体系，使得学校体育趋向于自主化、终身化和社会化；共享性是信息化的基本特征，它使得大量丰富的体育资源能为全体学习者共享，取之不尽、用之不竭；交互性能实现人—机之间的双向沟通和人—人之间的远距离交互学习，促进教师与学生、学生与学生、学生与他人之间的多向交流；协作性为教育者提供了更多的人—人—机协作完成的机会。

（一）信息网络的依赖性

信息网络是信息化建设的重要内容，也是实现高校体育信息化的物质基础和先决条件。Internet 是当今世界上最大的、覆盖面最广的计算机互联网，它利用 TCP/IP 协议将世界各地各种计算机、局域网、广域网通过互联设备连接起来。自 1994 年以来，我国实现了和 Internet 的 TCP/IP 协议联结，开始了 Internet 全功能的服务。网络的迅速发展，推动了我国高等教育信息化建设。高校体育顺应了我国高等教育信息化趋势，依托中国教育和科研计算机网、高校校园网等，开始了我国高等学校体育信息化建设。

（二）教学内容多媒化

教学内容多媒化就是利用多媒体，特别是超媒体技术，建立教学内容的结构化、动态化和形象化表示。目前，已经有越来越多的教材和工具书多媒体化，它们不但包含文字和图形，还能呈现声音、动画、录像以及模拟的三维景象。在这样的多媒体学习材料中，各内容之间被超链接，在网络上发布并共享。

（三）教学过程中学生学习地位的主体化

由于体育教育信息的网络化、信息呈现的多媒体化以及信息的可扩充性等特点，学生完全摆脱了过去那种被动接受式的学习方式，可以主动、积极地建构知识，实现在不同的环境和条件下自主地学习体育知识和技术。这充分体现学生在学习过程中的主体地位。

1. 教学个性化

信息技术的突飞猛进发展，为实现这一梦想提供了可能。利用人工智能技术构建的智能导师系统能够根据学生的不同个性特点和需求进行教学和提供帮助。信息技术革命的意义在于，它第一次真正使学习者可以选择和要求教育，使教育可以顺应教育对象自身发展规律，将教育对象作为具有独立个性的人来精心培养。

2. 学习自主化

现代网络信息技术使学习成为一种大规模的各取所需的过程，允许不同的学习者沿着自己的途径，按社会和自己的学习需求接受教育与学习。学习者将能享受到最佳教育的机会。这种开放的学习环境，能够引导学生积极主动参与学习过程并学会学习，使他们成为真正的学习主体。

（四）学习活动合作化

通过合作方式进行学习活动也是当前国际教育的发展方向。信息技术在支持合作学习方面起着重要作用，在计算机网络通信工具的支持下，学生可突破地域和时间的限制，进行同伴互教、小组讨论、小组练习和小组课题等合作性学习活动。

（五）教学管理自动化

利用计算机管理教学过程的系统叫作计算机管理教学系统，包括计算机化测试与评分、学习问题诊断和学习任务分配等功能。最近的发展趋向是在网络上建立电子学习档案，其中包含学生身份信息、活动记录、评价信息和电子作品等。计算机管理教学系统为教学评价的改革提供了有力的技术支持，真正实现了面向学习过程的教学评价。

（六）教育环境虚拟化

教育环境虚拟化意味着教学活动可以在很大程度上脱离物理空间和时间的限制，这是高校体育教学信息化的重要特征。许多建设了校园网的高校，如果能够充分开发网络的虚拟教育功能，做到虚拟体育与实际体育结合，校内体育与校外体育贯通，就能构成高校体育信息化新的教育功能模式，这就是高校体育信息化的发展方向。

（七）体育信息资源电子化、数字化和网络化

现代信息技术在学校体育教学中的广泛应用，使得体育信息资源高度集成，并以超链接的方式将文章、图形、动画、音频、视频等信息设计成超文本和超媒体系统，且以多媒体、多语言的形式表现，极大地丰富了体育信息内容的表现力，扩大了信息的储存量，提高了信息的传播速度，使体育教育信息的获取更加便捷。体育教育信息的广泛和直接交流为充分挖掘和利用体育教育信息提供了便利的条件。现代信息资源的内容十分丰富，其中，网络体育资源是现代学校体育信息资源最主要的组成部分，利用现代信息技术，特别是 Internet，可以使全世界的体育信息资源连成一个信息海洋，实现体育信息资源的共享。

二、高校体育信息化的意义

高校体育信息化是一项庞大的系统工程，更是高等教育信息化的重要组成部分。从宏观上看，它涉及高校体育教育机构的管理、教学、科研和社会服务等领域；从微观上看，它包括高校体育的信息基础设施建设、教学资源建设、人才队伍建设、管理制度建设等方面。这些方面相互影响、相互联系、相互促进和相互制约，共同构成了一个多维度、多层次的高校体育信息化蓝图。高校体育信息化对高校体育的发展具有重要的意义。

（一）是实现高校体育现代化的必由之路

信息化是高校体育现代化的重要内容，是实现高校体育现代化的必由之路。没有高校体育的信息化，就不可能实现高校体育的现代化。高校体育信息化极大地促进了高校体育现代化的进程。

（二）有利于全体国民体育素质的提高

高校体育的信息化，是通过现代信息技术建构的开放式体育教育网络实现的，保障了国民都有可能接受公平的体育教育和体育文化。这种开放式的教育和体育文化传播网络也为人们实现终身学习提供了保障。高校体育信息化提供了更多的接受体育教育的机会和获得体育文化的途径，对全体国民体育和文化素质的提高具有重要的意义。

（三）促进创新人才的培养

在以现代信息技术为特征的知识社会中，创新要求由一次性创新转变为连续性创新，由单个创新转变为系列创新，由个别专家创新转变为全员创新。因此，创新型人才的培养是高等学校体育信息化的最终目的。

现代信息技术在高校体育中的应用，引入了新的思想和内容，带来了新的教育教学方法和手段，促进了高校体育的改革与创新。其目的是培养学生的创新思维能力及观察问题、思考问题和解决问题的能力，培养学生积极探索、大胆实践的能力。创新思维能力主要包括五个基本特征：积极求异性、敏锐的观察力、创造性的想象力、独特的知识结构以及活跃的灵感与直觉。创新实践能力包括实验动手操作能力、组织管理能力和创新成果开发与转化的能力、捕捉和处理信息的能力等。未来创新能力的竞争就是今天教育的竞争，高校体育信息化就是为培养更多、更优秀的创新人才做贡献。

现代信息技术能极大地提高人们的学习能力，使人们学会在不断变化的社会环境中不断学习。高等学校体育信息化因其教育目的、内容、方法的极大丰富和多重组合，学习手段的多元选择，学习资助的日趋完善等，在为学习者提供更多选择的同时，大大推进了学习的个别化和个性化，有助于创新能力的培养。不同地区、不同身份的人们都可享有最好的教育和学习资源，得到最好的学习支持和服务。

（四）促进学校体育理论的发展

高校体育信息化是学校体育的一场重要变革，在这个过程中必将有许多问题、许多现象需要我们去认识、去解决，这些问题的认识、解决将有效地推动学校体育理论的发展。高校体育信息化的过程是信息科学在高校体育中不断应用和整合的过程，在这个过程中出现的许多问题、许多现象往往需要用信息科学的理论、方法才能予以深刻的认识，从而得以解决。这极大地丰富了学校体育理论。

（五）促进体育信息产业的发展

高校体育信息化的过程是信息技术、信息设备在高校体育中广泛应用的过程，为广大师生、科研人员提供了全新的信息化环境。随着我国经济的持续、快速发展，高校学生日益增多，高校体育信息化产业将逐渐形成规模，极大地推动了体育信息产业的发展，对我国的体育经济发展孕育了一个极大的商机，提供了一个很大的发展机遇。

三、高校体育教学信息化应用的反思

信息化的过程不能简单地认为是信息机器、信息技术的引入过程，不能简单地等同于计算机化或网络化，教育信息化不是为了用现代化设备来"装点"学校，而是要通过信息技术与课程的整合，共享优质教学资源，通过教学方法、教学内容呈现方式的改变和教学观念的更新，改变传统教学模式，从而达到更新、更好的教学效果。

（一）忽视构建新型教学结构的技术环境

所谓教学结构，是指在一定的教育思想、教学理论、学习理论的指导下的，在某种环境中展开的教学活动进程的稳定结构形式，是教育思想、教学理论、学习理论的集中体现。教学结构的改变必然会触动教育思想、教学观念、教与学的理论等根本性改变。可见，教学结构的改革是更为深层次的改革。

当前教学结构的改革已经引起了教育界的重视，但是改革没有大的突破。究其原因，主要是对现代信息技术在学校体育中的应用认识不足，把现代信息技术与学科的"有机整合"变成技术与教学的"简单叠加"，把一场教育革命（教学过程的深化改革）变成纯粹的技术手段与操作变革，把现代信息技术独立于教学要素之外，存在着"穿新鞋，走老路"的问题，没有实现教学结构的创新，使先进的教育观念和教学理论缺乏强有力的技术支持。

（二）体育信息资源建设严重滞后

高校体育信息化的核心是教学信息化，教学信息化的基础是信息资源建设。但目前我国高校的体育信息资源建设严重滞后。究其原因，首先，在宏观上，行政主管部门缺乏强有力的指导和协调，推动的力度不够；其次，体育信息资源建设缺乏相对统一的标准，造成重复建设，并为以后的兼容留下隐患；再次，各个高校各自为政，缺乏协调和合作，分散了信息资源建设的人力和物力；最后，互联网上的体育教育资源没有得到充分的发掘与统整，不能有效地丰富体育信息资源库。

（三）缺乏对信息化、体育教育有深刻理解的复合型人才

教学和管理人员是高校体育信息化的实施者，高等学校体育信息化对教学和管理队伍的素质提出了很高的要求，但现有的教学和管理队伍还不能完全适应这一新的要求。目前，在我国高校中，这种专门从事学校体育物态化技术和智能形态技术的研究与开发、信息化建设、信息化应用和维护的专门人才还很缺乏，这很难适应高校体育信息化建设的要求。

（四）落后的教育信息管理系统

现有的教育信息管理标准无论涉及的深度还是广度都不完备，还远远满足不了高等学校体育信息化建设的要求。现有的标准本身不完善，在实际应用中难以执行，导致信息纵向传输和横向交换的困难，不利于教育管理信息的比较分析，造成信息资源的浪费。此外，缺少网上信息交换规范，会导致数据交换困难与重复投资。

（五）缺乏配套的政策支持和协作机制

高校体育信息化使得体育信息资源能够共享和再利用。而在现有的高校体制下，一方面，各个学校都有自己相对的经济利益，解决因资源共享造成的各高校之间、教师个人之间的利益格局调整问题迫在眉睫，需要建立相应的配套政策和协作机制；另一方面，在对教师个人的教学质量评估中，如何体现教学信息化的要求，建立相应的评价体系和激励机制，对教师的教学信息化工作予以认可和奖励，也是一个需要进一步去研究探讨的问题。

第三节　高校体育教学信息化改革探讨

一、高校体育教学信息化改革理论分析

高校进行体育教学改革，将现代信息技术融入体育教学中，使信息技术与体育课程教学

结构、教学内容、课程资源建设以及课程实施等要素进行融合，在教学过程中能够极大提高高校体育教学水平。除此之外，参与体育教学的教师还可以把信息技术当成关键的教学工具，学生可以把信息技术当成学习体育的中介。详细来说，高校体育教学中应当把教学工作的整体需求设定为重要依据，构建以网络与多媒体为基础的信息环境，顺利开展各类体育教学活动。

对于高校体育教学而言，应当把信息技术与体育课程教学有机融合在一起，借助信息技术加工工具来进一步优化学生的学习手段，重构学生的体育知识，这是师生在体育教学中共同实现体育教学目标的新型教学手段。

二、高校体育教学信息化改革的必要性

（一）学生认知特点的需求

在高校体育教学中应用信息技术，特别是应用多媒体技术，有助于推动体育教学工作，有助于使学生的认知能力与认知规律更加吻合。在现阶段，多媒体不只是拥有计算机特定的储存记忆功能、高速运算功能、逻辑判断功能等，也能够借助图形窗口模式、交互界面模式和语音识别模式来推动计算机具备处理文本、图形、音频、视频的能力。除此之外，多媒体技术传播与表达信息的依据是人类的认知方式，能够进一步突出教学活动的直观性、生动性以及启发性，有助于学生高效掌握运动项目的理论知识与技能。

（二）个性化教学的内在要求

个性化教学的宗旨是将所有学生的潜力都挖掘出来，重要依据是学生的具体特征与实际需求。教师在实施个性化教学时，一定要给予所有学生平等的选择机会以及选择权利，而信息技术能够在该方面向学生提供网络课程资源教学平台。在高校体育教学信息化改革的过程中，学生可以在认真听取教师科学指导的前提下，联系自身的实际需求来灵活挑选学习内容，借助自主学习可以形成个性化学科知识结构，最终成为个性化人才。

（三）有助于拓展高校体育教学资源空间

应用现代信息技术不仅解决了记录和存储信息的难题，还解决了加工信息的难题，给编制与实施高校体育教学内容带来了不同的结构理念以及技术手段。在高校体育教学过程中，教师能够全面运用课程教学配备的教学资源来提高教学质量，可以在分析学生认知水平与认知特征的基础上灵活组织教学，从而使教学效率得到大幅度提升。现代信息技术所承载的高校体育教学资源超出了教师和课本所能容纳的极限，并且成为学生获取体育知识的主要途径。因此，高校体育教学信息化改革可以极大地扩充教学信息量，拓展学生的视野和思路。

（四）有助于打破传统教学时空限制

传统教学方法使得高校体育教学工作被局限于课堂上，但在慕课、微课等学习模式产生之后，高校体育教学工作需要应对的挑战在不断增加。客观教育环境的变化要求高校必须改变传统的方法。而实现高校体育教学信息化改革，学生可以随时随地通过校园网学习优秀教师的体育教学课件，满足学生的碎片化学习需求。高校在体育教学中通过推广教师先进的教学思想、教学经验，能够使学生接受最好的教育。这样能够实现高校体育资源的高度共享，

有效提高体育教育传播的范围及时效。

三、高校体育教学信息化改革的具体策略

(一) 加强高校体育教学改革的硬件设施建设

1. 加强多媒体教室建设

在高校体育教学过程中,运用多媒体教学包含多个方面优势,如借助多媒体来观看优秀运动员的动作示范等。从整体来看,在高校体育教学中运用多媒体技术,对高校体育教学工作实现多元化目标有很大的推动作用。为此,高校应当密切联系体育教学的具体需求,积极建立一些专用的体育教学多媒体教室,从而提高体育教学工作的趣味性。

2. 加强网络系统建设

积极加强网络系统建设,有助于教师在闲暇时间参照高校体育教学要求,选择音频或视频来积极指导学生学习体育技能和体育知识。在互联网普及范围不断扩大的背景下,网络被应用于社会的各个领域,体育教师可以借助 Internet 搜索需要的体育专业知识以及各类教学资料。师生可以通过网络实现在线沟通,从而使学生在学习过程中的疑惑得到及时解答。

3. 加强计算机辅助教学软件研制和开发

为了实现高校体育教学信息化改革,加强体育课程资源平台建设,必须有大量的体育课件,并且应不断进行更新与丰富,为此高校必须积极组织教师制作课件。通过不断制作新的体育教学课件,不断实现高校体育教学模式的革新和多元化。

(二) 建立体育信息教学资源平台

在高校体育教学中由于没有考虑到学生的个性化发展需求,使学生的全面发展受到了严重影响。正是由于在教学中没有充分考虑学生的实际特点,忽视了学生的个性化发展,导致高校体育教学工作很难取得较好效果。因此,根据学生的实际需求,通过建立体育信息化教学资源平台实现优质体育教学资源共享,能够在高校体育教学中充分发挥学生的个性,这是提高体育教学质量的重要途径。在信息教学资源平台建设时,建立优秀教师授课资源课和优秀教练的训练课资源课,这样不仅能够实现优质体育教学资源共享,学生还能够根据自己的需求灵活选择教学内容,实现学习方式的个性化发展。借助高校体育教学信息化改革有助于高效管理高校的体育设施与体育场地,有助于大幅度提升体育设施和体育场地的利用率。由此可知,高校应当积极构建教学资源平台,从而达到资源共享的目标,这也是高校体育教学信息化改革的关键基础。

(三) 加强教师信息技术的培养

在现阶段,部分教师信息素质不高是我国高校存在的问题,这是限制高校体育教学信息化的因素,所以,提升高校教师的信息素养技能是一项重要任务。而要想从根本上达到这个目标,应当从三个方面着手:第一,高校构建的培训体系应当完善、系统,同时在高校内部设立专门的培训机构,分期、分次地组织教师参与信息技术培训;第二,在培训体育教师的过程中,需要密切关注信息技术的最新发展动态和发展成果,从而对教师培训内容进行及时

的革新与优化；第三，在培训体育教师的过程中，应密切联系高校体育教学的具体需求，不断探究与教学特征相适宜的培训模式以及培训运行机制。

（四）实现教学平台的网络化

资源共享和互助是现阶段教学改革的重要趋势，而资源共享的一项有效手段就是教学平台的网络化，这同时是高校体育教学信息化建设与改革的一项常见功能。平台的网络化包括多个方面，如学生与学生之间、教师与学生之间、教师之间、学校与学生之间、学校之间等，信息化建设可以将这些因素全面地联系与整合起来。在教学实践中，应该在信息建设中构建网络交流平台，作为信息建设的门户及主要功能窗口，于其中嵌入教学资源、交流、反馈等多个功能模块。

另外，网络平台的显著作用是实现院校间的密切协作和资源共享，体育教学信息化改革有助于高校之间达到体育教学资源共享，借助电子化数据文件来向其他高校传输教学经验、经典课程、经典课件等，从而为高校之间共享教学经验、借鉴先进的教学理念与教学手段、邀请体育教学专家在网络平台上与广大体育教师交流提供了很大的便利。教学平台网络化对提升高校体育教学水平、体育教学信息化深入改革都有很大的积极作用。

（五）构建考核模式的信息化

考核与检测不但是构成体育教学的关键部分，也是很多职业和升学要求通过的首个关口。高校体育教学信息化改革也需要推动考核方面的信息化建设。在现阶段，有很大一部分高校依旧运用的是传统考核模式，即以跳远、跑步等固定项目对学生进行考核，最后根据学生成绩打分，并人为地设置一个"及格线"。这样的模式不仅没有人性化地考虑各个学生在体质和运动爱好以及平时训练强度的差异，也难以实现考核及测评的数字化，因而其结果不仅不够科学与人性化，也难以进行后续的分析与处理。

分析高校体育教学的实际情况可知，现代教学理念下的高校体育教学往往是服务性的，其最终目标是提高学生身体素质和推动学生均衡发展，所以专门划分一个及格标准设计是没有必要的。针对这个方面，借助新兴体质监测模式来代替以往的体育考试，即通过综合体检与趣味体能检测的模式对学生的肺活量、肌肉弹跳性、爆发力、耐力等做出科学的测定，并将其与学生的身高、体重、年龄等基本因素综合起来。

对于高校体育教学来说，信息化建设的显著作用是由检测开始的数字化模式能够让数据来反映学生的检测结果，同时相互之间能够借助系统来完成后续的分析，提出最终的体质检测报告，对学生的身体状况进行判断并提出身体机能的弱项和后续锻炼、饮食、睡眠等方面的建议。这种手段的准确性和科学性更加显著，能把对院校的所有教学成果以及学生的体质检测统一汇集到信息平台，为学校的管理与分析提供便利。体育教学信息化的改革和发展是高校体育教学在未来发展中的必经之路，这是与时代发展背景有机融合的重要趋势。体育教学信息化改革和建设对优化高校体育教学具有深远影响，高校教育应当把体育教学信息化改革摆到重要位置上。就现阶段来说，尽管体育教学信息化发展过程中还存在很多问题，但只要高校积极组织体育教师进行探索并立足于教学资源、教学方式、考核模式等方面来着手，就必然能从根本上推动高校体育教学信息化的改革进程和发展进程。

第四节 高校体育教学信息化建设与管理的实施策略

一、高校体育教学信息化建设与管理面临的问题

(一) 教师对高校体育教学信息化认识不足

当前，信息化技术在体育中的应用还处于起步阶段，也没有得到全面深入的推广。因此，很多教师对体育教学信息化建设和管理的认识较为模糊，大多停留在信息化技术的表面或形式上。一方面，很多体育教师认为体育教学信息化建设就是在教学时使用视频、播放课件等，认为信息化技术仅能够对体育教学起到微小的辅助功能，用或不用对体育教学都没有实质的影响，对体育信息化教学的认识过于狭隘；另一方面，很多教师认为体育是一门与运动有关的室外课程，与信息化技术关联不大，在教学中使用信息化技术并不能对教学效果产生实质性影响，因此，认为没有必要开展体育信息化教学。这大大地阻碍了体育教学信息化建设和管理的进行。

(二) 缺乏科学的高校体育信息化教学资源

教学资源是体育教学信息化建设和管理的基础，有了科学、丰富的教学资源才能更好地开展体育信息化教学。对体育信息化教学来说，教学资源主要是根据体育教学内容而设计制作的各种电子资源、信息化课程、教学软件和数字图书馆等，其中数字图书馆是很多学校建设完善的重点，是学生在体育学习中使用最多的资源之一。但是，从目前学校对教学资源的建设情况来看，学校对数字图书馆的投入严重滞后和不足，对教学软件和信息化教学课程的开发也不够重视，由此导致体育信息化教学资源匮乏，也严重地影响了体育教学信息化建设和管理的进程。

(三) 高校体育信息化教学的基础设施欠缺

当前，信息化教学是高校教育的发展趋势，高校也非常重视信息化设施的建设，然而，大多数高校在体育信息化教学基础设施的建设方面有所欠缺，缺乏必要的基础设施支撑。体育信息化教学基础设施主要包括场馆和设备两部分。

在场馆方面，多媒体教学场馆、信息化运动场和网络实验室等场所建设投入不足，建设速度滞后。这样一来，体育信息化教学资源就缺乏合适的使用平台，造成了信息化教学资源的浪费。

在设备方面，即体育信息化场馆中使用的各项硬件和软件设备，如计算机、网络、多媒体和体育教学软件等，当前高校配备的这些设备中用于体育教学的较少，体育信息化教学设备匮乏。

(四) 高校体育教师的信息化水平有待提高

在体育教学信息化建设与管理过程中，教师的信息化技术水平是影响教学质量的重要因素。但是，当前部分体育教师的信息化水平不高，信息化素养有待提升，不利于体育教学的信息化建设和管理。一方面，部分体育教师对信息技术的学习意识不强。体育知识和技能的

学习及授课是体育教师的主要工作，传统体育教学中一般不会使用计算机、多媒体等信息化手段。因此，部分教师缺乏信息技术学习的意识。另一方面，体育信息化教学的开展需要教师运用信息技术设计教学内容、创新教学方式等，对信息化水平要求较高，但部分体育教师计算机水平较低，无法满足体育信息化教学的需求。

（五）缺乏高校体育信息化教学的考核体系

要保证体育教学信息化建设与管理的效果，就需要建立科学完善的考核体系，这样才能全面地了解体育信息化教学的优势和薄弱点，便于今后更好地改进与完善。当前体育信息化教学的考核体系不够完善，一方面，很多高校没有将体育成绩列入学生的综合考评，因此，高校对体育考核体系的构建不够重视，没有建立完善的考核体系；另一方面，高校在开展体育信息化教学时，没有及时对考核体系进行更新，而是仍然沿用传统的考核方式。例如，对体育信息化教学的评价仍然以学生测评成绩或教师的感性评价为标准，评价方式过于单一，缺乏多样性，严重不符合体育信息化教学的要求。

二、基于信息化的高校体育教学管理平台的搭建

在 21 世纪，教育信息化、数字化早已不再是陌生的话题了，教育信息化的程度甚至已经成为衡量一个国家综合竞争力的重要指标。体育教学是素质教育所提倡的"德、智、体、美、劳"的重要组成部分，因此，体育教学信息化的搭建，关系到整个教育信息化的水平，关系到我国教育改革的步伐。利用信息化搭建体育教学管理平台、加快体育教学管理信息化程度和促进体育教学管理规范化势在必行。

（一）高校体育教学管理信息化平台的需求特征

在教育信息化、知识信息化的时代，体育教学管理平台的搭建取得了一定的成效。但若要促进其进一步发展，相关人员就需要及时分析管理平台的需求特征，发现潜藏的问题，从而对症下药，制定出切实、有效的政策，并为体育教学管理平台信息化科学、快速和高效发展提供坚实的基础。

搭建体育教学管理平台，相关人员不仅需要站在管理者的角度思考，如何将分散的班级管理转入整体的体育部门管理，如何利用信息化的手段提高系统协调的效率，也需要站在用户的角度，也就是站在广大师生的角度思考，如何才能利用管理平台提高教学效果，如何才能根据学生自身的特征设计合理、科学的锻炼项目，如何使管理平台操作页面更加人性化，从而实现学生的自我管理等。诸如此类问题，都需要相关人员在系统设计之前，对客户的需求进行认真调查。

（1）对于教学管理者而言，体育教学管理平台信息化需要满足庞杂的信息量以及多功能模块之间协调运转的要求。每学期运动会的开展、学生体育训练达标的测量是教学管理者最忙、也是最头疼的时期。在每年的大型体育活动中，体育项目的形式越来越丰富，参与的人数也逐年增加，教学管理的难度也越来越大。项目时间的安排、项目人员的管理、各类器材的管理和项目成绩的考核都变得异常困难。

在日常的体育教学中，管理者的日常管理任务也很烦琐，要负责诸如体育训练场地管理、体育训练设备管理、体育日常教学管理、体育运动竞赛管理、体育图书资料管理以及体育科研能力管理等工作。管理者的管理内容繁杂又庞大，所提供的管理数据要求快速准确，

且要根据这些数据高效安排好体育的设备、场地、训练项目和工作人员。

（2）对于教职工而言，体育教学管理平台信息化需要实现对各种体育视频、教学资料的管理，同时能够满足学校管理者和学生之间良好沟通的需求。教师是日常体育教学和体育训练的主要负责人，他们不仅需要监督学生的日常训练，对学生的训练进行评估，更重要的是他们要保障学生的训练安全。因此，在每次训练之前，教师都需要仔细讲解注意事项以及每项体育项目的正确训练方法。视频教学的手段使教学内容信息化，让学生有了更加直观的感受。

教职工是学生和学校管理者之间的沟通桥梁，是体育教学的主要负责人，更是学生的服务者。他们需要根据学校体育部提供的器材、场地和设备等资源，合理、科学地安排自己的教学内容，还要根据学生的特征、需求、数量灵活安排体育训练项目。

（3）对于学生而言，体育教学管理平台信息化要人性化，要能针对学生的个人需求提供个性化的服务，从而达到学生自我管理的效果。虽然体育特长生与非体育特长生在训练项目和训练标准上有所不同，但他们对系统信息化的总体需求特征是相似的。他们都希望能够在管理平台上根据自身的特点，快速找到适合自己的锻炼资料，为自己制定出量身的训练安排表。

（二）高校体育教学管理信息化平台的搭建

体育教学管理平台信息化搭建涉及多种交叉的学科，在诸多的学科理论中，无论是系统科学理论，还是信息技术理论，都需要采用各种信息化技术，以满足各种用户的不同需求。

（1）针对学校管理者管理内容庞杂、信息量大的情况和多功能模块的需求，相关人员设计的管理系统要采用现代微电子技术、数据库技术、智能 IC 卡技术以及网络技术，将传统模式中的班级分散管理转化为学校的体育部集中管理。尤其是对数据库技术和网络技术的联合运用，管理者既能在短时间内快速统计出各种管理模块的信息数据，又能将这些数据进行关联分析，为下一步教学活动做出安排。同时，相关人员可以使用标准建模语言，对管理系统平台进行功能分析与设计，在实现体育场地、设备、器材和教学多模块功能同时运行操作管理。

（2）针对教师作为沟通桥梁的角色，其需要能够快速实现管理者、教师和学生三级管理模式的转换，同时运用客户端的方法机制，将管理平台分成交互界面、数据库管理和服务端支撑三部分。此外，相关人员还可以利用 J2EE 技术，将信息处理技术与体育中心管理完美融合，从而实现体育信息发布、赛事管理和资源管理自动化。

（3）学生是学习的主体，相关人员要将学习的主动权还给学生。体育信息化管理平台包含了三个面对学生开放的子平台，即体育教学视频在线学习平台、体育训练在线交流平台和学生个人体育训练项目和要求安排平台。这三个子平台与管理、教学、服务体系是相连接的，既有网络的信息服务，又有具体的组织实施方法，其可以将课程资源与自主学习完美地融合在一起。

通过上述讨论，相关人员已经针对三种客户群设计了三种不同的运行模块，但要在真正意义上实现体育教学管理平台的信息化，相关人员还要将这三种运行模块构建成一个运行的系统。

面向学校的体育教学管理信息化平台的搭建，建议相关人员将模块体系分别以数据层、逻辑层、应用层的框架搭建起来。其主要的优势是开发以及日常维护的成本低，对使用用户的硬件要求相对较低，且数据的时效性强，在扩展性和灵活性等方面也有其竞争的优势。

（三）高校体育教学管理信息化平台的研究意义

体育教学活动是素质教育的重要内容，是日常教学的重要组成部分，其信息化的程度直接影响整个学校信息化的建设。体育教学管理信息化平台的搭建，将大幅度地提高学校体育工作的效率，从而促进学校管理信息化、教育信息化。

信息化平台的搭建，带来的最为直观的效果是各部门之间协调运作效率的提高，各种体育教学工作都能在平台上实现，大大节省了管理者的时间，使其能够在较短的时间内快速做出准确的判断，这也加快了体育教学管理改革的步伐。

与传统的教学模式相比，体育教学管理平台信息化后，借助现代的信息化技术，突破了教学场地、教学时间上的限制，让学生能够自主选择学习时间和学习场地，这也在一定程度上逐渐扩大了体育教学的规模。

学生在课余的时间可以根据自己的兴趣爱好和需求，通过访问系统平台进行自主学习。学生此时花费的时间是自己娱乐休闲的时间，选择的是自己感兴趣的项目，可以说学习的效果比教师在训练场地采用"满堂灌"的方式或强迫式训练要好得多。且学生还可以自行下载和上传自己比较满意的视频，用来指导自己日常的体育锻炼，这将极大地提高学生体育训练的参与积极性以及教学资源的利用率。

三、高校体育教学信息化建设与管理的实施策略

（一）提高高校体育教师的信息化教学意识

随着"互联网＋"理念在各行各业中的不断宣传和推广，"互联网＋教育"的发展趋势已经得到了大多数教育者的认可和肯定。体育教学的信息化建设与管理，也在很大程度上得益于互联网技术的发展和进步。但是，从当前体育教学的现状来看，大多数体育教师主要还是习惯和依赖于传统的教学手段，信息化教学的开展比例比较低，这与体育教师信息化教学意识的相对薄弱有着很大的关系。对此，应该重视面向体育教师的信息化宣传教育，要让体育教师真正认识到"互联网＋教育"的内涵与教育优势，提高个人将信息化教学手段应用于体育教学实践的主观意愿，形成良好的信息化教学意识，这样才能将现代信息技术与体育教育工作进行深度融合，进而开创体育信息化教学的良好局面。

（二）加强高校体育信息化教学资源的建设

丰富、科学的信息化教学资源是体育教学信息化建设与管理顺利开展的保障。当前，很多学校对体育信息化教学不够重视，没有采取积极措施来收集和储备教学资源。因此，要解决以往教学内容单调枯燥的问题，就要通过信息化手段实现教学资源的突破，构建信息化、数字化的体育教学资源系统。

首先，学校要在校内部建立体育信息化教学资源库，然后通过各种方式不断丰富资源库的内容。体育教师可以将自己搜集的资料、设计的课件以及其他的教学资源，如教学视频、图片和文字等放入资料库中。

其次，学校可以将优秀教师的教学过程录制成视频，保存到体育信息化教学资源库中，以此来满足不同的教学需求。这样一来，体育教师在进行信息化教学时，可以从中选择自己需要的资源来充实其教学内容。

最后，学校要重视体育教学软件的开发，加大资金投入。学生通过软件可以很好地开展自我学习和锻炼，改善体育信息化教学的效果。

（三）建设高校体育信息化教学设施和平台

信息化教学设施和平台是体育教学信息化建设与管理的基础，学校要配备先进的信息化体育设施和平台为学生提供新的体育学习途径，提升体育教学质量。

首先，学校要重视建设信息化体育场馆或运动场地，如信息化体育馆、多媒体运动场馆等。在这些场馆中学习或锻炼时，教师可以很好地运用多媒体或信息化技术来开展教学，提高自己的教学效率。例如，在进行篮球教学时，教师的教学动作通常很快，学生有时不能完全看清动作要点，这时教师可以利用场馆内的多媒体设备播放篮球运动的标准动作视频，通过慢放、定格、重复播放等方式让学生更好地掌握动作要领，改善教学效果。

其次，搭建学校体育教学信息化平台。一方面，体育教学信息化平台是体育资源共享平台，教师和学生都可以从平台中查询、下载学习资源；另一方面，体育教学信息化平台是体育学习的网络交流平台，师生之间或学生之间可以通过网络交流体育学习内容和体育锻炼问题。

（四）加强高校体育信息化教学的师资建设

教师的教学理念和专业水平是影响教学质量的核心要素。对于体育教学信息化建设与管理来说，教师信息化教学理念的建立和信息化素养的提升尤为重要，学校要加强重视并采取相应措施。

首先，要引导教师对体育教学信息化建立正确认知，使其认识到教育信息化是当前教育发展的必然趋势，体育作为学校教育的重要学科，体育教学信息化也势在必行。

其次，要加强对体育教学信息化建设与管理的重视，从思想、资金、管理等各个方面向体育教学信息化倾斜，由此提升教师的重视程度，使其主动开展体育教学信息化建设和管理。

最后，要重视体育教师信息化素养的提升，对教师定期开展信息化知识与技术培训，让教师了解最新的体育信息化教学技术和设备，掌握信息化教学的方法，如设计课程、制作视频、搭建学习交流平台等，不断提升教师的信息化素养，充分运用信息化技术来改进和创新体育教学，提升教学质量和效率。

（五）完善高校体育信息化教学的评价体系

在高校体育教学中，考核和检测是必不可少的环节。通过考核教师可以全面了解学生对体育技能的掌握状况以及学生的身体素质，为将来的教学安排提供参考和依据。对信息化体育教学来说，考核同样重要。当前体育信息化教学在学校发展时间较短，还没有建立起适用的评价体系，大多数仍然沿用以往的评价方法，即测试跑跳成绩并打分等，仅通过简单的量化指标来对学生进行评价。体育信息化教学模式下的这种评价方式不再适用，需要不断改进和创新。

（1）用信息化技术下的体质监测代替传统的体育测试，即运用体检及体能测试来检测学生的运动技能发展情况及身体素质状况，如检测学生的肺活量、弹跳力、耐力等，并将数据与学生的身体基本信息，如年龄、身高、体重等结合起来制作成学生的检测报告，以此全面、科学地评估学生的体育学习成效和身体素质，评价方法更加科学。

（2）要逐步建立、完善信息化评价指标，如比赛成绩、日常测评成绩、身体素质指标等，将这些数据收集录入数据库，以此来综合分析高校体育信息化教学成果和教学质量。

第十一章 高校体育教学网络化管理

第一节 网络教学概述

一、相关概念

（一）网络教学

网络教学是利用计算机设备和互联网技术，在此基础上实行信息化教育的教学模式。借助互联网平台可以实现异地、实时的教学和学习，将多媒体视频、音频、图像、动画等资源融合在一起。网络教学的主体是教师和学生，教师制作多媒体课件或开发网络课程时参考教学大纲、学生学习特征和学生认知水平，有针对性地调整课程、课件内容，将制作好的多媒体课件或网络课程与相关资源、扩展信息发布到网络教学平台。学生则通过网络设备接入到网络学习平台，可按教学要求选择课程或针对自身特点进行学习，同时师生双方可通过平台的交流模块针对学习问题及时进行交流。

（二）网络教学管理平台

网络教学平台是建立在以互联网为基础的现代远程教育的支撑平台，为在网络上进行学习的学习者和教育者提供交流的平台，可以方便教育者进行授课、答疑、谈论以及作业的批注。它是支持共享和交互的平台，为学生学习质量提供了一定的保障，且符合统一的标准，它是现代网络教学必备的教学支撑平台。

网络教学管理平台建立在网络教学平台的基础上，教师可以在这个教学平台上开设教学课程，方便学习者自主选择要学习的课程并进行自主学习内容的挑选。不同学习者之间根据教学内容来进行交流互动，教学活动围绕着教师的教和学生的学来开展，方便教师和学生进行讨论和交流。它是支撑教学活动最重要的应用管理系统，为教师和学生提供了强大的施教和网上学习的环境。同时，将学校教务管理平台的内容进行融合，教师可以在平台上对学生的作业进行批注，可以编辑教学课件，可以在线对学生进行考试等。平台可根据教学的课程需要定制个性化的学习工具。同时，学生可以在这个平台上选修课程，安排学习计划，查看选修课程的内容，向教师提交作业，汇报协作学习的情况等。

（三）网络教学模式

网络教学模式是在一定的教学思想和教学理论的指导下，依托计算机网络技术，为实现一定的教学目标而构建起来的较为稳定的教学结构框架和教学方式。网络教学模式突出网络在师生教学活动中的重要地位和作用，结构合理的网络教学模式不仅可以充分发挥网络的优势，还可以有效提高学生的学习效果。

网络教学模式主要有以下几种。

（1）讲授式网络教学模式

讲授式教学模式的特点是以教师为中心，系统授课。这种教学模式是传统的班级授课教学在网络教学中的新发展。讲授式教学模式是利用网络作为教师和学生的通信工具进行的以讲授为主的教学模式。利用 Internet 实现的讲授型网络教学模式可以分为同步式和异步式两种。同步式讲授这种模式除了教师、学生不在同一地点上课之外，学生可在同一时间聆听教师讲课，师生间有一些简单的交流，这与传统教学模式是一样的。异步式讲授只要利用 Internet 的万维服务及电子邮件服务就可以很简单地实现，这种模式是由教师将教学要求、教学内容以及教学评测等教学材料，编制成 HTML 文件，存放在 Web 服务器上，学生通过浏览这些页面来达到学习的目的。这种模式的特点在于教学活动可以全天 24 小时进行，每个学生都可以根据自己的实际情况确定学习的时间、内容和进度，可随时在网上下载学习内容或向教师请教。其主要缺点是缺乏实时的交互性，对学生的学习自觉性和主动性要求较高。

（2）演示式网络教学模式

教师根据教学的需要，利用网络向学生演示各种教学信息，它们可以是教师制作的课件，也可以是来自校园网或 Internet 网上的教学信息。在这种模式中，网上的教学信息一般可分为四类：第一类是将有关的板书内容、教学挂图、实物模型等通过电脑处理后传递给学生，相当于一台高效率的、可灵活控制的投影机；第二类是各种场面的模拟，使学生在教室中就能体验到与实际情况相类似的情境；第三类是形象化的各种抽象的内容；第四类是在实验室不能或不易完成的影响学生健康或者费用很高的实验。这种教学模式是传统教学模式的直接延伸，教学中还是教师讲学生听，教师展示学生看，教师通过网络面向全体学生传授知识，学生的被动地位没有改变，网络的教学功能没有充分发挥。但由于教学经费、教师水平等因素的限制，在相当的一段时间内，这种模式仍将是许多学校网络教学的主要模式。

（3）探索式网络教学模式

这种学习模式在 Internet 网上涵盖的范围很广，从简单的电子邮件到大型的复杂的学习系统都有。探索式学习可分为六个阶段：①教师提出问题阶段；②对教师所提问题进行分析阶段；③搜集有关解决问题的信息阶段；④对所获信息进行综合分析阶段；⑤抽象提炼信息上升到理论阶段；⑥对结论进行反思阶段。学生在独立学习、探索和获取知识的同时，也提高了独立解决问题的能力和技巧。探索式学习模式技术简单，容易实现，价格低廉，又能有效地促进学生学习的积极性、主动性和创造性。尤其是学生在学习过程中身负两种角色，既是知识的学习者，又是解决问题的研究者、探索者。它能有效地克服传统教学过程中学生总是被动接受知识的弊端，是培养适应未来社会发展的创新型人才的有效途径。

（4）信息收集整理式网络教学模式

在这种模式中，教师首先向学生提出问题，然后引导学生查询、收集网络所提供的多样化的、丰富的信息资源，并帮助学生对收集的信息进行筛选、分析和重新组织，结合学生自己的观点，提出解决问题的方案。此外，这种模式有利于跨文化的交际，网络为学生提供了接触各国信息与文化的条件，促进了学生对外国文化与文明的了解，弥补了传统教学很难提供外国文化环境的缺陷，使学生能将所学的语言与其所在的文化环境相融合，从而拓宽了学生的视野，并有助于学生外语水平的提高。

二、理论基础

(一) 教育传播理论

教育传播理论是教学技术的重要理论基础，现代远程教育的教与学活动，是一种以教与学的异地分离为特征，以媒体传播信息为特点，以学习者的自主学习为主的获取知识量的新的学习形式。由教育者按照一定的教育目的和要求，选定教育内容，并借助媒体通道，将知识、技能及思想等传输到特定的教育对象的过程。著名学者拉斯韦尔认为，一次典型的传播包含了五个方面的内容，分别为发送者、信息、渠道、接收站和效果。而我国教育技术学者也对教学过程中信息的传播进行了深入的研究，他们把教学传播过程分为六个阶段：确定信息、选择媒体、通道传送、接收解释、评价反馈和调整再传送教育传播理论六阶段的动态传播过程也为网络教学提供了有力的理论支撑，网络教学平台在教学信息传播过程中也需遵守以上六个阶段。尤其是评价反馈阶段，网络教学平台的互动性、便利性更加有利于师生相互交流，有利于教师及时反馈评价意见。

(二) 人本主义理论

人本主义心理学主要体现在培养"完整的人"或"自我实现"为目标，强调人的认知发展和情意发展的统一，强调人的情意发展和认知发展的统一。同时，罗杰斯认为，人的学习倾向和内在潜力是天生的，保持学生的好奇心将会推动终身学习的发展。好奇心可以帮助学生解决学习中的困难，而且可以不断激发学生自主学习的潜力。从这个意义上说，网络教学管理平台的个性化学习有利于学生"自我"目标的实现，以兴趣为引导点，推动学生学习，提高学习效率与品质。

(三) 混合学习理论

混合学习理论的主要特点是将现代教学与传统教学融合在一起，通过综合运用不同的教学手段来满足不同的教学需求。在传统的教学中，只要存在不同教学手段的结合，就可以称为混合式。例如，在课堂中播放录音、录像等。需要教师对"混合"的内涵有充分认识，才能将教学活动有效地体现出混合式学习，并将混合式学习的思想融入教学活动之中。在网络教学平台的教学活动中，将传统学习与网络学习结合起来。根据学习者自身的特点和教学内容要求，针对实际的教学环境和教学条件来选择多种传递通道进行知识传输，不局限于任何一种教学方法、教学手段和教学设施，同时通过教师有效的引导和规划，学习者根据自己的能力去进行自定步调的学习，以取得更好、更有效益的学习效果。

(四) 绩效评价理论

绩效评价理论是组织依照预先确定的量化指标及评价标准，运用科学的评价方法，对评价对象的工作能力、工作业绩进行定期和不定期的考核与评价。而在网络教学管理平台中，师生双方均可互相评价、互相监管。同时，引入第三方监管机制即教务部门对师生同时监管，既可以考核评价教师日常教学活动的开展、课件资源的上传、师生日常的交流情况，又能够对学生完成课程进度、日常考试、教师评议、学业完成情况进行考核评价，在一定程度上督促师生双方有序地进行教学活动，保证教学顺利开展。

三、网络教学的特点与原则

(一) 网络教学的主要特点

1. 开放性

自由开放的网络、四通八达的站点，意味着教师不再只是知识的传授者，学生也不再是被动的接受者，他们将有更多的自主选择的机会。为了适应信息时代的这种变化，教师在"传"学生各门学科理论之"道""授"学生参与社会生活之"业""解"学生面对新矛盾新问题之"惑"的过程中，必须面对"道"更高、"业"更多、"惑"更深的现实，把教学的重心由单纯传授知识转移到引导学生学习和培养提高学生能力上来。

2. 交互性

通过网络教学系统，教师可用"电子讲座"的形式把教学内容与要求传递给学生，再通过智能化的评估系统迅速地了解学生的掌握程度，并进一步根据存在的问题及时调整教学方案及实施办法；学生也可以根据自身需要，从中选择更加适合自己的教学内容。学生可以通过"电子举手"的方式，把学习中遇到的问题、产生的感受及时反馈给教师；同学之间还可以通过"电子论坛"的形式展开讨论。"教"与"学"是矛盾对立又统一的双方，正是在这种网络联系和双向沟通的互动中，得以不断地调整和发展。

3. 共享性

计算机辅助教学首先改变了几百年来的一支粉笔、一块黑板的传统教学手段。它以生动的画面、形象的演示，给人耳目一新的感觉。计算机辅助教学不仅能替代一些传统教学的手段，而且能达到传统教学无法达到的教学效果。在传统教学模式下，由于教师之间缺少分工协作，必然导致教学上的低水平重复劳动。网络教学已经为课堂教学摆脱封闭的教学模式，构建开放型的教学方式提供了美好的前景。

(二) 网络教学的基本原则

(1) 在网络环境下进行教学，必须找准教学内容与教学方法的最佳结合点，符合教学各个环节的具体特点，如"网络教学目标系统""网络教学课堂系统""网络教学检测系统"等真正有利于优化教学目标的制订、实施和检测。

(2) 在网络环境下进行教学，要体现学生的主体地位，有利于培养兴趣、启发诱导并真正调动学生参与教学的积极性、主动性和创造性。学生可以自主学习，自己支配学习的节奏、内容，给自己的思维留下一定的时间、空间，还可以对某事件重复学习，强化学习效果。当然，对自主学习能力差的学生来说，也有较大的局限性。例如，利用网络的动态交互的特点要做到在及时发现学生存在的问题与不足、发挥学生的合理想象、发掘学生的创新精神与能力的基础上，或者加以弥补修正，或者加以点拨提高，或者加以引导培养，把教师作为引导者的作用和把学生作为学习主人的地位两者紧密结合起来，真正做到从教学对象的实际出发。如果把应试教育思想应用于网络教学环境，无限扩大网络课堂教学的容量，反而会加重学生负担，扼杀学生的合理想象和创造性思维。

(3) 在网络环境下进行教学，要注重个性化教学，彻底改变过去那种单一的"大会堂听报告"式的课堂教学模式，使之更加符合教育学的规律，更能适应各种学习情况和各类学生的差异。根据学生完成教学目标的成绩统计，针对他们在知识水平、理解能力、运用能力等方面的差异，完全可以利用网络教学的优势，通过设置不同的情景、演示不同的事例、提出不同的问题、进行不同的启发、提供不同的方法、做出不同的要求等，从而使不同层次的学生都有完成教学任务的机会。这一环境改变了以牺牲一部分学生的学习机会为代价，仅照顾少数学生的那种应试教育的模式，切实做到因材施教，从而全面提高全体学生能力的素质教育。

第二节　高校体育网络教学存在的问题及优化对策

在高校引入现代化网络技术展开教学，为各学科的持续发展带来了更加宽广的发展空间，怎样更好地运用教学网络化的便利，将其优势充分发挥出来，为教育事业带来无穷无尽的教学灵感，俨然成为现阶段教育领域的重点研究项目。体育是高校中必不可少且至关重要的一个科目。在重视学生全面发展的教育要求之下，体育教学效果的优劣在很大程度上影响了高校顺应时代教育要求的全面发展进程。将网络教学模式引入到体育教学中，能够快速吸引学生参与学习，充分发展其兴趣，为其提供更多元化的课堂内容，扩宽其眼界，推动受教育者自主参与学习，最终实现体育教学的优质发展。

一、高校体育网络教学的优势分析

（一）提供选课平台，利于学生创新能力的提升

我国课堂教学方式，实行创新改革与发展。体育教学也有了新的教学模式。如今，互联网已经贯通了校园教育的方方面面，因此网络体育教学逐渐得到普及。学生可以在网上选课、选择上课时间、选择喜欢的教师。在高校体育教学现代化改革过程中，已经充分使用现代化的教学手段，在网络上开辟更多新型体育课堂。因此，学生可以选择喜欢的体育项目与喜欢的体育教师，这样就一改传统的固定上课教师与上课时间、地点，增加了很多趣味性，可以调动学生的上课积极性。同时符合高校学生的心理特征及文化层次等特点，充分满足学生对于体育锻炼的需求，使体育课堂变成他们最喜爱的一项活动，只有充满兴趣地学习，才能够得到很大的提升与发展。因此，学生可以在体育活动中，锻炼自己的身体，养成运动的好习惯，从而成为身体和心理健康的个体。甚至在体育课当中，还能发现在体育方面有优势的学生，教师可以对有体育特长的学生进行单独训练，培养出国家需要的体育人才，这也符合当下国家的教学理念。

（二）打破了传统教学在时空上的局限，利于提高教学质量

在传统的体育教学课堂中，往往是体育老师先带领学生，做一些与教学内容相关的体育热身运动，然后创设一些符合高校学生的游戏活动，安排学生进行游戏活动，剩下的课余时间学生自由活动。这样的教学模式比较枯燥，而且不利于学生培养体育兴趣爱好，体育网络教学模式打破了传统的教学方式，不仅为学生提供了可以自己选择的体育课堂，也给高校的体育教师更多可以自由发挥，创造新的课堂教学方式的空间。教师也可以知道，自己在教学中有哪些不足的情况，从而根据学生提出的建议，在今后的教学中做出改进。不仅如此，许多高校的体育教学模式也已经由之前的单一化，变为现在的多样性与现代化，这也要求体育

教师要与时俱进不能停留在过去的思想，根据当下的最新形式，对自己做出更高的要求，这不仅是对学生负责也是对自己作为教师这个行业的负责。因此，高校需要不断调整体育教师队伍的知识、学历结构，以不断适应变化的高校体育教学改革，培养出更优秀的综合型人才。

（三）适应现代体育教学的需求

网络课堂在最近几年得到了很大的普及，作为当下信息时代的产物，不仅提高了高校体育教育的发展速度，也保证了体育课堂质量的提高。在传统的体育教学过程中过于强调教师的主导性和指导性地位，经常会忽略了学生在课堂中的主体作用，教师在教学课堂中经常为学生安排学习与实践活动，学生也只是根据教师提出的要求进行学习。这样被动式的学习，非常不利于学生发展，网络教学平台是现代化教学手段，是在体育课堂教学过程中的重要载体。不仅能够充分体现学生在体育课堂中的主体地位，同时也能极大地提高学生的体育学习兴趣，锻炼出强健的体魄。

二、高校体育网络教学中存在的问题

（一）对网络教学的重视度不够

高校体育教学采用网络教学的模式已经越来越日常，大部分高校慢慢对网络教学的应用重视起来，同时主动为网络教学提供较为全面的环境、制度以及技术支持。然而无法忽略的是现阶段仍然有较多高校还是没有正视网络教学运用带来的积极作用，其尚未发现将网络教学运用到体育课程中具备的众多优势，采取的是较为随意的态度，并未进行专门的资金与技术支持，所以利用网络进行体育教学成效很低。学校重视程度不够造成参与体育授课的教师无法顺利进行网络授课，甚至会出现错误的网络教学观念，认为网络教学会影响学生的正常学习，尤其部分教师教育思想上仍存在较为强势的教学观念，忽略学生的需求，缺少为学生考虑的意识，拒绝新教学方式。

（二）体育教师的网络教学素质不足

现阶段，体育教师在网络教学方面的水平参差不齐，整体上呈现出该方面的教学素质低下，没有一支强有力的网络技术队伍支撑，导致网络教学表现为不专业、不熟练，严重阻碍了网络体育教学的开展。在教学中缺少必备的网络教学技能培训，会使教学课件、视频质量很差，使学生在网络学习过程中感受不佳，甚至抗拒；而教师因计算机技术过于业余，也会觉得网络教学的准备过程过于复杂，严重阻碍了网络教学的开展。此外，在进行教学评价时，对于该部分的教学内容没有突出强调，更无法引起教师对该方面素养能力的重视。

（三）网络教学环境不佳

在网络上进行教学活动的开展，因受众的特殊性，对网络设备与技术的要求十分严格，其需要具备充足的教学设备、较为优质的网络技术进行支持。然而，在现实教学中，存在许多不足，具体包括以下三个方面：

第一，设备与学生数量的不匹配且较难实现合理的划分，导致设备利用效率低下。

第二，即使有些高校能够意识到设备数量对网络教学展开的重要性，但是部分设备落后，无法支持教学更好地开展。

第三，除了设备这些硬性设施的准备问题，还有设备的管理体制不完备、教学资源不充分等问题。种种因素影响了网络教学环境的良好建设，阻碍了体育网络教学的开展。

（四）网络教学优势无法完全发挥

对于网络教学的开展，高校一定要有专业的教学网站支持进行教学。然而现阶段大部分高校并没有形成系统的专业体育教学网站或是平台，影响网络教学的顺利开展，使网络教学中各种教学资源无法快速形成一个体系，其中资源共享、科学管理与评价反馈等优势都无法得到良好的体现。就算有些高校意识到该方面的不足也很少能够及时进行完善，或是简单地进行建设，网站上的教育内容营养价值不高、管理效果不佳、过于流于形式。

三、高校体育网络教学的优化对策

（一）对体育网络教学模式进行重视

想要使体育网络教学进行更好的发展，首要的工作即深化学校、教师以及学生对该教学方式的重视程度。其一，要加大对体育网络教学的宣传力度，利用模拟教学演示、技术介绍讲座、官方媒体倡导等途径改善各方对网络教学的看法，在不知不觉中纠正学校、教师、学生以及家长对网络教学的误解，进而令体育网络教学方式深入人心并获得赞同。其二，需要对该部分教学进行一些适当的强制性推广。可将体育网络教学计划进行教学专业规划，向教师施加一些硬性任务，同时进行监督，防止出现形式主义。在学校重视的前提之下，教师也能够有机会对该教学方式进行更好的规划，形成良好的网络教学观。

（二）对体育教师进行网络教学专项培训

当学校与教师具有一个正确的体育网络教学态度时，那么施教者的网络教学素养将决定其教学效果。所以，学校需以加强教师的计算机技术、网络教学技巧为重要工作，通过多种方式来增强相关施教者的网络教学素养。在实际培训过程中，应该注重两方面要求：其一，培训的内容需要具有高度的针对性。需要对水平不一的教师群体进行分层培训，实现高效率、细节性培训，如培训那些计算机基础较薄弱的教师时，重点在于基础操作的把握；而培训本身具备较好的计算机基础的老师需要重视教学技巧、课件与动画制作以及完善体育教学网站和较高难度的资源搜集工作；等等。其二，需要对教师进行激励政策，引导其在该方面教学的上进心，在教师队伍中积极宣传校外的县级、省级乃至国家级别的教学大赛和进修机遇；在校内需定期举办一些相关的网络教学大赛，使教师能够主动参与，并学会创新，持续锻炼自身的教学技巧。

（三）构建优质的体育网络教学氛围

在教育队伍得到充分的准备后，一个优质的教学环境也至关重要。可以从以下两个方面对体育网络教学环境进行优化：

第一，对体育网络教学设备进行数量、质量与管理上的优化。教学设备数量达到需求是顺利开展网络教学的前提；设备更加现代化、质量较优的计算机系统教室是开展优质网络教学的推动力；而具有一套较为合理、完善的网络教学设备管理体系，实现教学设备的科学分配，则是高效开展体育网络教学的保障。

第二，对教学资源进行丰富与科学分类。体育网络教学需要一个较为全面的网络资源数据库，该数据库中需要具备较为丰富的体育教学案例、教学内容材料、技术及技巧示范、针对性的体育教学计划等。根据丰富的教学资源，教师能够将某部分不容易进行示范与模仿的姿势化为生动形象的网络动画，同时配上分步讲解，从而更好地引导学生进行体育学习和锻炼。

（四）优化网络教学方式与评价模式

在进行网络教学中，教师经过优质的培训，其教学方式呈现多元化。第一，可利用多媒体课件建设视、听结合的体育网络课堂，增强受教者模仿的积极性，通过视频中生动的形象进行体育内容学习，进而在一个轻松的氛围中掌握体育理论知识。第二，可基于网络平台，运用合作探究的方式开展教学。体育教师可利用网络技术的可记录特点，及时记录学生在日常学习中的不规范姿势，利用网络技术进行动画模仿，并慢放处理，之后可以与学生共同进行讨论，以便学生能够及时发现自身的问题并进行正确的改正。第三，可利用网络技术的高效沟通作用，设计班内、班外甚至校外的体育学习沟通。在体育教学完成之后，也不能忽视评价模式网络化的重要作用。基于网络的即时性和共享性，能够形成一套较为高效且全面的评价体系。但是需要注意的是，网络教学的评价对象应该是施教者与受教者的表现，要重视教学的过程，而不是形式上的评价。同时需要对网络教学平台的适应性进行评估，判断其是否能够随着教学目标的改变而迅速得到调整。网络教学评价中，可利用网络技术的及时共享功能，对教学评价过程进行全透明化，实现评价的公平性。

第三节　网络技术在高校体育教学管理中的应用

教学管理是高校管理的主要环节，高校的教学及管理工作依托其稳定有序开展，是完成高校教学目标的重要保障。因此，提高对教学管理的重视程度、强化管理效率是高校发展的重要途径。近年来，网络技术高速发展，其优势已受到各方面的关注，随着它在教学管理中的大量应用，可改进教学管理模式，提高了教学管理效率，并推动高校教学管理的改革和创新。

一、网络技术对高校教学管理的重要性

（一）满足高校扩招后的教学实务

随着国家高等教育体制改革，高校扩招是教育改革的总体方向，伴随着招生逐年增加，高校规模不断扩大，教学管理的工作量也不断增加，在教学管理工作中，存在着大量的与师生数量正相关的教学管理活动，如教学计划制定、课程与考试安排、学生成绩与学籍管理等，因学生人数的增加造成管理数据量的大幅增加，如仍采用原有的传统管理模式，不仅管理难度增大，且极易由于疲劳工作等人为因素造成次生问题，且大量激增的数据容易导致整个教学管理系统的瘫痪，甚至影响整体学校的正常运转。

因此，有必要有效发挥网络技术的优势，发挥各平台的长处，利用校园网、外网、学校微信公众号、云平台等各平台共享资源，公开学校的教学信息并多方面采集汇总反馈信息，

使教学过程的参与者及管理者能在不同的时间、不同的地点及时了解最新信息并可根据权限提交反馈信息及发布指令，极大地提高教学管理工作的效率。

（二）利于实现信息的快速交互

在以往的教学管理过程中，因技术手段限制，无法做到信息的有效互动，信息流主要是单向流动。比如，教师课程安排及调整采用书面或口头传达的方式传达给学生，无法确保传达到位，也无法获知是否完全传达到位。而网络技术的应用可有效提高信息互动，不管双方是否同时在线，均可不分时间、不分地点地进行有效互动，从而提高教学管理的有效性和准确性。

（三）保证教学管理工作的高效性

在高校教学管理工作中，最主要的工作内容就是对教学管理过程中的各种信息进行系统分析与互动处理。这些信息的管理对象十分丰富，不仅包括学生、教师等人员信息，而且包括考试内容、成绩、评测等抽象的信息内容。管理内容复杂多样，信息量大，如采用传统的工作方式，显然无法高效地完成信息的管理工作，而且对管理人员造成较大的困扰。而通过应用网络技术可缩短信息传递周期，可使各个部门高效地联系在一起，短时间内传递各种信息，并对人员、课程、教室等各种教学资源进行高效调动及科学安排。同时，因教学管理的规范化，各个职能部门都能高效完成本职工作，避免因信息传递的效率低下及人为因素而导致的工作迟缓，从而能够提高学校教学管理工作的效率。

二、网络技术在高校教学管理中的应用现状

（一）对网络技术的应用未建立正确的科学认识

教学管理系统在建立时未考虑充分发挥网络技术的特性，在实际工作中，对网络技术的使用、理解比较片面，只把它作为一种辅助手段的思维较多；同时由于各高校倾向于一线人员的网络技术的专业性而忽视了教学管理工作人员的思想教育和培训，造成教学管理的实际操作水平偏低，会因采用网络技术后与原有模式的暂时冲突而对网络技术有畏难情绪。

（二）缺乏完善的基于网络技术的系统

随着近年来高校信息化工程建设的实施，计算机技术已经成为各大高校开展教学、科研及教学管理的有力工具。我国大部分高校已建立基础的计算机网络硬件设施，但精力主要倾向于教研方向，如建立多媒体电教、网络云平台等，对教学管理系统的关注较少。

三、网络技术在高校教学管理中的应用策略

（一）转变思想、构建高效团队、加强制度建设

转变思想，从思想上提高重视，可加强宣传力度，对教学管理中网络技术应用的重要性形成正确的认识，通过举办知识讲座、加大培训等方式，增强对网络技术在教学管理系统中应用的直观感性认识。

构建高效有素质的管理团队，提高教务人员的专业能力与综合素质，加大网络技术应用

的有效运用。在体验到新式教学管理系统的高效、实时、共享等优势后，更良性促进教学管理人员通过培训与自主学习的方式，进一步提高专业水平。

加强制度建设，推动基于网络技术的高校管理系统的发展。在新高校教学管理制度建立时，就从发挥网络技术优势的角度考虑，通过设置专业信息管理部门，对各职能部门的工作流程及数据结构做集中管理，统筹规划，进而推动教学管理模式的改革和创新。通过网络技术，对高校教学管理的实时数据和结果做监督和评价，对存在的问题及时解决和弥补，对于共性的和普遍存在的问题，可以通过完善制度来修正。

（二）建立健全基于网络技术的教学管理系统

为提升教学管理的准确性，保证工作的科学性，创新教学管理模式，必须建立健全基于网络技术的新教学管理系统。

当前高校教学管理在信息采集、分析、存储及传递等方面都存在滞后和数据分散等问题，对隐藏问题无法及时发现及处理，必须通过强化教学信息的集中汇总和数据分析，在有利于教学计划实施，保证教学任务完成的前提下，高校教学管理系统要更能体现时代特色，满足高校教育多元化的需求，力求数据库信息的与时俱进。通过有效的数据分析，构建结构合理的教学管理数据库，并通过系统分析，建立系统模型，充分发挥网络技术的优势，对信息进行采集、分析、动静态存储与实时传递，为整体教学任务的完成而服务。后期的大数据分析，能为高校管理的决策提供科学、准确的信息，使高校教学管理工作良性发展。

1. 构建体育网络课堂

构建体育网络课堂，主要目的是激发学生课外学习体育知识的兴趣。同时体育网络课堂可以向学生展示具体的体育动作。网络记录的方式各式各样，包含文字、图片与视频等，可以充分调动学生的学习兴趣。将网络资源进行有效整合，让体育教师可以储存相关的教学资源。

2. 建立体育网络学习讨论平台

在高校体育网络化教学体系中，讨论平台是一项十分核心的内容，它的形式与传统的课堂讨论小组差不多。因此，体育教师可以结合实际，按照学生对体育知识的掌握能力以及他们的兴趣爱好，把他们以一个小组四名成员的形式分为若干个小组，积极鼓励学生通过小组的进行完成教师规定的学习任务。教师要引导学生正确使用 QQ、微信、微博等社交软件，让他们可以在任何时间、任何地点自由地展开讨论，培养学生更熟悉地掌握体育知识技巧。比如，喜欢爬山、攀岩等项目的学生可以将自己的经验以及在运动过程中需要注意的事项通过社交平台分享给同学，提升他们户外体育的安全意识。

3. 构建体育线下学习小组

为了能够培养学生之间的互动与交流能力，教师可以构建体育线下学习小组。教师在划分小组的过程中需要按照学生的意愿或他们对体育项目的兴趣爱好进行分组。引导学生在互动与交流的环节中分享自己的体育技能学习经验，提高他们自主学习的能力。例如，教师可以按照学生的兴趣爱好划分体育小组，将喜欢打篮球的分为一组、对足球感兴趣的分为一组、擅长游泳的分为一组。

4. 健全网络体育教学机制

高校要不断完善校园网络化教学基础设施，加大对校园软硬件设施建设的资金投入力度，不断强化对体育网络教学的管理机制，确保体育教学网络化的平稳运行。校领导要培养教师运用互联网开展教学的意识，鼓励教师积极运用网络教学平台，加强与学生之间的互动，调动他们学习的积极性。与此同时，各大高校之间要运用互联网增强教学资源的交流与共享。

5. 加强培训教师对网络体育教学平台的运用

目前，高校大部分体育教师对电脑与多媒体等设备的操作能力较差，导致他们难以达到网络化教学制定的目标。因此，院校网络系统管理人应该加强对体育教师网络化教学基础技能的培训，让他们充分掌握网络教学的技巧，才能在实际教学中更好地将网络教学与课堂教学相结合，提高教学效率。

6. 强化学生对体育网络信息资源的获取技能

目前，高校学生的网络使用率极高，在开展体育教学活动的环节中，教师要引导学生积极获取体育知识，培养他们的自主学习意识。只有这样，才能使得学生在学习中处于主体地位。通过培养学生运用网络信息平台获取体育知识的技能，提高学生对知识的获取能力，增强他们对体育知识掌握的意识，促进他们学习的自主性。运用网络，学生可以查阅任何自己感兴趣的体育知识，从而提升他们对体育的学习兴趣。

7. 构建体育网络化教学评估体系

构建体育网络化教学评估体系，能够促进体育教师提高他们的教学质量。运用科学的网络评估方式，可以帮助体育教师发现其在教学的过程中的不足之处，帮助教师在意识到不足之后及时改正，从而不断改进他们的教学方法。运用评估体系，还可以对高职院校开展体育网络化教学活动过程中的教学内容进行综合性评估、对学生的具体学习情况实行考核、评估学生在每节体育课上的表现情况，使得学生通过评估体系能够更直观地发现自己对某些体育项目的掌握程度，对于学生学习得不好的地方，教师要及时指出，并帮助学生改正他们的不足之处。通过在线评估，可以对学生的户外实践课程展开评价，让教师能够看到学生在户外活动中的表现，对于表现好的学生，教师可以给予表扬与鼓励。对于在户外活动中存在很多不安全系数的体育项目，教师要向学生及时进行提示，降低学生户外活动的危险系数。同时，可以对教师与学生之间的互动环节进行评估。通过运用体育网络化评估体系，可以对师生之间的互动模式进行评估，让教师意识到自己在学生互动的过程中存在的缺陷，不断改进沟通技巧，增进师生之间的距离。

第十二章　高校体育教学智慧化管理

第一节　智慧课堂概述

一、智慧课堂的含义

智慧课堂的提出和发展实际上是学校教育信息化聚焦教学、课堂、师生活动的必然趋势。关于智慧课堂的含义，从不同的视角来看有不同的理解。"智慧"通常包含心理学意义上的聪敏、有见解、有谋略和技术上的智能化两个不同层面的含义。因此，对智慧课堂的概念有两种视角的理解：一种是从教育视角提出的，新的课程理念认为，课堂教学不是简单的知识传授或学习的过程，而是师生情感与智慧综合生成的过程，智慧课堂的根本任务是开发学生的智慧。这里智慧课堂的概念是相对于知识课堂而言的。另一种是从信息化视角提出的，指利用先进的信息技术手段实现课堂教学的信息化、智能化，构建富有智慧的教学环境。这里智慧课堂的概念是相对于传统课堂而言的。事实上，上述两种视角的认识是紧密关联的，利用信息技术创设富有智慧的课堂教学环境，其根本目的也是促进知识课堂向智慧课堂转变，实现学生的智慧发展。这里所使用的概念是侧重于后一种视角而提出的，即从信息化视角建立智慧课堂的概念。先进的信息化手段是开展信息化教学研究的前提，也是构建智慧课堂理论与实践体系的逻辑起点。

从信息化的视角来看，智慧课堂的概念是信息化课堂发展的结果。2008年，国际商业机器公司最早提出智慧地球概念，随后国内外出现了智慧城市、智慧教育、智慧课堂、智慧学习等概念。实际上，国际商业机器公司使用并广泛推广智慧地球，将其应用于教育领域，从而率先提出智慧教育的概念及内涵。基于这一理解，现在人们广泛应用的智慧课堂实质上就是智能化课堂，是从信息化的视角来界定的，即使用先进的信息技术实现教育手段的智能化，使课堂教学环境更加富有智慧，进而实现教育教学的智慧化。因此，我们将智慧课堂理解为在信息技术的支持下，通过变革教学方式方法，将技术融入课堂教学，构建个性化、智能化、数字化的课堂学习环境，打破传统的单向教学，实现师生双向互动，切实提高教学质量和教学效率。实质上，智慧课堂概念的提出与发展既是信息技术在教学领域应用的产物，也是课堂教学自身不断变革发展的结果。

二、智慧课堂的理念

(一) 唤醒学生的智慧发展

有学者认为，教育的任务就是要催生学生内心沉睡着的智慧之花。没有枯燥无味的知识，只有枯燥无味的教学；没有缺乏智慧的知识，只有缺乏智慧的教学。教学不是要堆积知识，而是要唤醒学生的智慧和人格。课堂需要师生之间、生生之间知识的汇聚、思维的碰撞、思想的交锋、情感的融合，教师要学会等待和抓住教育时机，用一个智慧的生命去照亮许多智慧的生命，用一个智慧的心灵去唤醒许多智慧的心灵。智慧课堂应该是探究未知，活化已知，充满生机的。在智慧课堂中，学生的兴趣会被激发，探究的欲望会得到激活，知识的社会价值会得以体现。在充满智慧的课堂上，学生不再唯唯诺诺、亦步亦趋、小心翼翼。这样民主平等、宽松、和谐的学习环境，吸引着每一个学生进行智慧的碰撞、情感的融合、心灵的交互，学生的思绪得以飞扬，灵感得以激发，智慧得以生长。

学生的智慧成长是一个隐性的、内含的综合整体，是学生自身发展达到的一种境界和水平。如果从客体与主体的关系来看，人的智慧成长主要包括对外部对象世界的认识和把握（理性智慧）、对外部对象世界的能动改造（实践智慧）以及对外部对象世界与主体世界关系的认识和把握（价值智慧或情感智慧）。

教育在学生的智慧发展特别是早期的智慧发展方面发挥着不可替代的作用。在长期的教学实践过程中，人们的教学价值取向不同，对于学生智慧培养有着不同的侧重。传统教学受赫尔巴特理性知识观的影响，在教学价值取向上较为关注学生对外部对象世界的认识和理性知识的掌握。之后随着人本主义的发展以及实践教育学派的兴起，教学价值趋向多元化。一方面，学生对程序性知识的获得和学习与实践能力的发展在课堂教学中受到重视；另一方面，学生的德行和情感等价值观念的形成也日益成为教学的主要目标之一。智慧课堂教学培养学生智慧具体表现在以下三个方面。

1. 突出学生创新精神、创新意识和创新能力的培养

培养学生的创新精神、创新意识和创新思维能力是智慧课堂教学的主要目的。追求智慧的教学更多地关注未来和未知的世界，培养有智慧的学生必须使他们不盲从于书本或权威，敢于质疑，敢于反叛，敢于以全新的富有个性化的眼光进行独特的思维，能以科学的精神和创新意识审视固化的定理，以独特的视角去质疑、去诠释、去进行解构和重构。创新精神就是力求发现和解决新问题的进取精神，崇尚真知和追求真理的科学精神，百折不挠的奋斗精神。智慧课堂突出培养学生创新精神，就是要突出创新欲望的诱发、创新热情的激发、创新实践的指导、创新目标的实现以及创新成果的评估，以促进学生创新意识的发展。创新能力是一种复杂的综合能力，主要由创新思维、创新人格和人的知识技能等多种因素构成，其中创新思维作为人类心理的高级过程，是创新型人才的重要标志，是人的创新能力的核心。创新思维集中表现为思维具有流畅性、灵活性、独创性等品质。而创新人格集中表现为创新的个性品质，如好奇心、想象力、挑战性和冒险性等。学生的创新能力的"新"主要表现为思维的角度和方法的新颖，因此，智慧课堂教学要鼓励学生发表独到的观点和新颖的结论，形成自身独特的思维方式，并善于突破常规，从创新的视角认识事物的本质，提出解决问题的方案；要使学生善于发现、挖掘思维的新起点，寻找思维的新视角，同时把顺向和逆向、发散和聚合等多种思维方法综合运用，从而产生创新成果。

2. 突出学生的学习智慧发展

对于人的生命而言，智慧表现在对问题的处理、对危难的应对和对人生实质的思考等方面。在学生的学习过程中，智慧表现在如何获取知识、处理知识和应用知识，即统率知识方面。"用智慧统率知识"这个宣言的核心理念就是召唤人们去做"知识经济时代"的主人。真正的学习活动就在于能把握和领悟知识本身的意义，并能把它们转化为自身的能量——智慧。学习既是一种认识活动，也是一种实践活动。学习的目的就在于转识成智，它是人在实

践活动中通过认识世界和认识自己的交互过程来实现的。

智慧课堂教学从学生的和谐发展出发，以知识习得和经验内化为基础，进行学生智慧的构建和情感的生成。课堂中学生学习智慧的培养主要是通过教师的学习策略和学习能力教学来实现的。教师以教材为载体，依据学生的个人学习条件，在传授知识的过程中有计划、有目的、有系统地教会学生掌握学习策略、学习技能、学习规则和学习方法。教师通过对学生的学习策略教学，促进学生创新思维的发展，带来学生某些创新素质的改变。随着学生创新素质的改变，他们会不断地产生新见解、习得新知识和掌握新方法。这些新见解、新知识和新方法就是一种经验的升华，一种能力的再现，一种智慧的孕育。

3. 突出学生对生命智慧的关注

生命智慧指的是生命主体运用已有的知识和经验对自己与他人、与社会、与自然的关系进行积极审视、理解与洞察，并对与他人、与社会、与自然的关系给予历史的和未来的多种可能性关系的明智、果敢的判断和选择。生命智慧指向人的积极的、良好的、可持续的生存和生活状态，指向人的现在及未来生命价值观的实践。教学的目的不仅是让学生获得知识，而且要凸显知识的生存价值，即使人在与知识的相遇和互动中，在对知识的体悟中，获得积极的有利于人类美好生活的生存意义。个体学会选择和享用知识、在知识世界中寻求生存或生活的力量与意义、不断提升生存的智慧才是智慧课堂教学的全部意义所在。课堂教学本质上是一种为了生成学生智慧的活动，学生在教师的教学智慧引领下，通过在课堂中的经历、体验、积淀和生成的过程，自觉地将自身所获得的知识与理论内化和升华为对生命的智慧理解。

课堂教学是教师和学生共有的人生中的重要生命经历，是他们个体生命有意义的构成部分。课堂作为提升师生生命质量的重要阵地，要时刻浸润着对生命成长的热爱，只有带着对生命的热忱进入课堂，用心去发现、用心去体验、用心去实践，教学才能涌动生命的灵性，课堂才能充满智慧的灵光。首先，要引入"生活化"的课程内容，关注学生的现实生活，关注学生的学习兴趣和体验，让学生在与生活的沟通中体验；其次，要创设生动有趣的教学情境，以便加深学生对知识的体验，激发学生的悟性，开阔学生的思维，促使学生从对单纯知识技能的追求转向对存在意义的探寻，从而不断超越自我，走向更为宽广的世界；最后，要放手让学生在实践中体验，在生命体验的运动中体现生命的成长，展现生命的活力，不断创造更为广阔的精神世界。教学过程不是单纯的师生之间知识"授—受"的过程，而是师生之间一种生命与生命的交往、沟通、发展过程，是一种生命存在的基本方式。

在智慧课堂中，学生会体验到求知的愉悦和求真的快乐，师生的智慧之花会在互动与对话中绽放；在智慧课堂里，教师积极地投入教学改革和实践智慧的提炼，享受着生命智慧和个人价值的快乐。教育者要从生命的层次出发，用动态生成的观念，重新全面认识并整体构建课堂教学，为不同层次和不同特点的学生提供不同的机会，让每个学生的潜能都得到最大程度释放。

(二) 强调师生情智交流

传统的教学论把教学当成特殊的认识过程，其主旨在于课堂教学是一种游离于实践而又局限于教材的特殊的认识过程。其实，课堂教学应该是教师传播或点拨知识本身的意义，并让学生把它们转化为自身持续发展的能量——智慧的活动。

课堂教学既是一种认知成长的活动，也是一种与经验实践相关的活动。因此，智慧课堂的教学过程强调师生在认知与情意方面的交往和情感与人格方面的沟通交流，即教学过程是一个师生的情感与智慧交流共生的过程，是一个以情换情、以智启智、情智交融的过程。

1. 情感的交流

这里所说的情感指的是广泛意义上人的一切态度体验。情感体验的核心意义指的是情感作为一种心理过程反映客观事物与人的需要之间的关系，并通过一系列的态度体验，形成各种性格特征，如态度、价值观和意志品质等情感过程的结果，也属于情感的范畴。美国心理学家霍夫曼的研究揭示出情感是认知加工过程的促动力量。在不同的情境中，情感会对认知加工起不同的作用，有时是引发，有时是终止或中断；情感可能同时导致选择性加工，即决定对环境中哪部分信息进行加工，并影响对加工方式的选择；同时情感对于回忆以及决策和解决问题都将产生深刻影响。其实在多数情况下，情感过程中总融合着认知过程，认知过程也总是伴随着情感过程；情感过程激发、推动和维持着认知过程，认知过程则深化和发展情感过程。情感作为一种重要的心理因素，并不是认知活动以外的心理过程，它是与认知活动同时发生并伴随认知活动始终的同一心理过程，它是认知主体结构中一个必不可少的非智力因素。它与其他主观因素一起构成了学生认知活动的内部状态，并以复杂的形式影响学习主体的认知活动。

2. 经验的分享

从教学过程的本质特征来看，智慧课堂的教学过程是师生共同交往与成长的动态过程。

（1）教学过程是师生之间和生生之间互动交往的过程，智慧生成是基于知识经验并在知识经验的交流中得以提升的过程。师生和生生之间的互动通过智慧的激发生成了智慧的"教学相长"，有效地促进了教学主体之间认知、情感和价值观等方面经验的交流。他们在课堂教学中通过语言的或非语言的方式来了解对方的同时，互相欣赏和肯定，在彼此分享中共同发展。师生之间和生生之间通过思想和心灵的碰撞，获得经验知识的成长、观念的提高和精神的升华。他们之间的差异是客观存在的，这种差异不仅表现为知识、经验的不同和情感体验的不同，而且师生之间和生生之间表现为价值观存在差异，相应地，在人格特点、人生态度和处事方法上也必然存在差异。因此，在互动的过程中，师生之间和生生之间在认知和情感方面进行互动的同时，必然进行着价值观的互动，这种影响是潜移默化的、无意识的，但对于学生的影响往往是深刻的，甚至是伴随其一生的。

（2）教学过程是一个师生共同创造的过程。教学过程是一个动态的、不断发展的过程，需要教师不断地研究和反思。教学前，教师不但要研究教学目标和教学内容，还要了解学生的知识基础、学习风格、能力水平和背景因素等基本情况，从而为教学设计奠定基础。然而，实际教学过程是复杂的。尽管教师考虑到具体的教学情境，考虑到教学过程中的互动因素，但是教学也不能简单地按事先的计划进行。在具体教学过程中，教师要研究如何应对课堂生成的问题，如何应对偶发事件，如何调动学生的学习热情。在教学结束后，教师还应反思教学过程和教学结果。因而，教师的创造性主要体现为将教学进行得更好，启迪学生的智慧，触动学生的心灵。对于学生来说，智慧课堂的学习过程也是一个充满创造性的过程，学生在有意义地接受和发现中学习，特别是在发现学习过程中经历尝试和探究。布鲁纳提出的"发现学习"认为，学习就是智慧的开启，虽然智慧的开启离不开知识，但发展智慧不能简单地依靠知识的习得，还要依赖学生的主动思考与探究。在这种学习中，学习者处于主动和发现的地位。学生的学习是知识的获得、运用与转化为智慧的过程。在此过程中，学生体验到发现的快乐，寻找到智慧的源头，获得了对生活世界的真实理解，享受到创造的愉悦。

（三）关注学生智慧发展过程

教学评价是对教学活动的价值判断，是衡量教学活动参与者发展状况，并旨在改进教学方法、提高教学质量的重要途径。智慧课堂的教学评价理念打破了以往将评价简单视为选拔和甄别学生手段的观点，重视促进学生个体的发展，促进学生潜能的开发和智慧的生成。这种教学评价关注学生的课堂表现及发展过程。其具体体现在以下两个方面。

1. 关注对学生学习过程的评价

在新课改的推动下，教材用以学生活动为主的立体表达方式取代了过去以知识叙述为主的线性表达方式。这势必要求教师尽可能地引导学生参与教学过程，并且通过课堂教学评价，特别是通过对学生学习过程的评价，转变学生的学习方式，改变教学方式，优化课堂教学。我们一般根据学生的情绪状态、参与状态、思维状态和交往状态等来判断一堂课是否有效。这种情绪状态、参与状态、思维状态和交往状态等是在具体情境中发生的，是不可预期的因素。教师如果能够及时捕捉这些鲜活的信息，就能够产生许多生成性资源。实际上，课堂生成性资源的有效性，对学生智慧发展的即时评价起着很大作用。教师对学生的即时评价可促进学生智慧的有效生成，或者可延缓甚至阻碍学生智慧的有效生成。赞赏或批评能促进情感的生成，点拨能促进能力甚至智慧的生成。当学生忙乱而无头绪时，点拨能帮助他找到新思路；当个别学生回答中有创见时，赞赏可将其转换为全班学生的财富；当学生有了细微的进步和变化时，在教师的关注下他能继续保持进步；当学生发生争论时，能碰撞出思维的火花。所有这些都是有效的课堂生成，都可以借助评价的力量来进行。课堂教学是预设和生成的统一体，只有开放和生成的课堂才能构建起充满生命活力和智慧的课堂。教师运用教学机制，适时地把握教学生成性资源，对学生学习过程中的发展给予及时评价，才能更有效地促进学生学习能力的发展。

2. 关注对学生智慧发展的评价

注重发展的课堂教学评价致力于学生的发展，是将学生视为有主见、有尊严和有感情的发展主体，将其看作不断成长和有不断发展需要的生命体。评价不是作为控制学生精神和行为的手段，而是探索学生在发展过程中的困惑、欣喜和满足等生命体验的途径。评价过程是一个充满人性关怀，充满理解与对话的过程，教师要尊重每一个学生独特的精神世界、心灵体验和建立在此基础之上的独特的智慧表达，使评价活动成为师生之间平等的交互活动，有效促进学生智慧的迸发、共享和共赢。为有效进行对学生智慧发展的评价，教师应做到以下两点。

（1）着眼于学生主体的全面发展

智慧课堂的教学评价内容不仅应关注学生的知性和理性智慧的发展，还应该关注学生的情感、意志、态度和价值观等的发展。在对学生的学习进行诊断性评价时，如果不考虑学生的学习态度与学习动机就很有可能出现"误诊"，更难以做到全面而深刻地进行评价。

（2）着眼于学生主体的差异发展

多元智能的主要倡导者——美国心理学家加德纳认为，测验或考试把学生进行了分类并贴上了标签，判断的往往是学生的弱项和短处，而非学生的强项和长处。多元智能理论给我们的启示是：每个人可能拥有多元智能即不同的潜能，智能之间的不同组合体现出个体的智能差异，因此，教学评价应关注学生的起点差异、潜能差异和个性发展的差异。这种强调个性和差异的评价观要求教学评价的指标多元化，并关注其开放性和差异性。

（四）相信学生具有智慧潜能

每个学生都有智慧，学生的智慧不在于有没有，而在于你相信不相信、发现没发现。只有坚信每个学生都有智慧，你才会努力地去发现和开发。每个学生都有不同的智慧，有不同的优势和强项，智慧在不同的学生身上有不同的色彩。智慧教育在于发现不同学生的不同优势，拓展他们的发展空间，引导他们的发展方向。这就要求教师做细心的、耐心的观察者和全面深入的勘探者。另外，要注意的是，智慧教育是面向全体学生的教育，而不是面向少数学生的教育。

人只有在自由状态才会迸发创造的灵感，智慧教育要给学生自主发展的自由，并指导学生合理地利用自主支配的时空。在传统的接受式学习中，学习内容以定论的形式直接呈现出来，学习建立在人的客体性、受动性、依赖性层面上，学生是知识的接受者；在现代的自主、合作、探究学习中，学习内容以问题的形式间接呈现出来，学习建立在主体性、主动性、创造性的基础之上，学生是知识的发现者。学习以弘扬人的主体性为宗旨，有利于促进人的可持续发展。以探究的方式来建构知识，一堂课或许就是一次探索知识宝库的"神奇旅程"。在这个旅途中，教师只是一个资历较深的"同行者"，学生可以有自己的行进路线，被允许走"弯"路、走"错"路。但因为是学生自己走出的一条路，所以学生在沿途能领略到无限风光，能采撷到丰硕的成果，陌生世界中的一个个疑团都能成为吸引他们走完全程的动力，行程中的挫折、失败都是他们记忆深刻的体验。当这种发现知识的学习旅程成为学生的一种内在需求时，学生学习就有了主动性，就会越学越想学、越学越爱学。当学生学习潜能被充分开发，学习经验不断积累时，学生学习就有了独立性，即学生面对学习的态度是不仅"我要学"，而且是"我能学"。

三、智慧课堂的特征

学生智慧的生成要经历一个知识经验的准备、积累、反思与质疑的酝酿孵化、豁然开朗的顿悟，最终形成新观念、新想法的过程。智慧课堂作为启迪学生智慧的场所，从教学方式看，教师重视启发与诱导，教学手段具有激发性；从学生的学习过程看，智慧生成主要是在知识经验积累中经历直觉感悟的过程，因而具有顿悟性；从课堂教学过程和教学结果看，智慧课堂教学具有体验性、生成性、创新性、道德性等基本特征。

（一）激发性

智慧教学手段具有典型的激发性和启迪性，指的是教师在教学过程中抓住学生的智慧生成时机，通过及时激发、启迪，使学生思想得到升华，潜能得到启发，茅塞顿开，豁然开朗。孔子在《论语·述而》中说："不愤不启，不悱不发，举一隅不以三隅反，则不复也。""愤"指的是人们在苦苦思索而未果的状态，而"悱"则是想表达而又力不从心、难以表达清楚的状态。教师要抓住这个宝贵的教育时机，采用"启发"的教育方法，开启学生的心智，使其心智觉醒，智慧萌发。

当代心理学认为，人的思维有一种非常有利于智慧发展的状态，即当人的大脑皮层区域对某一特定问题不断地恢复联系和形成联系并达到一定程度的时候，就会产生一种持续的以感知、记忆、思考、联想为基础的高度活跃的思维状态。这种思维状态就是"思维流"，它是人的思维发展过程中的一种高级阶段，是智慧生成的关键时期。学生在学习时，思维一旦进入这种状态就具有极佳的学习效果。为了使学生达到这种注意力高度集中、大脑皮层高度兴奋、思维高度活跃且时间持续较长的状态，教师在课堂教学中要创造激发性的教学情境，使学生充满信心、心情愉悦、有较高的自觉性、反应敏捷、联想丰富，从而达到较高的学习和研究效率，生成智慧。这种激发性的教学情境需要教师运用自己的教育智慧，有意识地开发，敏锐地发现，通过生动的情境和宽松的氛围，激发兴趣，让学生在敢想、敢问、敢争论中思维得到激活，心智得到唤醒与开发。教师以智启智，以情唤情，学生的思维在教师创造的生动活泼的课堂氛围中得以开掘，情感喷薄而出，课堂成为师生心灵交汇的平台，自然生成智慧。

改变传统课堂中教师的知识传授者、教材阐释者、知识垄断者角色，应该重新定位课堂中教师的有效促进者、成功组织者、平等合作者、新锐创造者等新型角色。教师通过点拨学习方法、激活创新思维，做学生学习的有效促进者；教师通过调控学习过程、组织多元评价，做学生学习的成功组织者；教师通过筛选原型素材、教学活动互动、教学成果互享，做学生学习的平等合作者；教师通过反思教学行为、养成教学风格，做课程实施的新锐创造者。总之，教师借助角色转换，能促进课堂的交往互动。

课堂上教师应把互动的本质把握在"思维互动"上。实现"思维互动"的策略有三个方面：一是趣味引"动"，即用生动的事例，把学生带入到课堂知识的学习中；二是问题激"动"，即用课堂中生发的问题来激发互动，由学生提出环环相扣的问题，在问题解决的过程中，师生共同剖析、交换观点、深化理解；三是实验带"动"，实施实验教学，在实验现象的分析、实验步骤的设计、实验结果的假设和推论中，活跃思维，让师生积极投入其中。

（二）顿悟性

所谓顿悟，就是突然地理解，不经逻辑分析推理而仅凭直觉一下子领悟到学习对象的本质特征。顿悟现象的主要特点可概括为以下几点：

（1）在问题解决之前，常有一个困惑或沉静的时期，在该阶段解决者表现为迟疑不决并伴有长时间的停顿，这可以视为问题解决的"潜伏期"。

（2）从问题解决前到问题解决之间的过渡不是一种渐变的过程，而是一种突发性的质变过程，而且这种突然出现的可能是问题的解决方案，或解决方案即将出现的意识闪现。

（3）在问题解决阶段，行为的操作是一个顺利的持续的过程，从而形成一个连续的完整体，很少有错误的行为。

（4）顿悟依赖于情境，当解决方法的基本部分与当前情境之间的关系比较容易察觉时，就容易出现顿悟。

（5）顿悟与工作记忆、长时记忆都有联系，由顿悟获得的问题解决方法能在记忆中保持较长时间。

（6）顿悟的关键加工机制是类比迁移，在一种情境中产生的顿悟可以迁移到新的场合中去。

智慧教学的顿悟性是指在教学过程中师生思维处于活跃升华状态时，由于某种偶然因素的启发或课堂情境的刺激，使正在探索的或者长期探讨而未解决的问题突然得到解决的思维过程。

在智慧教学过程中，顿悟具有十分重要的功能和作用。其一，顿悟有利于发挥学生的主观能动性，诱发学生的学习积极性，提高教学效率。当学生的思维在对知识接受、运用、转化时，其思维处于异常活跃的状态，而此时学生在教师的精心引导下，通过主体自身的活动对知识进行顿悟，主体的功能得到最大的挖掘，学生在每次顿悟中，情绪得到提高，同时引起感情上的愉悦，增强学习兴趣。当顿悟出现时，课堂气氛热烈，师生思路通畅、想象活跃、反应灵敏。一方面，这种课堂会最大限度地调动学生学习的积极性、自觉性和主动性，让学生在这种深切的感悟、领悟和顿悟中，体验自主的愉快、成功的喜悦。另一方面，它使教师的教和学生的学都处于一种酣畅淋漓、得心应手的状态之中，促进师生智慧的共生。其二，顿悟有利于培养学生的创新思维能力。运用顿悟思维方法进行顿悟创造活动，这个创造活动表现出的思维机制是：灵感—直觉—顿悟。顿悟是创造过程中关键的一环，创造主体根据所提出的问题进行信息材料的积累和想象，诱发灵感，灵感爆发的"思想闪光"和"思想跃迁"引导进入直觉，即由灵感或直接经验通过直觉道路飞跃到顿悟。这是一个完整的创造活动过程。

学生在悟出新见解的过程中，突破了思维定式，冲破了现成观念的束缚，使思维进入新的空间，这种不断感悟、顿悟的结果是形成新的思想，提升精神世界，促进他们创新思维能力的发展。然而顿悟作为一种突如其来的具有爆发性的思维方式，是建立在一定的知识积累和实践经验的基础上的，是主体对于特定对象进行深入思考、探究的结果。智慧课堂中教师要为学生顿悟的激发与生成积极创造有利条件。首先，由于学生的顿悟思维必须建立在相关知识储备、思维能力发展的基础上，通过思考调动以往的知识和经验，重新组织学习材料，并突然地领悟材料中的关系，从而使问题得以解决。因而顿悟学习的问题难度不宜太大，否则学生学而无功，学生就会产生习得无助感，感到自己对一切都无能为力，丧失信心，进而造成学习动机下降，情绪失调，形成认知性障碍，对学习心灰意冷，对本来能够掌握的内容也变得束手无策了。其次，顿悟学习是通过学生的思考得以实现的，顿悟学习的主体是学生，教师在其中只是充当引路人、助手的角色，为学生提供或推荐学习材料，给学生以恰当的点拨或暗示，绝不能颠倒主次。因而教师应建立以学生为中心的教育理念，在课堂上适当少一些逻辑性的分析说教，多启发、多引导、多给学生一点儿时间，让学生自主思考、自主领悟。最后，顿悟是一种综合性的对以往经验的运用或升华，是通过重新组织知觉环境并领悟到其中的关系而实现的。知识结构的系统性在顿悟学习中起着重要的作用。学习者已有的知识结构是否清晰、准确、完备，是否有条理性、系统性，就成了制约顿悟学习的重要因素。

教师在智慧课堂教学中，根据教学内容的需要，一方面，要教给学生相应的知识，搭建好学生的知识框架，以便于学生在顿悟学习的过程当中能够快捷、准确地检索到解决问题的知识信息；另一方面，设置启迪智慧的课堂问题，在难易适度的情况下考虑学生新旧知识的联系，确保问题的新颖性和趣味性，从而激发学生的求知欲和好奇心，形成学生认知上的冲突和不平衡。师生在这种课堂情境中，通过情境的体验、心灵的沟通，从而产生情感共鸣，思维共振。

（三）创新性

智慧教学的创新性指的是课堂教学旨在通过启发学生的创新意识，发展学生的创新思维，使学生的创新能力得到提高。因为学生的智慧生成既可以表现为与众不同的思想观点或新颖独到的解决办法，也可以表现为准确无误的预测判断或切实有效的行为选择，但根本之处应在于学生思维的创新性，这应是产生智慧火花的关键所在。智慧课堂中教师应致力于使学生善于发现和挖掘思维的新起点，寻找思维的新视角，养成把顺向思维和逆向思维等多种思维方式综合运用的习惯，从而提高自身的创新思维和实践能力。创新是学生智慧生成的重要特征，课堂教学重视学生创新思维能力的培养，鼓励学生的批判和怀疑精神，具体表现在以下几方面。

1. 敢于批判质疑，培养创新意识

质疑是探索知识、发现问题的开始，是获得真知、生长智慧的关键环节。因而从学生的好奇心、求知欲出发，着眼于解放学生的大脑，让他们敢想；解放学生的嘴巴，让他们敢问，积极引导学生养成勤于思考，善于提问的习惯，才能激发学生思维的火花，唤醒他们的创新意识。

在智慧教学中，教师要有意识地设置矛盾，让学生发现问题，提出问题，培养学生主动质疑的精神，重视每个学生创造、创新的天赋，他们随时都可能迸发出各种各样智慧、新奇的思维火花。

2. 克服思维定式的不良影响，培养创新思维

定式即倾向，是心理活动的一种准备状态，而思维定式是指人们习惯于用某种固定的方式去考虑问题的思维倾向，也就是人们长期生活在某种环境中由反复思考同类问题所形成的思维习惯，这很容易影响人们对刺激情境以某种习惯的方式进行反应。思维定式对解决问题有积极作用，也有消极作用。其消极作用是主体局限于在头脑中用一种固定的思维模式去思考问题，难以打开思路，缺乏思维的求异性和灵活性。学生的思维定式主要包括书本定式、权威定式、从众定式、经验定式等。克服学生思维定式的消极影响，进行反思维定式教学的方法有很多，较常用的方法有质疑思维、转移思维、发散思维、反向思维和运动思维等。

（四）开放性

开放是为了融合，在融合中求得最佳效果。因此，开放性课堂教学作为一种与封闭性课堂教学相对立的课堂教学模式，是对传统的封闭教学模式的一次挑战，其生命力正随着课堂教学改革不断深化而发展出来。

"开放性课堂"是指在一定的系统理论、信息理论和控制理论的指导下，吸取已有的各种教学方法的长处，创造性地应用于现代课堂教学过程，以达到向学生传授知识、发展智力、启迪创造力，促进学生个性的全面发展的目的，符合智慧课堂要求的课堂教育方法。

"开放性课堂"不是指某种具体的课堂教学，也不是传统教学方法的简单的综合运用，其实质是把课堂看作师生互动的教学系统，并在时空上做进一步的延伸，与新的课堂改革中倡导的重视学生自主、探究、发现以及合作学习的能力做法是十分和谐的。开放性课堂追求的是课堂教学过程的最优化、课堂教学管理的过程效益化和科学化以及课堂教学辅助系统的

合理化。目的是使课堂教学系统结构化，达到外部适应与内部和谐，实现培养具有创造性思维能力的智能型人才的教育目标。

"开放性课堂"是对传统课堂的内涵进行补充，从时间上说是现在向过去、将来辐射；从空间上说是课内向校外、家庭、社会辐射；从内容上说是从书本向生活辐射。全时间开放、全方位开放、全过程开放，这是和封闭式教学的显著不同点。开放性课堂特别重视挖掘师生的集体智慧和力量。教师应善于利用教学活动中出现的各种突发情况不断提高自己的随机应变能力、排除障碍能力、引导启发学生的能力。教师应通过教学活动激发学生学习的主动性和创造性，在观察者、帮助者、设计者的角色体验中与学生共同发展。

开放的课堂教学，会促使课堂中各种信息得到有效的交流，学生的潜能得到充分的发挥，个性得以凸显，他们大胆地表达了自己的感受、意见和推断，而不是去揣度教师期望的标准答案。课堂教学是师生、生生之间有效互动、动态生成的过程，自然会产生许多学习信息与教学资源。这就需要教师在课堂教学中随时捕捉生成的资源并加以利用，灵活调控课堂教学，使课堂教学更有效、更精彩。

（五）生成性

智慧教学的生成性有两层含义：一方面是指教师应注重课堂发展过程中的各种动态生成性资源，运用教学智慧，不失时机地引导学生智慧生成；另一方面是智慧教学要根据学生思维生成的特征，抓住学生的思维状态来把握教学的方向。

生成性的实质就是通过学生的外部表现，窥视他们参与学习的本质状态，具体内容包括：①学生是积极主动参与，还是消极被动参与，他们是否表现出强烈的兴趣与需要，是否对所学内容充满信心，思维是否跳跃，有无独到的见解；②学生能否从接受式的学习模式中解脱出来，进行自主学习，能否主动建构自己的知识框架，能否与老师和同学进行有效的交流，在互动中实现思维的解放，在小组学习中能否学会倾听、协作、反思、分享和理解；③通过学习活动，能否找到合适的学习方式，能否学会新的学习方法，是否获得了积极的情感体验。

学生探索未知领域（对学生而言是未知的），其路径是多种多样、丰富多彩的，因人因事因时而异。因此，课堂设计不能课前全部预设，需要课上现时生成。建构生成式课堂，应加强课前"预测"。"生成"并不意味着放弃"预设"，相反，课前全面的"预测"和"预设"，可为课堂的即时生成做好铺垫。学生在课堂中的兴趣、积极性、注意力、学习方法、思维方式、合作能力等，都要事先做出相应的教学安排，形成"弹性化"的方案。建构生成式课堂，教师要包容"节外生枝"。一方面教师要重视学生的"越轨"提问，不搪塞、不放弃；另一方面教师要广纳学生的"错误"资源，不讥讽、不诋毁。学生是发展的人，独特的人，他们有广阔的视野，有独特的心理世界，在课堂上难免要"旁生枝节"，产生出许多的不确定因素，这时教师应采取开放式管理，把这些不确定因素，转化形成学生的即时创造。

有人将理想的课堂教学比作如水形万千。水是流动的，随物赋形，从某种意义上说，智慧教学的本质特征就在于此。课堂教学是一个动态的过程，相对而言，教师的教学设计是静态的。教师面对学生的反应，根据学生的学习状况调整自己的教学内容，不拘泥于教学内容，着重思考方法的训练，从而激活学生的思维。

课堂上教师与学生的交往、互动，其最高境界是心心相印，是"心有灵犀一点通"，要达成这种相知相融的完美境界，关键是为师者要有"蹲下来，沉下去，融起来"的基本态度与习惯，真正熟悉学生的所想、所思、所为，与学生打成一片，心与心相贴，情与情相融，共同感受、共同成长。师生心灵对话的方式多种多样，有时是语言，有的则靠一个眼神、一个动作，或者一个非常不起眼的细节。学生正确的世界观、人生观、价值观可能就在这些细节交流中逐渐凝成。

（六）体验性

从课堂教学的过程价值来看，智慧教学重视学生的生命体验。由于教学的对象是人，促进人的生命发展应当是教学的根本价值所在。智慧课堂应是一个以人的生命发展为依归，尊重生命，关怀生命，拓展生命，提升生命的体验过程，其教学活动应蕴含着高度的生命价值与意义。智慧课堂教学不只是传递知识的活动，更应是一种生命活动，是生命存在的基本方式。在教学中，师生通过体验不断地领悟世界的意义和人本身存在的意义，不断激活着生命，丰富着生命，使生命在体验中走向创造、超越与升华。教学中的体验是以生活情境为依托，以生命存在为前提的。学生一旦在丰富的教学情境中体验、感悟到生命的价值和存在的意义并将之内化，就形成了一定的态度、价值和信念，进而将之转化为教养，实现对象世界与生命意识的整合。同时这种强调体验的教学关注学生对学习活动的体验和反省，突出学生的个体性、独特性、多样性和差异性，把学生看成是具体的个人，他们拥有自己的个性，以自己独特的方式认识世界并感悟对象世界，最终将之内化为个人的智慧与价值。

智慧教学的体验性表现在课堂中对学生高峰体验的追求。心理学家马斯洛认为，高峰体验是一种来自实实在在的生活、具有相对普遍性的感觉，常常是自然产生，不受意志支配，这样的状态或插曲可以在任何人一生的任何时刻到来。这种体验可能是瞬间产生压倒一切的敬畏情绪，也可能是转瞬即逝的极度强烈的幸福感，甚或是欣喜若狂、如痴如醉、欢乐至极的感觉。在这种时刻，人们完全摆脱了怀疑、恐惧、压抑、紧张和怯懦，享受无所羁绊的个体能力释放，从而在即兴中释放自我，产生个体独特的创造力。

智慧教学过程提倡使教学目标超越功利、超越强制、超越限制，倡导发展人性、开发潜能，珍视学生情绪的内在感受，强调学习过程中的情感作用，创造一种良好的学习气氛，引导学生主动学习，使他们在体验中享受课堂生活。

第二节　高校体育智慧课堂教学模式的构建

一、教学目标

在实践教学中，教学目标主要发挥引导性职能。唯有明确的目标，才能保证后续教学工作有序、高效地开展。就高校体育智慧课堂教学模式来讲，其教学目标需要与学生培养目标相统一，即结合学生的具体需求，充分考虑每个学生的具体情况，开展合理、个性化的教学，从而将课堂教学实效性更充分地发挥出来。在高校体育智慧课堂教学模式的应用实践过程中，主要的教学目标为对学生自主学习能力的优化和培养；引导学生通过对网络资源的有效利用开展相关学习操作，对体育项目、规则、技巧等形成更加全面的认知，促进学生创新、创造能力提升。例如，为学生提供相应的问题，要求学生根据特定的方向进行资料的搜索和知识学习等操作，然后基于自身学习和掌握的知识，合理解答问题。这是对学生创新意识的有效培养，可以促使其养成优良的体育与活动习惯，学到一种以上的科学运动方式，有助于更好地锻炼学生思维能力，推动其智慧成长、发展。

二、教学过程

在智慧课堂教学模式应用过程中，各种相关教学活动的组织是需要重点关注的内容。具体组织过程中需要对各学习主体间存在的差异进行充分考量，尽可能地增强活动的丰富性，引导学生开展更高质量的学习操作。智慧课堂教学模式的组织、实践基于课前、课上及课后三个方面，以智慧学习氛围作为支撑，通过各种智慧学习资源，构建涵盖各项教师及学生活动的教学体系，在充分发挥教师引导职能的基础上，促进学生自主学习能力的培养，纠正其学习态度，优化其创新意识，推动其智慧学习目标的实现。

（一）课前

网络时代，教师可利用相应平台，如微信、教学类 App 等，直接将视频资料传输给学生，学生借助视频进行预习，了解学习内容，利用提问等形式，将在视频观看和自我消化知识时存在的疑问或者难以自行解决的问题及时反馈给教师。平台以学生为对象，开展相应学习数据的整合及处理操作，并利用图表等方式呈现出来，使得教师可以更为直观、系统地了解学生实际学习情况，从真正意义上实现以人为本、以学生为主体。在教学实践中，教师应合理借助课前环节，了解学生的所思所想，为其提供感兴趣的视频、资料等，以此激发其学习热情。

（二）课上

以往开展的体育教学通常以教师讲授为主，学生开展模仿式训练和学习操作；教师作为课堂的主体发挥作用，学生只进行知识储备、机械化学习。师生间和生生间无法开展有效的沟通和互动操作，难以达到有效培养学生学习兴趣、强化其自主学习能力的目的。对于我国体育教学课堂来讲，实践中应突出学生的主体地位，贯彻新型教学理念，借助丰富、多样的教学手段，以保证教学成效。当前，体育教学过程面临着许多困难，而智慧课堂教学模式的应用可以帮助有效地解决这些难题。第一，教学面临学生整体体育水平存在较大差异的问题。一些学习能力较强的学生可以快速记忆并有效把握学习内容；而一些学习能力较弱的学生，难以在课堂上实现有效学习，再加上协调性较差等，易丧失学习兴趣，甚至产生厌倦等心理。第二，多数学生和教师的关系较为生疏，再加上性格影响，会在教师提问时，由于不好意思回答或者害怕失误等，进而选择逃避，这些不利于教师掌握学生实际的学习情况。为了避免此类问题的产生，在对智慧课堂教学模式开展实践应用的过程中，教师可利用智能终端，直接将问题发送给学生，学生结合自身思路进行解答。这有助于教师更细化地掌握班级中每个学生的知识掌握情况及其真实想法等，有利于实现和学生的双向互动。同时，教师需要重视引导学生开展有效的互帮操作，组织学生以小组的方式进行动作训练。教师也可以利用各种移动终端，将标准的动作或者练习动作录制成视频，便于课后训练或者动作优化相关操作的开展，有助于学生更精准地把握学习内容。教师还可以将日常训练中动作较为标准的学生的动作录制下来，并发布到相应平台，这不仅有助于其他学生纠正动作，也有利于调动学生学习和练习的积极性，对于优化教学整体质量，促进师生、生生互动，提高师生沟通效果、学生学习实效性、学校体育教学整体水平均有积极影响。

（三）课后

课上教学开展过程由于缺少互动机会，教师难以实现和学生开展有效互动的目标，且此类机会在课后更少。以往在高校体育教学结束以后，教师通常会要求学生在其他空余时间开展自主复习，但一般情况下，学生复习的质量相对较低。具体原因包括以下几个方面：第一，传统教学中，除课堂以外的时间，没有教师的引导，学生会出现难以有效回忆学习内容的情况。同时，没有能够和教师进行交流的平台和渠道，教师也缺少为学生提供相关资料的条件，学生没有复习依据，很难开展有效的复习。第二，缺少任务驱动措施。由于受传统应试教育影响，高校学生对于体育课程普遍缺乏主动性和积极性，再加上此类课程的作业通常为自主复习，因此，相关复习很难达到理想效果。随着网络时代的来临和发展，智慧课堂模式的应用，解决了传统教学师生难以有效沟通的问题，促进了师生之间和生生之间的交流。课余时间，学生还可以通过一起训练、一起学习的方式，实现共同进步，这也有效提升了课下复习质量。教师经由分析学生作业情况，不仅可以明确学生实际的学习效果和状况，还可以更为细化地了解各学生间存在的差异，进而能够开展更具针对性的教学内容改革及优化操作，促使模式的实效性更充分地发挥出来。

第三节　高校体育教学课程智慧化管理的实现

一、体育课程管理流程

体育课程管理贯穿于体育课程教学的整个过程，即从课程开设直至课程完成。因此，体育课程管理流程是从课程开设、教学任务分配、选择课程、课程维护、课程的进展情况到课程完成的流程。

（一）课程开设

新学期开课前，体育教学管理人员根据体育课程的教学计划，对本学期、本学年的课程进行全局性的安排。课程开设由体育教学管理人员完成，主要工作有设定所要开设课程的课程名称以及该课程所要完成的任务。

（二）教学任务分配

完成课程开设后，即体育课程按要求确定了教学任务后，体育教学管理人员需要对所开设课程的教学任务进行分配，其中包括确认该课程的任课教师、上课时间、上课场地等，为后期学生网上选课提供依据。该流程缩短了以前体育课程教学任务分配流程的周期，通过系统处理提高了任务分配的工作效率，能快速地将相关信息通知任课教师。

（三）选择课程

课程教学任务分配完成后，就可以由教学管理人员组织学生根据前期的课程设定、自己的爱好和教学要求，选择自己要上的课程。

（四）课程维护

选课结束后，体育教学管理人员对已选课程进行管理和维护，包括添加新课程信息、修改正在进行的课程信息、删除已结束或者未开设成功的课程信息。选课时会出现有些学生选课不成功的情况，体育教学管理人员可以对这些学生的选课信息进行手动添加。

（五）课程的进展情况

课程进展主要是指上课的进度和上课的效果，管理人员通过各类课程、早操、上课的考勤情况，体育测试类别和成绩情况等信息来判断体育课程的进展状况。原有课程管理流程是体育教学管理人员人工检查，而改革后的体育课程，体育教学管理人员可以在系统中随时对课程进行全方位的监控和检查，以保证体育课程的顺利进行。

（六）课程完成

所有工作完成后，课程教学任务结束，需要任课教师对开设的课程教学效果进行检查。课程完成的效果通过学生的成绩来体现。因此，课程完成流程由教学管理员和教师通过系统成绩对学生的各种体育成绩和总评成绩情况进行统计和汇总。体育课程管理流程如图 12-1 所示。

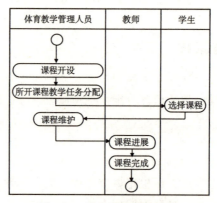

图 12-1　体育课程管理流程

二、智慧化选课管理

（一）选课系统的功能及结构

体育选课系统主要用于实现高校学生的体育选修课的选课工作。智慧化的体育选课系统结合课程的体验机制和课程评价体系，能够帮助教务部门提高工作效率。

智慧化的体育选课系统的主要功能包括：对在线选课系统中课程信息的及时、准确发布，教师对授课课程的申报，学生用于选课申请、选课查询、选课修改等，实现选修课教师与体育场地的配备，生成教师用课表和学生用课表，对课程的特点、作用及上课教师的情况等进行介绍，学生在学习后针对课程教学情况做出合理评价，教师和学生可以利用在线聊天工具即时沟通。智慧化体育选课系统的结构如图 12-2 所示。

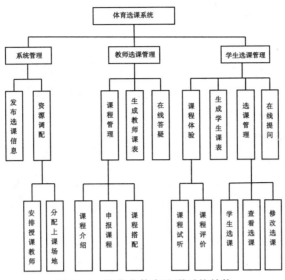

图 12-2 智慧化体育选课系统结构

（二）选课数据产生流程

（1）分别设置项目、教师、场地、时间，导入行政班级学生。

（2）项目分类。这是为了满足不同兴趣、不同水平、不同性别学生的需求。

（3）教师兼项、场地分配。这是为了最大限度地利用教师和场地资源。

（4）产生课程（项目类别、教师、场地）。

（5）分别产生选项班级目录、教师时间、场地时间、学生时间。这是为了充分利用时间资源。通过设置教师、学生时间，还可以达到以人为本、人性化安排时间的目的。

从上述课程管理流程来看，开设多少个选项班不是事先确定好的，而是根据项目、教师、场地以及时间最大限度地生成可供学生选择的班级，这些班级最后是否开班完全取决于学生的选择。选课数据产生流程如图 12-3 所示。

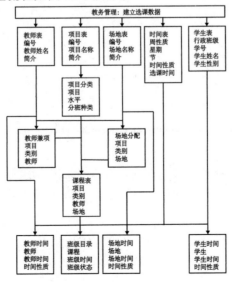

图 12-3 选课数据产生流程

（三）排课系统数据表

1. 学生表

参加体育选课学生的总人数是排课时首先考虑的因素，它决定了课程的最大开班数。学生总人数必须少于教师最大开班数和教学场地最大开班数的总人数，否则会出现课程资源不足的情况。

2. 排课时间分配表

排课时间分配表由学校教务部门决定。学生的上课时间取决于教学场地和教师的时间安排。

3. 教师表

教师是教学工作不可或缺的组成部分，教师的教学水平是学生选课的重要依据。

4. 项目表

课程项目应尽可能多地开设。项目表中除了有项目的名称和简介之外，还应对项目的水平和种类进行分类。

5. 场地分配表

场地的数量决定了同一时间可以安排上课的最大班数。在资源有限的情况下可以通过共用场地来满足教学的需要。

6. 时间表

时间表包括场地时间表、教师时间表和学生时间表。三者需要进行合理分配，不能增加排课时间以外的时间。

7. 教师兼项表

在教师人数有限的情况下，可以采用教师兼项授课的方法。实现教师兼项授课的途径有很多。如果一个项目没有教师专项或者兼项，那么该项目将被新开发的项目所取代。

8. 班级目录表

课程项目与选课时间共同决定了一个班级能够容纳的学生数量，一个班级的学生数量达到最低限值才能开班。

（四）学生选课方式

一般来说，学生选课方式有以下六种。

1. 项目

学生通过项目可筛选教师、场地、课程，进一步筛选班级，以满足自己的兴趣选择需求。

2. 教师

学生通过教师可以筛选项目、时间，进一步筛选班级，以满足自己选择喜欢的教师的需求，也决定了这名教师是否受学生欢迎。

3. 时间

学生通过时间可筛选班级、教师、场地，进一步筛选班级，以满足自己对时间安排的需要。

4. 场地

学生通过场地可以筛选项目、时间，进一步筛选班级。有些项目的选择可能会带来假象，学生可能是因为场地而选择这门课。

5. 课程

学生通过课程筛选班级，以满足自己对项目、教师、场地三者的需求，即喜欢的项目、喜欢的教师、喜欢的场地。

6. 班级

学生直接筛选班级。学生可能会因为这个班有自己熟悉的同学而选择。

学生选课流程如图 12-4 所示。

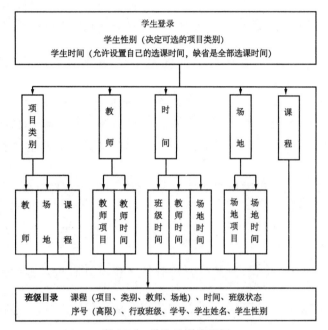

图 12-4　学生选课流程图

（五）选课管理

1. 系统管理

系统管理主要是通过管理员完成选课信息的发布、上课教师的安排和所用教学场地的分配等相关工作。其中，选课信息发布包含课程名称、上课地点、授课教师和选课人数等；安排授课教师主要用于实现教师资源的合理安排，避免出现教师教授课程人数超过上限、教师在同一时间教授不同课程或者不同班级等情况；教学场地的分配主要是指对全校的教室、场馆、投影室进行合理的分配，避免在同一时间出现资源争用等情况。

2. 教师选课管理

教师选课管理是通过教师用户管理模块根据选课系统的特点完成课程的介绍、申报课程、课程的搭配、教师课表的生成及为在线的学生进行即时答疑等。首先，课程介绍是指授课教师对课程进行简单的介绍，如课程的名称、课程的作用、课程的地位、课程采用的教材、课程的教学思路等，可以让选课人员对课程有一个初步的了解。其次，申报课程是指授课教师根据自身的知识结构结合本专业的学习进行选课课程的申报。课程申报需要写明教师个人的相关信息和课程的基础信息，可以根据课程的需要提出对上课地点及授课起止时间的确定等，还可以简明扼要地介绍该课程的主要内容及适合选课的学生群体，同时需要院系和教务处进行审核并给出适当的意见。再次，课程在学习的过程中一样具有可搭配性，学习一门课程必须知道它的前驱课程和后续课程及相关课程，这样才能保证知识的完整性和系统性。课程搭配就是从专业教师的角度出发给学生推荐如何进行选课的搭配性学习，力争达到事半功倍的效果。教师可以在选课系统中生成适合教师使用的课表，主要包括授课课程、授课时间、授课地点、授课班级、上课人数等信息，教师可以根据课表合理安排授课进度。最后，利用即时通信平台，教师在线为学生解答关于课程的疑问，这可以体现新时代下教学工作的先进性、及时性和高校以人为本的管理性，同时充分利用在线选课系统的网络资源，做到物尽其用。

3. 学生选课管理

学生选课管理主要是通过学生用户管理模块实现课程体验、学生选课、查看选课、修改选课、课程评价、学生用课表的生成及在线提问等功能。其中课程体验主要包括两个部分：课程试听和课程评价。课程试听主要有两种方式，一种是随堂试听，另一种是网络在线试听。学生试听自己感兴趣的课程之后，可以针对试听的课程进行理性评价。同时授课教师可以通过选课系统查看学生的评价结果，根据评价结果对自己所教授的课程进行改善。学生的选课管理主要是针对学生本人的操作，包括学生查看选课信息、学生选课、在选课期间学生对所选课程的修改甚至是退课等操作。学生用课表的生成是指学生可以在选课系统中生成适合自己使用的课表，主要包括上课课程、上课时间、上课地点、授课教师等信息，学生可以根据课表合理安排时间。在线提问是指学生在选课初期会存在盲目性选课的情况，在选课学习的过程中，学生有可能遇到学习上的困难，在学习的后期，学生也有可能苦于不知如何将所学习的知识融会贯通，这个时候可以利用即时通信平台以在线提问的方式咨询授课教师，解决自己心中的疑惑，让自己可以更快、更好、更高效地学习知识。

二、智慧化考勤管理

考勤管理是指对学生的上课出勤情况进行统计和管理。智慧化考勤管理是利用一卡通移动终端或者智能穿戴设备等智慧化手段进行的考勤管理。首先，智慧化的考勤方式不用占用上课时间来点名签到，考勤过程具有易开展、操作方便、过程快捷、考勤效率高、节约上课时间等特点。智慧化考勤方式把教师从烦琐的考勤中解脱出来，使教师将更多精力投入到授课中去，有利于体育课堂的有序管理和体育课程的顺利进行。其次，智慧化的考勤方法可以将考勤信息存储在移动终端中，然后由体育教学管理人员将其统一导入体育教学管理系统的数据库中，降低了考勤信息的错误率，提高了考勤信息的准确性。后期考勤信息的统计和处理都是通过考勤管理系统进行的，从而减轻了教师的工作量，提高考勤信息统计、处理的效率，最终能够快速生成考勤结果成绩表，使教师可以方便快捷地查询学生考勤结果。最后，高校可以利用智慧化考勤方法对考勤不合格的学生进行即时统计和处理。智慧化考勤管理流程如图 12-5 所示。

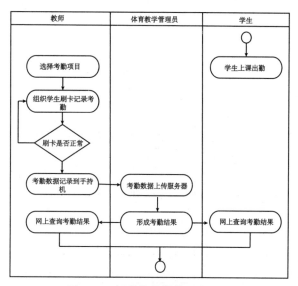

图 12-5 智慧化考勤管理流程图

三、智慧化成绩管理

成绩管理是指对学生参加体育课程所获得的成绩的管理。智慧化成绩管理是指通过智能穿戴设备或者一卡通系统对学生的体育成绩进行可靠收录。与原有的手工记录成绩的方法不同，智慧化的体育成绩管理的数据采集通过智能穿戴设备等移动终端来获取，可以极大地减轻任课教师的工作量，大大提高体育课程的成绩采集效率，具有操作方便、采集快速、测试过程有序等优点，还能提高原始成绩的准确性，降低成绩的出错概率，有利于后期的成绩统计和处理。智慧化的体育成绩管理能够将移动终端获取到的成绩数据及时上传到后台服务器，使成绩能够及时进入数据库系统进行后续操作。对于原始成绩，任课教师可以在成绩管理系统中进行成绩的统计和处理，通过设定成绩对照表，系统可以高效、便捷地生成体育课程体质技能分数成绩；在系统中将考勤情况转换为考勤成绩分数值。智慧化成绩管理可以为体育总评成绩提供基础数据，使成绩后期处理信息化、自动化、成绩结果规范化，大大降低了成绩信息出错的概率，为后期成绩能够及时、准确同步到学校教务网提供数据依据。

智慧化体育成绩管理流程如图 12-6 所示。首先，教师设置好移动终端所需测试的各项体质技能信息。其次，教师选择需要测试的课程中的体育项目和类别。再次，教师组织学生进行体育课程考试，获取相应的学生测试数据、课内外锻炼数据、体质测试数据等。测试结束后，教师首先检查是否有未参加测试的学生，如果有，则通知其进行补考；如果没有，则对测试数据进行检查。若数据有误，教师应组织学生重新进行测试；若数据无误，则将移动终端中的学生测试数据上传到数据库服务器。最后，后台服务器根据提前设置好的评分规则对学生的测试数据进行评判和打分，生成相应的成绩表供教师、学生和系统管理员查看或下载。

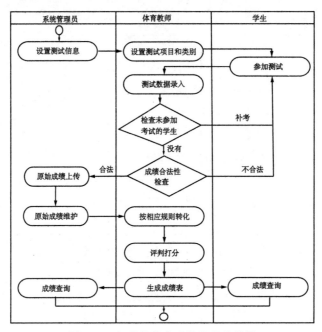

图 12-6 智慧化体育成绩管理流程图

第十三章　高校体育教学数字化管理

第一节　数字化体育概述

一、数字化体育认识及概念界定

（一）数字化体育认识相关建设

信息技术与体育全面结合，涉及体育的方方面面。

一方面，数字技术运用于体育是指通过全社会广泛地使用信息网络，加速体育信息资源的开发和利用，实现体育信息资源的高度共享，进一步优化体育资源配置，最终大幅度提高全社会对体育资源的使用效率。体育信息网络化建设是通过多方努力，促使全社会广泛地使用信息网络，加速体育信息资源的开发和利用，实现体育信息资源的高度共享，优化体育信息资源配置，提高全社会对体育资源的利用效率的过程。

另一方面，值得关注的是，以电子竞技比赛为核心的数字化体育竞技运动，已经崛起，成为当今影响全球的一大产业。随着国际范围内"专业高手"的不断涌现，电子竞技和电子体育项目也呼之即出。作为体育概念的延伸，电子竞技正处于蓬勃发展的阶段。在我国，电子竞技已经发展成广大群众喜闻乐见的一种体育运动。近一段时间来，国内名目繁多的电子竞技大赛层出不穷，有关部门也正在创建既符合中国国情，又与国际接轨的电子竞技大赛规则、规程和记分方法，以统一和规范中国电子竞技运动。

电子竞技不同于普通的电子游戏。电子游戏大都是以建造虚拟社会为目的的娱乐节目，而电子竞技则是以信息产品为运动器械的人与人之间的竞赛，这种竞赛是在体育规则的规范下进行。电子竞技项目有着可定量、可重复、精确比较的体育特征。

（二）数字化体育的概念界定

"数字化"是将许多复杂多变的信息转变为可以度量的数字，再用这些数字建立起适当的数字化模型，进而转变为一系列二进制代码，引入到计算机内部进行统一处理，或是在计算机中输入连续变化的图画线条或声音信号，用模数转换器转化成为一串分离单元，并通过0和1进行表示，成为数字化的基本过程。数字化也因此成为数字计算机、多媒体技术、软件技术、智能技术和信息社会的技术基础。

将"数字化"融入体育中，能够从狭义和广义两个方向认识"数字化体育"的概念。从广义上讲，数字化体育是将计算机信息技术与科学体育锻炼内容、方法相结合，产生的全新的身体练习手段，它可以帮助锻炼者达到提高运动技能、增强身体素质、丰富社会闲暇生活和促进精神文明建设的目的。从狭义上讲，数字化体育是传统体育与现代化数字手段结合的相关活动，通过先进的数字化技术，将传统体育锻炼加以改革和升华，实现科学传播体育知识，有效提高身体技能的目的。综上所述，数字化体育是一个全新的概念，它通过互联网和计算机等技术手段，实现数字化游戏形式同竞技健身、体育锻炼、互动娱乐的完美结合，是传统体育与数字化技术结合而衍生出的产物。同时，数字化体育也涉及文化内容、计算机信息、体育运动等交叉领域。

二、数字化体育的时代背景

（一）创新是构建信息时代中国高等教育的指导思想

社会在不断发展，高等教育要通过不断改革来适应社会发展。信息时代的重要特点是不断创新，适应新的知识经济的要求，一方面，必须对现有的高等教育进行创新，另一方面，经过创新的高等教育必须具有鲜明的创新的特点。因此，创新既是构建信息时代中国高等教育的指导思想，也是应对新的知识经济挑战的总体对策。

（二）构建信息时代的高等教育迎接信息时代的挑战

改革我国的高等教育，就是要构建信息时代充满创新活力的高等教育。实现高等教育的创新，构建适应新的时代要求的高等教育，是推动中国新经济乃至新时代中华民族复兴和国家富强的强大动力。

高等教育手段是高等教育实施的重要物质与技术基础，是高等教育过程的重要因素。我们通常谈到教育的现代化问题，教育手段的现代化就是其中一项重要的指标。适应新的发展要求的高等教育过程的创新不能没有高等教育手段的创新。从现代社会特别是信息社会和网络时代发展的要求看，无论是在提高教育教学效率与效果，还是在培养学生能力和素质方面，高等教育手段的创新都是十分必要的。高等教育手段的创新特别是信息技术手段的引入和普遍使用是高等教育信息化的主要表现。

基于此，要实现高等教育信息化，就必须具备必要的信息技术设备，实现教学手段的数字化，普及信息技术知识，使师生掌握运用信息技术手段的技能，实现教育教学方法的数字化。选择和利用信息技术手段主要是网络所提供的信息，作为教学或学习的内容，并纳入正规课程，实现教学内容的数字化。信息技术所带来的高等教育的广泛而深刻的变化在日益显露。高等教育信息化的一个显著结果，就是它改变并扩展了高等教育的空间。确立高等教育信息化的观念，要正视这一正在或将要发生的事实，以积极的态度迎接这一挑战。高等教育信息化是当今信息时代高等教育的特点，因此，加速高等教育信息化也是高等教育迎接经济挑战的必然选择。

（三）体育教育创新理念的要求

如前所述，人类迈入了 21 世纪，迈入以"信息化"为主要特征的"知识经济"时代。随着以计算机为基础的信息技术的迅猛发展，信息化已经融入到人类社会的一切领域，并形成从经济到上层建筑，从生产方式到生活方式的深刻变革。作为马克思主义的唯物论者，研究教育创新和知识经济教育发展的方向时，不能不正视这一时代的基本特征。

目前，世界各国都在大力推进信息技术在教学过程中的普遍应用，研究如何充分利用信息技术提高教学质量和效益的问题，加强信息技术的应用，已成为各国教学改革的重要方向。完全可以说，以电脑化、网络化、数字化为重要内容的"信息化"不仅是知识经济到来的标志，也将是知识经济时代教育的主要标志。离开了教育信息化，教育创新就失去了载体，也不能适应知识经济时代对教育的要求。

毋庸置疑，体育教育作为教育的一个重要组成部分，它是以一门学科而存在，也要适应"知识经济"这一时代的要求。而信息技术对体育教育的发展将起着巨大的推进作用，信息技术将影响体育教育的各个方面，体育教育的改革与创新需要信息技术的配合，体育教育的改革需要超前的规划和发展。

三、数字化体育的价值表现

（一）数字化体育有利于增加运动空间的多元化需求

数字化体育有利于增加运动空间的多元化需求。根据国家体育总局对 20～59 岁中青年群体的体质现状和体育锻炼的调查发现，我国居民健身意识日渐增强、健身需求日渐升高。而我国现有的公共体育场地及设施却很难满足居民的活动需求，居民的期望与健身现状相差甚远，全民健身任重而道远。

数字化体育的出现使大众摆脱了传统体育锻炼中的场地限制。多样化的体育场所，帮助大众最大范围地利用好小区空地、小广场、街边公路与公园等现有的体育场地资源。数字化体育手段不仅可以提高全民参与体育的热情、扩大现有的体育人口，而且可以使体育锻炼挣脱地理上的层层束缚，不再受过去体育场所的限制。

（二）数字化体育有利于满足不同人群的运动参与需求

对于发展数字化体育的公司来说，谁先攻下老人、妇女、儿童等特殊群体的数字化体育市场，谁就在数字化体育的战场上占据了制高点。数字化体育的出现将先进科学的体育训练方法和锻炼内容带入到普通体育运动爱好者中，改变了过去偏向青少年群体的研究弊端，更多地满足老人、妇女、儿童等不同群体对体育锻炼的多样化需求。同时，它的出现可以帮助不同体育爱好群体设定多层次锻炼目标，寻找最佳运动方案，形成系列化、智能化的数字体育服务系统。数字化体育手段不管参与者的年纪大小，体重偏高还是适中，是女性还是男性，都会给予其最合适的活动方法，帮助不同体育爱好者完成锻炼，彰显体育的魅力。

数字化体育深入分析老人、妇女、儿童等特殊人群的活动习惯或锻炼方法，为每个体育爱好者提供更适宜的体育服务。数字化体育通过本地式计算，准确定位和感知不同受众群体的个性化、非结构化数据，并在短时间内对掌握的各种数据信息进行全面分析和处理，形成每个运动群体随身移动设备中的专属数据方案，以此找准更多体育受众群体内心的真正需求，提出其有效调节的运动建议，帮助不同锻炼群体到达最佳的运动状态。经过手环与数字化体育终端的连接，可以使大众更加直观地看到不同参与人群综合运动数据的对比图，辅助大众设置个性化运动目标，督促每个运动者完成专属于自己的运动量。最终，每一个锻炼者的运动方式和锻炼效果都会随时间的推移而得到科学合理的改善。

（三）数字化体育有利于实现体育发展的全球化需求

数字化体育全球化是 21 世纪一个正在进行和不可逆转的客观历史进程。它以体育服务为核心，以数字信息化、数字网络化为手段，实现了体育资源的全球化共享，甚至对每个国家和地区都产生了深刻影响。

数字化体育技术是实现体育全球化的有效途径，使体育的触角分布到全球的每一个角落。数字技术的多变、快速及多维度等特点不仅加速了体育全球化的进程，而且消除了时间与空间上的差异阻隔。在这样的全球化环境下，数字化体育技术挣脱了地域与时空的藩篱，使体育信息的交流和传播障碍变得越来越少，使体育信息的流动与实时互换变得越来越多。在全球大环境下，数字化体育将为我们构建一个灵活、多样的虚拟世界，给大众体育生活带来更多前所未有的深度和广度。

第二节　高校数字化体育教学体系的构建

高校作为我国培养高层次、高素质人才的主要阵地，对促进社会经济发展、科技文化创新，提高国家综合实力和竞争力，实现中华民族伟大复兴的中国梦，有着十分重要的作用和意义。构建高校高质量体育教学体系，是推进高校体育教学改革创新的宏伟目标，也是社会和时代赋予高校的重要使命和艰巨任务。在信息化时代，数字化技术是助推高校教育现代化改革的必然选择，也是助推高校教学高质量体系构建的创新途径和重要抓手。

一、数字化技术在高校体育教学中的助推作用

（一）数字化技术可激发学生的学习兴趣

教育正从传统教育向智慧教育转型，呈现出科学化、精确化、智能化、个性化的美好教育图景。将数字化技术和高校的体育教学融合，是信息时代实现高校体育教学改革创新的必然需求，可以改变高校传统的体育教学模式，转变高校体育课堂的教育理念。在数字化技术的辅助下，和高校体育教学相关的图像、声音、视频、动画、文字等资料可实现网络化、智能化，促进师生之间、生生之间的互动交流，为学生创造趣味性强、互动性强的体育学习环境，激发学生学习体育的兴趣。例如，在进行武术教学时，教师可先为学生播放关于中国武术精神的多媒体资料，让学生从中感受中国武术精神的博大精深，并对中国武术文化形成强烈的民族自豪感，提高其学习武术的热情。

（二）数字化技术可实现现代体育教学目标

在高校传统的体育教学模式中，教师常常仅关注如何在有限的课堂时间内为学生安排充足的课堂知识，帮助学生掌握相关的体育运动技巧和要领，但在教材的选择和使用过程中缺乏创新，导致学生不能积极主动地跟随教师的教学进度，课堂无法满足学生的好奇心和运动需求，致使体育教学质量不高，甚至不能顺利完成既定的教学目标。借助数字化技术，高校的体育教学课堂变得更加生动活泼，课堂教学内容更加全面、形象、具体、充实，可有效帮助学生构筑起稳定、系统的体育知识框架，让学生对教材知识和学科内涵有更深入的理解，从而实现教学方式的重大突破，提高课堂教学效果，快速高效地达成教学目标。例如，体育教师为了让学生更好地理解和掌握篮球理论基础知识，在课堂中为学生播放篮球赛的视频资料，并结合视频为学生讲解篮球知识点，组织学生在课堂上积极交流，不仅大大提高了学生的学习热情和课堂活跃度，而且通过生动形象的视频展示、细致有趣的课堂讲解，为学生清晰地梳理了关于篮球的基础知识体系框架，提高了他们自主学习的能力。

（三）数字化技术可推进高校体育教学资源高效共享

构建高校体育教学高质量体系，需要进一步扩大体育教学资源的开放性和共享性，这是社会发展的需要，也是高校在现代化教育改革创新过程中必须承担的社会责任和时代使命。近年来，随着我国经济的高速发展，人们物质、生活、文化水平大幅度提升，对体育运动的热情逐渐高涨，但由于缺乏正确的体育锻炼知识，运动伤害事故时有发生。高校通过数字化技术，可使优质教学资源实现数字化的转变，与社会、其他高校共享，加强学校和社会之间、学校和学校之间的信息流通，加强校际体育教学方法和模式互相学习，也为全民参与体育锻炼提供极大方便，进而促进国民体育素养提升。此外，通过数字化技术，高校的部分体育教学资源还可有偿对外共享，为高校体育教学资源的进一步开发拓展带来一定的经费支持，并为高校体育教学的科研创新提供良性发展环境和实践基础。

二、我国高校体育教学应用数字化技术存在的问题

（一）高校对数字化体育教学的认知不足

对高校而言，数字化体育教学是新兴事物。随着互联网技术的高速发展，在国家不断推进现代化教育改革的大环境、大背景下，越来越多的高校将数字化技术应用到体育教学课堂当中。但是，很多高校对数字化体育教学的认知不足，以为数字化体育教学就是数字化技术和传统体育课堂的简单结合，没有从深层次的角度优化课堂结构、提高课堂教学内容的质量，没有运用数字化的理念对现代体育教学进行全面把握和革新，导致数字技术和现代体育教学的深入融合不够、教学情感温度不足、教学质量和效果没有根本性提升，高校数字化的体育教育还停留在表面。我国高校当前的数字化体育教学，还存在千篇一律、特色不足等情况。尽管高校的体育教学工作有很大的共性特征，但每个学校的风格不同、特点不一，学科设置、学生素质和教学内容存在差异。因此，在进行数字化体育教学时，需要有针对性、个性化。由于部分高校对数字化体育教学认知不足，对数字化技术的应用能力缺乏，不敢大胆地进行数字化教学创新。此外，体育教材的建设仍然存在一定的困境，在数字化体育教材的制作方面，很多高校存在闭门造车、单打独斗的情况，没有形成科研创作的集体阵容，导致这些教材存在很大的局限性，不仅结构简单，而且学习功能不足，其他教师无法对这些数字化教学资源进行有效的利用。

（二）高校在数字化体育教学资源建设方面严重滞后

高校的数字化体育教学资源建设是一项庞大的工程，不仅需要投入大量的人力、物力、财力，而且需要一支专业的团队对这些教育资源进行及时更新、长期维护。只有这样，才能将最新的体育教学资源呈现给广大教师和学生，满足他们日益增长的体育学习需求。目前，很多高校资金和人力不足，且缺乏前瞻性体育教学意识，在数字化体育教学资源建设方面严重滞后。第一，教学资源存在低水平重复建设的情况，缺乏精品的数字化体育教学资源，从而无法充分发挥高校体育教学资源大面积共享利用的作用。第二，忽略了数字化体育教学资源可自主学习的价值。很多高校在进行数字化体育教学资源建设时，仅仅把纸质化的传统体育教材进行了数字化，介绍性内容多，真正能用于教学实践的内容非常少，而且很多教学资源内容陈旧过时，不能满足学生自主学习的需求。第三，缺乏具有地域特色和传统特色的数

字化体育教学资源。除了常见的篮球、足球、羽毛球等体育项目，我国各地区各民族中保留和传承了很多传统的、具有特色的体育项目，这些体育项目不仅有着强身健体的作用，而且有助于弘扬传统民族体育文化，对体育强国建设具有十分重要的意义。

（三）高校体育教师的信息化水平不高

数字化体育教学工作的不断发展，对高校体育教师提出了更高的要求，他们不仅要具备专业的体育技能和知识、较高的体育教学素养和能力，而且必须掌握一定的数字化应用技能。只有这样，体育教师在展开数字化课堂教学时，才能得心应手地为学生呈现丰富多彩的数字化教学内容，通过数字化的技术和现代教育手段和学生进行有效互动，吸引学生的注意力，提高课堂教学实效。根据目前的调查情况看，我国高校的体育教师大多年龄偏大，数字化教学意识淡薄，对数字化技术的认知、掌握、应用能力十分有限。很多高校体育教师缺乏挖掘数字化教学信息的能力，对潜在数字化教学信息的预见性不强，导致无法为学生提供前沿、创新的体育知识技能和理念，也无法满足学生不断增长的体育学习需求，这对高校体育教学的现代化改革造成了严重影响，阻碍了高校体育教学高质量体系建设的发展进程。

（四）高校体育教学的数字化管理系统比较落后

高校体育教学数字化改革的成功，离不开科学完善的数字化管理系统。我国高校缺乏先进的体育课程教育管理平台，系统性的体育电子化教材还非常少，只有少数体育科目创建了数字化试题库，数字化体育教学资源还存在结构短缺、标准不统一等情况。目前，很多高校急于建成数字化体育教学管理系统，加大在硬件方面的投入和建设，忽略了数字化体育教学软件的开发，导致高校数字化体育教学管理系统应用程度不高、性价比低、资源配比不均衡，没有形成真正可以共享的数字化体育教学大环境。

三、以数字化技术助推高校体育教学体系构建的路径

（一）加强高校体育教学资源数字化转化和开发

数字化的体育教学资源是高校实施数字化体育教学工作的基础，面对当前我国高校数字化体育教学资源建设滞后的现状，高校应进一步加强对数字化体育教学的认知和了解，根据学校体育教学的特点和优势，通过现代化的教育技术和设备，自主开发和制作更多的体育教育资源，将现有的体育教学资源全面整合分类，进行数字化转变，变成可以利用的图片、音频、视频等资料。高校要加大优质网络体育教学课程的开发和建设，提高课堂教育内容的创新性、前瞻性、特色性，让学生能够在课堂中吸收更加先进的体育理念和知识技巧，并为他们课后自主学习打下坚实的基础，方便他们对体育运动分解动作的理解和掌握。高校还要为体育教师提供必要的资金和技术支持，鼓励他们对现有的数字化体育教学资源进行结构优化、统筹安排，帮助他们解决在教育过程中遇到的各种问题和障碍，提高体育教学课堂的质量和效率；要积极和其他学校、地区进行协作，实现全国数字化体育教学资源的全面共享，确保我国数字化体育教学的均衡化发展，避免当前高校数字化体育教学资源低水平重复建设的情况，让数字化体育教学资源发挥出最大的社会效益和教学效益。

（二）为数字化体育教学提供完善的软硬件配置

高校数字化体育教学系统不仅需要强大的硬件设施作为基础，还需要完善的软件平台作

为依托。因此，高校应在进一步提高数字化硬件设备和性能的同时，通过申请政府专项资金、企业融资、联合办学等方式筹集足够的资金，加强对数字化体育教学软件平台的开发，制作出系统全面的电子化教材，创建完善的体育教学数据库系统，提高数字化教学资源的使用率。要进一步优化数字化教学资源的结构，统一数字化教学资源的标准，加强对数字化体育教学手段的推广使用，让体育科目的全学科教学方式和模式都能得到现代化改造。高校还要组织和动员教师研发一些适合本校特色和专业特点的数字化体育教学软件和课件，通过体育教师数字化技能大赛、创新体育教学课件大赛、体育教学网站设计制作大赛等形式，充分激发体育教师的创新能力和实践能力，为高校创建一批高质量、个性化的数字化体育教学软件和平台，促进学校数字化体育教学水平进一步提高。此外，学校可将在比赛过程中获奖的作品报送到国家、省、市级教育主管单位，为教师申请相应的奖金或学校自行提供奖金，明确版权归属后在高校内共享推广使用。这样既可以提高体育教师进行数字化体育教学科研创新的动力和积极性，也可以逐步提高学校对数字化体育教学手段的整体应用水平。

(三) 提升高校体育教师信息化素养，更新教育理念

提升高校数字化体育教学水平和质量，必须想方设法提高高校体育教师的信息化素养，加强对他们数字化技能的培训，帮助他们更新教育理念，让他们熟练掌握数字化体育教学平台的操作技巧，甚至开发和制作数字化体育教学资源。高校体育教师应该通过自学、参加数字化技术培训和研讨等多种形式，积极学习现代教育技术理论，加强对数字技术的认知和了解，提高自身数字化技术和体育教学融合的能力。在平时的学习、生活、工作过程中，体育教师也要对网络技术、声频录制技术、视频剪辑技术、文字图片处理技术、动画制作技术、课件制作技术等进行研究学习和实践，从而在数字化体育教学中为学生呈现丰富多彩、内容充实、结构合理、学习价值高的体育学习资料，和学生进行良性沟通和互动，增强学生对学习体育的兴趣和信心，拓展学生的体育知识面，提高学生的学习效率和质量。数字化的体育教学课堂对体育教师课堂组织管理能力也提出了更高要求。高校体育教师不仅要能够利用数字化技术，合理选择教育方法和手段，创新组织课堂活动，调动学生学习体育的积极性、主动性，还要能通过数字化技术，不断提高自身的科研创新能力，为高质量体育教学体系的构建提供切实可行的框架基础，为高校体育教学的改革提供新的解决思路和路径。

(四) 构建完善可行的高校数字化体育教学质量评价体系

第一，通过数字化的技术做好对体育教师和体育专业学生的评价。高校应根据体育教师的教学特点、学生学习体育的特点，结合大数据数字技术设置科学的评价指标和权重。对体育教师的评价应包括两个部分：一是体育教师的自我评价，可让教师反思自己在进行数字化体育教学过程中的不足，并对不足之处进行针对性改进；二是学生对体育教师的评价，可以让教师根据学生的体育学习感受，及时调整课堂教育内容和教学策略。对学生进行评价同样包括两个部分，即学生的自我评价、教师对学生的评价。学生在进行自我评价时，可根据教师提供的学习计划和评分标准给自己打分；教师对学生的评价应该成为学生学习评价系统的主要组成部分，因为在整个学习过程中，教师对每个学生的体育知识技能掌握情况最为清楚，对学生的评价也最有信服力。体育教师和学生双向评价系统的构建，有助于高校客观全面地了解体育教师数字化体育教学的现状、掌握学生体育学习的情况，为优化高校数字化体育教育方式和模式提供明确清晰的方向和具体的解决思路。

第二，通过数字化技术做好高校体育教学质量的评估。高校的教学管理者可结合收集的体育教学评价数据，通过最大期望估计算法、支持向量法等计算机数据评价方法评价学校数字化体育教学质量。在这个过程中，选择合适的教育评价指标、构建科学的评价权重显得非常重要。部分高校以往的教育评价指标权重主要依靠体育教学专家的人工评分，这种方式具有主观性，会造成评价结果与实际情况存在很大的差距。因此，高校可结合大数据技术，通过层次分析法重新构建体育教学评价指标权重，提高评价结果的客观性、公正性、科学性。评价结果出来后，学校还应将结果及时公开，引导体育教师和学生对评价结果做出反馈，从而验证这种评价体系是否合理有效。如果存在不当的地方，可在接下来的评价体系构建中进行修正，从而不断完善高校的数字化体育教学评价体系。

第三节　高校体育场馆网络数字化管理的实现

随着科技时代的创新与发展，互联网技术的发展在人们的生活生产中也在不断地深入和推进。高校教育管理与教学的方式也渐渐向网络信息化时代的要求靠拢，在高校管理与教学的过程中通过引进网络数字化的资源和手段，能有效帮助其实现现代化与信息化的改革。尤其是对于高校的体育教学来说，通过开展网络数字化建设和管理，不仅将会有效提升体育教学的质量与效果，还能为当前的高校体育教学工作注入新鲜的血液，有效引领高校体育教育事业迈向一个新的发展台阶，让高校体育教育事业能实现更加长远和稳定的发展。

一、当前高校体育场馆管理的具体状况分析

高校体育场馆是学校进行体育教学、师生开展体育锻炼的重要场所，也是高校体育运动队训练、体育社团开展课余体育活动的必要场地。在当前高校体育运动发展日益成熟的背景下，各个高校都对体育场地设施建设增加了相应投入，无论是体育场馆的具体数量，还是相关规模，都实现了跨越式发展。但是通过对高校体育场馆管理与运营活动开展状况进行分析，可以看到由于高校体育运动在开展过程中存在自身特殊性，其整体利用时间较为集中。因此，多数体育场馆存在空置时间长、整体利用效率较低等一系列问题，从而大大限制和影响了体育场馆的价值发挥。高校体育场馆管理过程中，其客观投入与实际收益之间存在极大差距。

不仅如此，目前多数高校体育场馆在具体运行过程中，其依赖的主体都是学校自身，无论是管理人员的专业程度，还是整个体育场馆的应用实效，均与实际需要之间存在极大差距。特别是高校的体育场馆管理使用的仍然是传统的经营模式，无论是经营费用，还是经营主体，均不理想。同时，高校体育场馆在运行过程中，未能将时代化元素融入其中，在信息化技术和智能技术应用不断成熟的过程中，信息化和智能化能够为高校体育场馆的具体情况管理提供有效帮助和具体支撑。但是目前多数高校尚未能探索到数字化管理与高校体育场馆管理之间的协调关系，从而限制了整个高校体育场馆的管理效果。

客观而言，对于高校体育场馆来说，其在应用过程中需要定期进行维护和检修，同时要对整个场馆的使用状况进行及时有效的监督。但是目前很多高校对体育场馆的管理，使用的更多是传统的人工巡检的方式，无论是管理实效，还是科学化程度都明显不足，尤其是随着当前高校体育场馆规模的不断扩大，传统的管理方式根本无法满足这一发展趋势。因此，探究合适的融入元素极为必要。不仅如此，随着社会大众对体育运动健康的价值认知日益成

熟，如今高校体育场馆在开发过程中，参与群体应该结合时代发展的具体背景进行适当扩大。而参与群体的复杂性，加上参与时间的不确定性和灵活性，就需要高校体育场馆在管理过程中融入数字化技术，从而实现理想的应用效果。

二、高校体育场馆管理的基本要求

对于高校来说，体育教学机制及设施应用是其中重要的元素内容，而高校体育场馆管理也是该体系中的核心内容。随着当前多数学生参与体育运动的积极性不断提升，提升高校体育场馆管理水平就极为必要。结合高校体育场馆管理与应用的具体状况以及体育运动开展的具体需要，不难看出其在管理及应用过程中需要充分满足以下几个要求。

（一）需要充分满足学生的体育锻炼需求

结合当前高校体育教育不断成熟这一客观背景，在教学活动中，无论是体育运动的完善度，还是学生参与体育运动的热情和积极性，都得到了实质性的提升，而高校体育场馆作为承载和容纳学生参与体育运动的基础和载体，无论是管理还是应用，都需要充分注重将学生自身的锻炼需求系统化地融入其中，不管是体育场馆的维护与建设，还是具体的应用机制，都需要将学生的需要放在首要位置。而想要满足这一需要，就应探究体育场馆具体管理过程中存在的问题和不足，特别是要考虑学生的体育锻炼兴趣和锻炼时间及习惯，来安排场馆的具体管理模式及方案，从而充分满足学生体育锻炼需求。

（二）需要充分满足时代发展的客观要求

结合当前时代发展特点和发展趋势不难看出，信息化技术的各项影响已经成为当前高校体育教学活动开展过程中出现的新问题和新需要。结合高校体育运动开展的具体要求，可以看到随着当前高校体育场馆数量的不断增加以及体育场馆类型更加多元，传统的高校体育场馆管理的使用模式已经无法满足庞大的管理规模；当前学生的体育锻炼需求日益多元化，因此必须创新管理体系。在数字化管理体系建设过程中，管理者可以充分发挥信息技术的具体优势，实现精细化、集约化管理，以便对高校体育场馆进行及时有效的管理。在这一过程中，体育场馆的具体运行状况能够被管理者及时认知，并且便于做出统一部署与协调安排。

（三）需要将社会群体的体育消费需求与高校体育场馆的最佳利用相结合

随着全民健身热情的不断提升，如今整个社会已经形成了全面参与体育运动的良好氛围。但是客观而言，社会群体与学生两者所具有的体育资源并不匹配，高校的体育锻炼资源未能得到充分有效的应用，社会群体的消费需求未能得到有效满足。因此，如何才能将社会群体的体育消费需求与高校体育场馆的最佳利用相结合，就成为当前高校体育场馆管理过程中的重要方向。而通过纳入数字化管理机制，可构建体系化的体育资源利用平台，通过实现体育场馆资源的协调应用，能够尽可能地避免出现体育场馆空置的现象。将高校体育场馆应用与社会大众体育运动相结合的过程，是全民健身运动成熟发展的重要表现，而想要将两者系统化结合，就需要借助数字化成熟应用这一背景，从而为其发展提供扎实的技术基础。

三、高校体育场馆数字化管理的机遇

随着人们对身体健康的重视程度不断提升，现今健康已经发展成为全面关注的重要内容，而如何才能实现健康成长，探究合适的举措、选择合适的健身方案极为必要。当前，不论是高校的体育教学活动，还是体育运动的社会化、大众化程度，都在不断提升，可以说，参与体育运动已经成为社会发展的趋势与潮流。而在数字化和信息化发展应用日益成熟的过程中，高校体育场馆管理迎来了快速发展的重要机遇期。探究体育场馆管理的具体机遇，将会为高校体育场馆实现最佳利用提供实质性的帮助。

客观而言，数字化技术的成熟应用，无论是技术的体系化，还是其与各个行业之间的融合应用，都大大超越以往，因此，成熟的信息技术与完善的设施为该项管理工作具体开展奠定了重要的基础。结合高校体育场馆建设的具体状况，构建合理的管理体系就成为可能。当然，高校体育场馆作为公共场所，想要实现最佳应用效果，就必须将人们的多样需求系统化地融入其中。而在数字化背景下，收集、汇总和统计分析人们的体育运动需求成为可能，其得到的数据内容，能够为整个体育场馆管理和运行提供合适的决策依据。

不仅如此，当前社会大众对体育运动的关注度在不断提升，如今在高校体育场馆管理的过程中，可供借鉴及应用的元素更为全面、多样，如科学化的管理模式、合理化的管理规则等，这些都是数字化背景下高校体育场馆管理的重要资源。从高校体育场馆管理的具体状况来看，传统模式中的弊端与不足日益突出，因此，结合当前数字化发展应用日益成熟这一背景，探究适合高校体育场馆管理的变革机制极为必要。

四、高校体育场馆网络数字化管理的实现途径

（一）制定网络数字化管理制度

高校体育场馆建设和管理需要建立可持续发展的、具有先进管理水平的管理机制，以便更好地为师生服务。规则和法规反映现代体育场馆的管理理念和管理模式，以及体育场的法律存在，是体育场馆加强管理的必要行为准则之一。科学合理的管理规章制度，对参与活动者可以进行有效控制，强化他们自觉遵守规则的习惯养成，能从根本上保护场所和设施。目前，制度不完善、管理粗放、监管宽松、执行力不够、管理效率低下等现象，存在于高校体育场管理系统中。网络数字化管理规则的建立可以提高体育场馆的管理效率，降低管理和体育教师的负担，减少纠纷，更好地服务于参与的体育教师和工作人员，实现体育场馆的有效管理。

（二）引进和培训网络数字化管理人才

建立高效的网络数字化管理流程，对体育场馆管理人员进行培训与管理是一项十分重要的内容。目前，大多数高校的体育场馆管理人员以体育教师为主，体育学科的专业知识较多，而计算机网络知识较为缺少，在调查中发现，多数管理人员可以正常应用网络化管理手段，而面对管理系统出现问题时，大多无法解决，所以高校体育场馆的网络数字化管理还需要相当一部分具有计算机技术知识和体育知识复合型的人才，以满足管理需求。

要实现体育场馆的网络数字化管理发展目标，需要场馆管理人员掌握多方面的知识，具有良好的知识结构，涉及体育教育、管理、计算机技术等一系列知识。学校可以通过引进外部人员和培训内部教师等形式培养高层次、复合型、特色鲜明的体育场馆管理人员。

（三）建立高校体育场馆网络数字化管理平台

现代科学技术的发展，计算机网络技术在大学校园的应用，都大力推进了体育信息资源

的网络数字化管理，促进了体育场馆设施的网络数字化整合，加快信息共享，实现网络管理一体化，实现体育资源优化整合。首先，可以搭建网络选课平台，也可以增加校际体育资源共享环节，增加校际体育网络选修课程。其次，可以加强体育场馆设施管理，遏制资源浪费重复配置的情况，节省经费，高效利用。最后，可以建立网络管理平台，减轻管理人员的工作量，降低管理工作的复杂性和重复性，不仅能够有效节省场馆的管理与维护资本，还能在这一过程中实现整个资源的最佳利用。

（四）安装数字监控设备为体育教学提供安全保障

由于大多数高校建校时间较长，场馆内部的设施和环境设计都比较落后，没有得到及时的修整，因此存在着许多的安全隐患。通过推动场馆的网络数字化完善，可以在整修的同时在体育场馆内安装监控装置，通过对体育教学过程的实时监控和考查及时发现问题，为学生提供更加安全的体育学习环境。

（五）开发应用智能软件，为师生提供更加人性化的场馆使用体验

当前，大多数高校的体育场馆都是室内大型一体化的建筑，不同的楼层与不同的单元提供对不同的体育项目开展场地的功能。为了能实现场馆建筑功能的最大化，以及有效保障体育场馆内部的安全和畅通，日常对场馆的管理和维护就需要投入大量的人力和物力，如在每个楼层都需要安排安保人员进行巡逻与钥匙管理，耗费大量的精力和财力。因此，可以进行智能软件的开发和引入，这样不仅能节约一些人力资源，还让学生能够通过手机进行场馆使用情况的了解，通过录入信息就能实现智能化的开关门打卡操作，有效提升了高校体育场馆使用的体验和效率。

参考文献

[1] 李正贤. 多重理念下的高校体育教学改革研究 [M]. 北京：中国原子能出版社，2020.

[2] 夏越. 现代高校体育教学研究 [M]. 北京：北京理工大学出版社，2019.

[3] 薛明明，张海峰. 教学管理及教学质量保障体系的建设与探索 [M]. 北京：九州出版社，2021.

[4] 高立群，王卫华，郑松玲. 素质教育视域下大学生体育教学改革研究 [M]. 长春：吉林人民出版社，2019.

[5] 陈轩昂. 新时期高校体育教学的改革与发展 [M]. 北京：航空工业出版社，2019.

[6] 曹垚. 现代体育教学理论与实践训练探索 [M]. 长春：吉林人民出版社，2020.

[7] 王丹. 体育教学的理论与实践探索 [M]. 北京：北京理工大学出版社，2019.

[8] 邱伯聪，潘春辉，钟伟宏. 体育多元教学论——理论探解与实践创新 [M]. 长春：吉林人民出版社，2020.

[9] 刘伟. 高校体育教育创新理念与实践教学研究 [M]. 北京：九州出版社，2019.

[10] 安基华，李博士. 体育教学理论与实证研究 [M]. 长春：吉林人民出版社，2019.

[11] 常德庆，姜书慧，张磊. 高校体育教学与运动训练研究 [M]. 长春：吉林出版集团股份有限公司，2020.

[12] 薛永胜，杨莎，刘尚武. 有效体育教学理论体系的构建与教学实践研究 [M]. 长春：吉林科学技术出版社，2020.

[13] 杨景元，董奎，李文兰. 体育教学管理与教学现状 [M]. 长春：吉林人民出版社，2019.

[14] 张荣，高校体验式教学模式的探究与运用 [M]. 长春：吉林人民出版社，2018.

[15] 肖洪凡，刘晓蕾. 休闲体育课程建构理论与实践研究 [M]. 石家庄：河北人民出版社，2019.

[16] 姚应祥. 休闲体育在现代社会背景下的发展与实用研究 [M]. 北京：中国原子能出版社，2019.

[17] 马鹏涛. 高校体育教学改革创新与科学化训练研究 [M]. 北京：新华出版社，2018.

[18] 赵晋. 大学生慕课学习意愿的影响因素与形成机制研究 [M]. 上海：同济大学出版社，2019.

[19] 田晓东. 普通高校体育课程与教学改革的研究——引入适应性体育运动 [J]. 体育科技文献通报，2020（3）：42-43，82.

[20] 高佳，谭分全. 全人教育理念下高校体育教学的实践探究 [J]. 体育科技文献通报，2019（7）：33，57.

[21] 贺奇乐，卫廷，杨琦. "健康第一"理念下高校体育教学的改革创新 [J]. 陕西教育（高教），2020（6）：29-30.

［22］杨宝山，赵海军．健康教育理念下的高校体育教学改革研究［J］．当代体育科技，2018（9）：112－113.

［23］代会莹．高校体育教学中引入休闲体育运动趋势与措施［J］．当代体育科技，2020（12）：183－184.

［24］江燎．基于休闲体育视角下高校体育教学改革的策略［J］．冰雪体育创新研究，2020（10）：81－82.

［25］章懿．休闲体育视角下的普通高校体育教学改革研究［J］．冰雪体育创新研究，2020（3）：34－35.

［26］曹学锋．现阶段高校体育教学存在的问题及改进策略探究［J］．内江科技，2019（11）：73－74.

［27］田红卫．现阶段高校体育教学存在的问题及改进策略探究［J］．才智，2019（22）：58.

［28］李文生．高校体育网络教学的问题及对策探讨［J］．科技风，2020（24）：16－18.

［29］刘峰．网络教育技术在高校体育教学中的应用分析［J］．山西青年，2021（14）：103－104.

［30］林进．网络技术在高校体育教学中的应用发展对策［J］．科学大众（科学教育），2019（6）：188.

［31］朱俊杰．现代网络信息技术在高校体育教学中的应用探析［J］．信息记录材料，2019（10）：73－74.

［32］金晓艳．浅析计算机网络技术在高校教学管理中的应用［J］．中外企业家，2020（21）：206.

［33］王波．依托大数据推进高校体育教学评价改进策略［J］．吉林农业科技学院学报，2022（3）：76－79.

［34］赖锦松，余卫平，楚海月．"互联网＋"时代普通高校体育管理改革策略研究［J］．山东体育科技，2020（1）：64－67.

［35］刘文方．"互联网＋"时代高校体育智能化管理模式的研究［J］．吉林体育学院学报，2019（4）：74－77.

［36］洪伟．高校体育管理信息化建设研究［J］．当代体育科技，2019（13）：107－108.

［37］樊瑶．高校校园体育活动智能App功能设计及应用［J］．电子世界，2020（3）：151－152.

［38］许坤，李阳阳．"互联网＋"时代背景下高校体育教学改革与发展研究［J］．青少年体育，2019（5）：110－111.

［39］张慧敏．"互联网＋"时代高校课外体育活动智能管理研究［J］．当代体育科技，2021（30）：201－203.

［40］乔晶．信息技术在高校体育管理中的应用研究［J］．当代体育科技，2021（7）：84－85，88.

［41］钱武宁．数字化背景下高校体育场馆管理与运营的变革［J］．青少年体育，2017（10）：47－48.